U0935834

中国雄师

第四野战军

名将谱★雄师录★征战记

翟唯佳　曹　宏◎编著

中共党史出版社

图书在版编目（CIP）数据

中国雄师．第四野战军 / 翟唯佳，曹宏编著．—2 版．—北京：中共党史出版社，2014.9

ISBN 978-7-5098-2741-3

Ⅰ．①中… Ⅱ．①翟… ②曹… Ⅲ．①第四野战军－中国人民解放军军史 Ⅳ．① E297.4

中国版本图书馆 CIP 数据核字（2014）第 171088 号

出版发行：中共党史出版社

责任编辑：吕佳音

复　　审：潘　鹏

终　　审：吴　江

社　　址：北京市海淀区芙蓉里南街 6 号院 1 号楼

邮　　编：100080

网　　址：www.dscbs.com

经　　销：新华书店

印　　刷：北京晨旭印刷厂

开　　本：170mm × 240mm　1/16

字　　数：211 千字

印　　张：20

印　　数：1–10000 册

版　　次：2014 年 9 月第 2 版

印　　次：2014 年 9 月第 1 次印刷

ISBN 978-7-5098-2741-3

定　　价：39.80 元

此书如有印制质量问题，请与中共党史出版社营销部联系

电话：010-82517192

序

猛士如云唱大风

在波澜壮阔的中国现代革命战争史上，中国人民解放军第四野战军是闻名天下的中国人民解放军五大主力之一。在历时四年的解放战争中，这支雄师劲旅在中国共产党的领导下，喋血疆场，北战南征 ，为中国人民的革命事业立下了汗马功劳。

这是一支年轻的队伍。它诞生于抗战胜利之际，由开辟东北根据地的山东、华中、晋察冀等解放区的八路军、新四军组成。然而，它又是一支身经百战的劲旅，麾下的每一部分，都有着足以引为自豪的历史和光荣的传统，它们的战斗足迹遍布于北伐途中、罗霄山脉、黄河之滨、平型关下……

这是一支英勇善战的队伍。在三年多的时间内，它正确执行了中共中央关于东北斗争的战略方针，经过艰苦努力和曲折斗争，终于全部消灭了黑土地上的反动势力，解放了东北全境。随后，它又作为中国共产党问鼎天下的战略预备队，挥师入关，决战平津，逐鹿中原，直捣海角天涯。

曾几何时，这支由十余万人组成的部队，为了执行中共中央“向北发展”的战略决策，千里跋涉，飞兵出塞，以其疲惫的身躯和单薄的力量，节节抗击着企图侵占全东北的国民党军。三年之后，当它奉命入关，进军华北战场时，已经发展成为一支百万人的大军：车辚辚、马萧萧，征尘无际，气势如虹！

这是一支英雄辈出的队伍。在血与火中的殊死拼搏，涌现出了千百个慷慨赴死、舍生取义的英雄：董存瑞、梁士英、陈树棠、马仁兴……

翻开第四野战军的战史，从这支队伍中涌现出来的英雄，犹如九天银河，群星灿烂！

这是一支猛将如云的队伍。艰苦卓绝的军事斗争，培养造就了骁勇善战的一代将才。锦州、长春、天津、衡宝、平津……渡江跨海，杰出的将领们导演着一幕幕凯歌高奏的战争史诗剧目。

从这支队伍中走出来的，有共和国的国防部长，人民军队的总参谋长、总政治部主任、总后勤部部长、海军司令、空军司令和若干大军区的司令……

沧海横流，方显英雄本色！

英雄的时代，铸造英雄的部队，英雄的部队谱写英雄的战史！这支英雄的部队前后共计组建过 18 个野战军（第三十八军到第五十五军）、一个特种兵纵队和一个铁道纵队。再加上 12 个野战师、5 个内蒙骑兵师、1 个警卫师和 1 个保安旅，规模之大，在全国五大野战军中当属第一。正是凭借这支庞大的野战部队，四野独自发动了辽沈战役，解放了东北全境；由华北野战军配合发动了平津战役；随后又挥师南下，先后进行了湘赣、赣南、衡宝、广东、广西及海南岛等一系列重大战役，将人民解放战争胜利的红旗，一直插到天涯海角。

第一纵队至第十二纵队（第三十八至第四十九军）是四野在东北期间（当时称东北人民自治军、东北民主联军、东北人民解放军）组建的。这 12 个纵队（军）实为四野 18 个野战军中之主力部队。其中又以一纵、二纵、三纵、四纵、六纵这五个军组建得最早，仗打得最多，战斗力也最强。

东北全境解放后，在东北军区司令部对东北野战部队所作的评价中，称上述五个军为“东北部队中之主力军”，四野的老人们也常说：“林总手下有五只虎”，指的就是这五个军。

在主力纵队下辖的几十个师中，又有几个师最负盛名，被东北军区司令部称之为“东北头等主力师”，这便是一纵一师，二师（三十八军第一一二、第一一三师），二纵五师（三十九军第一一六师），三纵七师（四十军第一一八师），四纵十师（四十一军第一二一师），六纵十七师、十八师（四十三军第一二七、第一二八师）。四野的这七个王牌师，全部在五大主力军中。

七个师各有自己的特点，东北军区司令部对它们的评价是：

一师“有连续战斗反复冲锋的精神，有顽强性，战斗士气旺盛，防御、进攻、野战、攻坚均备”；

二师“有突力，对于攻坚突破较有经验，善于野战进攻”；

五师“以猛打、猛冲、猛追，三猛著称，善于运动野战，攻坚力亦很顽强”；

七师“善于夜战及爆破，兼备野战运动及城市攻坚”；

十师“善于打运动战，防御战斗中有顽强的战斗力”；

十六师“该部队自历史以来参加战斗最多，战斗经验丰富，战斗作风勇猛，能攻能守，不怕牺牲”；

十七师“为东北野战部队中攻坚力最强之部队”。

俗话说，强将手下无弱兵，这些虎军、虎师顽强的战斗作风，都是靠一代名将带出来的。正因为如此，新中国成立后授衔时，无论是大将、上将、中将还是少将，四野的将领都占了近三分之一。可谓将星如云！

本书所记述的，就是四野及所属各纵队（军）的光辉战史、主要战绩以及一代名将之雄才韬略，以此来纪念这支英雄的部队。

目　录

上　篇
驰骋天下我为雄——第四野战军征战纪实

上篇

驰骋天下我为雄

第四野战军征战纪实

第一章　千军万马闯关东

关东军流水落花，黑土地九鼎无归。冀东，李运昌部近水楼台先期出关。罗荣桓组建海上输送指挥部。中共“接收”大员的飞机紧急降落。急电改变了林彪一行的目的地。淮安，黄克诚命部队“重”装上路。营口，杜聿明发现被苏联元帅给“涮”了。

1945年8月，苏联百万红军出兵东北，势如破竹，一举歼灭了日军侵华部队的精锐——关东军，摧毁了伪满政权。

这突如其来的胜利，对重庆的国民党政府来说，显得有些猝不及防。

原来，在太平洋战争爆发以后，蒋介石袭用前朝人“以夷制夷”的方略，把光复祖国的希望寄托在美国人的战略反攻上，准备以美军的力量驱逐日军。再加上国民党军队主力大多在西南、西北。搞得蒋介石有些无措。特别是在东北，随着伪满政权的垮台，出现了行政权力的空白。当然，按照8月14日签订的《中苏友好同盟条约》有关条款，苏联人在得到若干利益后，答应将东北的行政主权交还给中国国民党政府。但就眼下而言，蒋介石的400万大军，却窝在西南，鞭长莫及……

这急剧变化的国际国内局势，使延安的中共也感到突然。但是，八路军、新四军在华北、华中、华东都建有敌后抗日根据地，这使中共挺进东北占有了先机之利。英明睿智的共产党人，充分抓住了历史潮流跌宕起伏所赐予的机会。

8月11日，即苏联红军出兵东北的第三天，八路军总司令朱德，便向有关部队发出了进军东北的命令。其内容如下：

> 为了配合苏联红军进入中国境内作战，并准备接受日满伪军投降，我命令：
>
> 一、原东北军吕正操所部由山西、绥远现地，向察哈尔、热河进发。
>
> 二、原东北军张学思所部由河北、察哈尔现地，向热河、辽宁进发。
>
> 三、原东北军万毅所部由山东、河北现地，向辽宁进发。
>
> 四、现在河北、热河、辽宁边境之李运昌所部，即日向辽宁、吉林进发。

在接到进军东北命令的上述几支部队中，八路军冀热辽军区司令员兼政委李运昌及其所属部队，驻扎在冀东，毗邻东北，于是近水楼台先得月，成为抗战胜利后中共最先出关进入东北的正规武装。

8月13日，冀热辽军区司令员兼政委李运昌在冀东丰润县大王庄召开紧急会议，传达毛泽东主席、朱德总司令和聂荣臻司令员的指示、命令，紧急动员，向东北进军。会议决定：由李运昌率领冀热辽军区八个半团，两个地区支队和朝鲜支队共13000多人，组成东进部队，分为东、西、中三路，向热河、辽宁、吉林等省进军。

部队进军的具体部署为：

东路，又称为挺进东北的前梯队。由冀热辽军区十六分区司令员曾克林、副政委唐凯率领，共4000多人，从冀东的抚宁地区出发，沿辽西走廊，向锦州、沈阳方向进发。

西路，由冀热辽军区十四分区司令员舒行、政委李子光率领，共2000多人，从兴隆、围场地区出发，向承德方向进发，而后进入东北。

中路，由冀热辽军区十五分区司令员赵文进、政委杨文汉率领，共计3000余人，从喜峰口出发，向热河的凌源、赤峰、朝阳方向进发。

会议确定冀热辽部队挺进东北、热河的任务是：配合苏联红军作战，消灭东北、热河的日伪武装及日伪汉奸势力；接管日伪占领的城市，建立人民政权；收缴敌伪武器、资财，扩大部队；为后续部队和干部进入东北开辟通道。具体任务区分：东路和随后出发的军区第二梯队，配合苏军解放辽宁、吉林；西路和中路，配合苏军解放热河。

8月16日，担任东路进军任务的十六分区部队，在曾克林、唐凯的率领下，自抚宁地区出发，沿北宁铁路两侧东进。

当时，日本政府虽已宣布投降，但据守在冀东北宁铁路沿线据点里的日伪军，没有主动交出武器的意思，这给部队的东进造成了一定的困难。沿途经过的一些重要集镇，像昌黎、张家庄车站、双旺镇等，几乎无一例外地是用武力攻克的。就这样，曾克林部且战且走，一路东行，于8月下旬打下了海阳镇、柳江和石门寨煤矿，进抵山海关地区。

此刻，山海关城内尚有日伪军2000余人，装备精良，凭险顽抗。曾克林和唐凯研究决定：由于北宁铁路沈阳至锦州段已为苏军控制，中段也被八路军切断，山海关无关大局，因此，东进部队应迂回出关，加快进军东北的步伐。

8月28日晚，部队冒着倾盆大雨，由山海关西侧的九门口出关，踏上了辽西的土地。

前所，是北宁铁路山海关外的第一个车站。该站驻有伪军400多人。29日上午，曾克林部派代表向驻守车站的伪军送去最后通牒，令其放下武器。下午5时，前所400多伪军全部投降。

当日晚，曾克林、唐凯接到通知：

“苏军一个分队从赤峰方向开来，于明日抵达前所，请注意联系。”

为了庆祝两国军队在中国反法西斯战场上的历史性会师，曾克林部全体指战员倾注了极大的热忱。当晚，决定临时抽调司号员，组成“军乐队”，战士们把手中的武器也擦得锃亮。曾克林、唐凯向苏军提出联手攻打山海关的建议。苏军上校请示上级后同意配合行动。

于是，中苏两国军队在山海关攻坚战中首次联合作战。

作战的任务与协同十分简单：曾克林部担任主攻，夺取城垣；苏军则担负火力支援。

上午11时许，中苏双方派出的代表乘苏军吉普车进抵山海关城下。谈判在城外的一栋房子里进行。中苏两军代表令驻山海关的日军和伪军于当日下午2时，率部于山海关南火车站无条件投降。

日方代表表示：

山海关不归“满洲国”管，也不属苏联军队作战范围，更不是八路的受降区域。他们已奉上级命令，只能向蒋介石的国民党中央军投降。

8月30日下午5时，在苏军炮火的支援下，曾克林部开始攻击山海关。冀热辽十六分区的十二团和十八团分别从两翼向城关展开攻击。经过一个多小时战斗，十八团首先夺占了城内制高点，将红旗插上了“天下第一关”的城楼。随后，十二团也攻下了火车站，炸开城门，突入城内。黄昏时分，战斗结束。

攻占山海关后，冀热辽军区十六分区的部队便成了名副其实的“出关第一军”。东进部队也决定乘火车进发。山海关车站的铁路工人全力支持，很快，一列由客、货、敞篷等几十节车厢组成的混合列车准备就绪。

9月4日，曾克林、唐凯率部队登上东行列车，当日抵达锦州，与已到锦州的苏军会师。部队到锦州后，由十六分区十八团组成了锦州卫戍司令部，接管了伪锦州省、市政府和辽西地区，控制了辽西走廊。主力部队则继续东行，向沈阳挺进。

正当曾克林、唐凯率东路挺进部队打昌黎、出山海关、进入辽西之际，冀热辽军区其他两支部队也进入热河。

8月18日，由舒行司令员、李子光政委率领的西路十四分区部队，沿兴隆、承德、滦平前进，与由多伦南下的苏军会师，解放了围场、隆化等一批县城。

由第十五分区司令员赵文进率领的中路部队，8月17日经喜峰口向平泉、凌源、赤峰开进，并于8月20日在平泉与苏军会师，解除了当地的伪满武装，接管了八座县城。

9月5日，曾克林、唐凯率领的东路挺进部队，搭乘火车，一路风尘仆仆，进入东北最大的城市——沈阳。

一个星期以后，这支部队又相继进入了鞍山、辽阳、抚顺、本溪。

至此，冀热辽军区十六分区部队，在曾克林司令员和唐凯副政委的率领下，抢到了先机。

一个月以后，即1945年10月，这支最先出关的部队已经发展到6万多人。

1946年元月，第十六分区扩建的各部队，与南满的山东部队、南满纵队合编，建立了辽东军区（南满军区）和东北民主联军第三、第四纵队。第十六分区的供给、卫生、军工部门编入东北民主联军总部机关。

1945年8月11日清晨，八路军山东军区司令员兼政委罗荣桓住处聚集着中共山东分局和山东军区的重要领导人。罗荣桓宣读了朱德总司令命令各解放区部队积极进军的电报，并布置了晚上召开的高级干部联席会议。

当晚，在中共山东分局和山东军区高级干部联席会议上，罗荣桓就执行中央和八路军总部的指示提出了具体意见。他要求：

迅速整编部队，及时向铁路线和大城市进击，以有力的反攻作战，逼使日伪军缴械投降。

山东根据地的发展壮大，倾注了罗荣桓的心血。1938年11月，八路军一一五师政委罗荣桓与代师长陈光率师机关和第六八六团组成的东进支队从晋西出发，于1939年3月进入山东，同八路军山东纵队会合。随后，这两支武装发展到8万多人。

1943年3月，中央军委决定：罗荣桓为山东军区司令员兼政委，一一五师政委、代师长。8月，罗又兼任中共中央山东分局书记。在六年多的抗日烽火中，山东抗日根据地已拥有27万武装和2400万人口。

在大反攻的日子里，罗荣桓抱病指挥部队分五路进军，迅速进入津浦、胶济、陇海等铁路沿线敌占区，收复主权，收缴日伪武装。与此同时，罗荣桓认真执行了中央关于派部队进军东北的指示。他安排了第一批从海路进军东北的部队，即由滨海军区副司令员万毅率领的“东北挺进纵队”。该“挺进纵队”是由滨海支队和胶东军区一部分部队组成，约3500人，万毅任司令员，周赤萍任政委。

万毅是原东北军将领，曾在张学良的东北军第五十七军中任团长，出生于辽宁金县。他15岁来到奉天城（沈阳），参加了奉军，在十数年的军旅生涯中，因作战英勇，逐次晋升为团长。

罗荣桓

1938 年，已经随部队撤至关内的万毅，在中共地下党组织的介绍下，加入了中国共产党。当年春，万毅率东北军五十七军六二七团血战连云港，拒敌登陆，歼日军百余人。1939 年初，他率部破袭津浦路，生俘日军少将原山方雄。同年秋，已升任五十七军一一一师第三三三旅旅长的万毅，率部袭击鲁东南大店，一举歼日军两个中队。在当地，日伪军据点中流传着这样一句话："不怕一万，就怕万毅（一）！"

1940 年 9 月，万毅和其所在师师长常恩多发动了一次锄奸运动，驱逐了与日军勾结的军长缪澂流。1941 年 2 月，国民党清理东北军中的中共地下党员和进步分子，万毅遭到关押。1942 年 3 月，蒋介石电令国民党鲁苏战区总司令于学忠"就地秘密枪决"万毅。于学忠采取拖延态度。7 月，蒋介石再次电令于学忠除去万毅，所幸万毅已逃至八路军驻地。随后，常恩多率一一一师脱离国民党，进入滨海抗日根据地。1942 年 8 月，常恩多病逝，万毅接任师长。1944 年 10 月，万毅率领的东北军第一一一师正式改编为八路军山东军区滨海支队，万毅兼任山东军区滨海军区副司令员。在中国共产党的第七次代表大会上，万毅当选为中央候补委员。

罗荣桓、万毅等人仔细研究了部队行动的细节，包括部队的航渡路线、登陆地点、海上可能遇到的情况、到东北后的工作方针等。之后，罗荣桓送走了山东赴东北的第一批部队。

9 月 11 日，罗荣桓收到了中央来电，电文说：

"据胶东区党委派人在大连侦察，我党我军目前在东北极好发展。为利用目前国民党及其军队尚未到达东北以前的时机，迅速发展我之力量，争取我在东北巩固地位，决定从山东抽调 4 个师 12 个团共 2.5 万至 3 万人，分散从海路进入东北，并派山东军区政治部主任萧华前去统一指挥。"

这是中共中央在一个月内，第二次调山东军区所属部队到东北，并且是主力部队。

罗荣桓立即电召在博山指挥作战的萧华，命他火速回军区接受任务。

萧华长期以来，一直在罗荣桓的领导下工作。全国抗日战争爆发后，罗荣桓任一一五师政治部主任，萧华任副主任。1938 年，萧华奉命率部队挺进冀鲁边。以后，罗荣桓任一一五师政委，也到了山东。1940 年 6 月，萧华任一一五师政治部主任。

接到电报后，萧华轻骑简从，日夜兼程，赶回军区。

罗荣桓在病榻上向萧华交待了任务："中央指派你立即去东北。你先看看这几份电报。"

电报有三份：第一份是1945年8月29日《中央关于迅速进入东北控制广大乡村的指示》，第二份是9月11日中央转发胶东区委报告大连情况并命令萧华率部进入东北的指示，第三份是9月15日中央关于成立东北局全权领导东北一切工作的决定。

萧华感到责任重大，请示罗荣桓："什么时候出发？"

罗荣桓答道："立刻。分局讨论决定：由你先期率领司、政、供、卫机关一部分干部去胶东，从海路挺进东北。调去东北的四个师的部队，由我来安排……"

"过海要注意美国军舰捣乱。要改穿便衣，晚上偷渡。沿途的岛屿要控制起来，设立兵站。"

为了保障主力部队渡海，山东军区成立了由胶东军区司令员许世友组成的海运指挥部，担负保障任务。许世友征集了胶东沿海30余只海船，140余只帆船，把几万部队运过了渤海海峡，创造了海上输送史上的奇迹。

为了打通海路，胶东军区部队消灭和驱逐了烟台附近崆峒岛和蓬莱以北长山列岛的伪军。占领了濒临辽东半岛的外长山列岛，并在沿途砣矶等岛屿设立了兵站，聚草存粮，保障了海运畅通与军需供应。

位于胶东半岛黄县的龙口和蓬莱县的栾家口是八路军的登船地点，历来山东人闯关东也都是从这里起航。

1945年9月19日，正当山东部队全力跨海东渡的时候，中央作出"向北发展，向南防御"的战略决策，并指派原欲回延安治病的罗荣桓赴东北工作。

10月13日，罗荣桓接到中央来电：决定第三期再向东北出兵5万人，主要从山东部队中抽调。接着，中央催促罗荣桓"率轻便指挥机关，日内去东北。"

10月24日，罗荣桓抱病由临沂前往胶东，准备东渡。31日，中央决定成立东北人民自治军，任命罗荣桓为第二政委。

11月初，罗荣桓一行乘六艘汽船自龙口港驶向辽东半岛。按计划，作战科长尹健率机关人员及特务团一个营乘五艘汽船，在庄河登陆，然后在辽阳与罗会合。罗则带少数警卫人员与参谋处长李作鹏、情报处长苏静等直驶大连，再乘火车赴沈阳。途中罗荣桓一行在旅顺口附近海面遇到苏军阻拦，于是改道向濒临黄海的貔子窝驶去。

貔子窝是辽东半岛东侧黄海岸边的一个渔港，坐落在中长铁路南端的一条支线上。1904 年日俄战争时，日军久攻旅顺口不下，曾派兵在此登陆，迂回到沙俄守军侧后，大败俄军。

罗荣桓一行到达貔子窝时正遇落潮，船停在离海岸一里远的海面，时值初冬，罗一行蹚过冰冷的海水，踏上了东北的土地。

在向东北的进军中，从 8 月中旬到 10 月底，八路军山东军区共输送了三批部队。这些挺进东北的部队，大部分走海路，一部分走陆路，还有一部分海陆兼行，分别在 10 月、11 月、最迟也在 12 月上旬，到达东北的指定地区。这些部队是：

由滨海支队和胶东军区一部组成的东北挺进纵队，共 3500 人，在司令员万毅和政委周赤萍的率领下，从海路抵达辽东半岛，10 月到达磐石、海龙、东丰、西丰地区。

东北民主联军司令员林彪

由山东军区政治部主任萧华率领的军区机关及直属部队约 1000 人，从海路抵达大连老虎滩，10 月初进至安东。

山东军区第五师和第六师各两个团约 1 万人，在第五师师长吴克华、政委彭嘉庆的率领下，走海路，10 月 24 日进驻营口地区。

山东军区第七师在师长兼渤海军区司令员杨国夫的率领下，经陆路假道冀东，于 10 月下旬进抵山海关地区。

渤海军区副政委刘其人率渤海军区三个团，经古北口从陆路抵达东北。以上杨国夫，刘其人部共计六个团，1.2 万人。

山东军区第二师 7500 余人，在师长罗华生、政委刘兴元的率领下，走海路，11 月上旬抵达沈阳以南的庄河与鞍山地区。

山东军区第一师 7500 余人，在师长梁兴初、政委梁必业的率领下，于 11 月中旬经由陆路抵达辽西锦州地区。

山东军区第三师 8300 余人，鲁中警备第三旅 4000 人，分别在鲁中军区政委罗舜初、警备第三旅旅长胡奇才率领下，走海路，于12月上旬到达辽阳、鞍山地区。胶东军区海军支队1000余人，在支队长田松率领下，走海路，11月中旬转赴牡丹江地区。

东北民主联军第一政治委员彭真

此外，先后进入东北的还有山东军区直属部队与机关人员4000人及地方武装一部，分别进驻安东和沈阳地区。

截止到1946年初，八路军山东军区奉命开赴东北的部队共有八个师（旅），三个支队，合计6万余人，日后成为东北人民自治军、东北民主联军主力部队的重要组成部分。

1945年9月17日上午，延安东关机场一架苏军后贝加尔方面军前线航空兵的双引擎道格拉斯式运输机，向沈阳方向飞去。刚被任命的东北局书记以及日后成为东北人民自治军政委的中共中央政治局委员彭真，刚被任命的东北局委员以及日后成为东北人民自治军副政委的中央政治局委员陈云，此外，还有日后担任东北人民自治军重要领导职务的叶季壮、伍修权、曾克林等人此时正在飞机上。

彭真等人飞离延安，是中共根据先期进入东北的曾克林反映的情况而采取的部署。

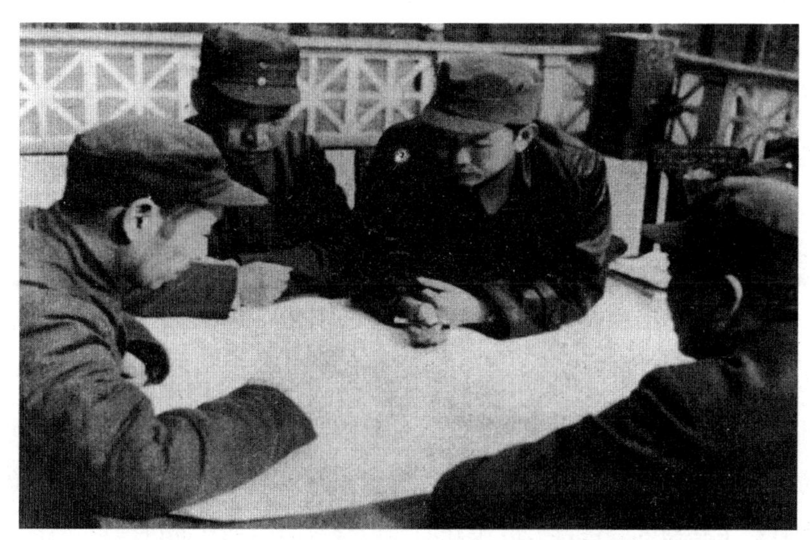

中共中央决定向北发展的同时，决定成立东北局，彭真任书记。图为彭真（左二）等东北局领导在研究作战方案

9月5日，曾克林率部乘火车抵达沈阳。驻扎在沈阳的苏军不准曾部下车，曾只好带着参谋到苏军司令部交涉。苏军卫戍司令卡夫东态度冷淡。曾克林强忍解释。卡夫东道："根据雅尔塔协定和中苏条约，最高统帅部是不会同意你们进沈阳的。"曾克林据理力争："你们有最高统帅部，我们也有最高统帅部。我们的最高统帅部是毛泽东、朱德。我们是奉他们的命令来沈阳的。要我们离开沈阳，需要有延安总部的命令。"经再三交涉，苏军驻沈阳卫戍司令卡夫东终于同意曾克林部下车，但部队必须住到沈阳市外30里的苏家屯。曾部2000余人抵达沈阳的消息不胫而走。当地群众涌上街头热烈欢迎的场面出乎苏军预料，于是又通知曾克林部驻扎在市区故宫东面的小河沿。9月6日，曾克林、唐凯率第十六军分区司令部进驻原伪满市政府大楼。9月7日，苏军驻沈阳最高军事机构——近卫坦克第六集团军邀请曾、唐。在近卫坦克第六集团军司令部，克拉夫钦科上将、杜曼宁中将率苏军驻沈阳各军兵种负责人、军长、军事委员会见了他们。席间克拉夫钦科表示了歉意。随后双方就如何相互配合作战，肃清日伪武装势力等一系列问题，进行了磋商，此次会谈对我军后续部队进入东北，开创东北局面，具有重要意义。

冀热辽军区第十六分区部队进入沈阳后，一度接管了日本关东军的军火库，得到大量武器弹药，部队装备大为改善。中旬，又开赴南满，接管了鞍山、辽阳、营口、抚顺、本溪等城市。消灭了这些地区的伪满势力。然而，国民党势力也在东北急剧膨胀，国共的较量日趋激烈，苏方又不便公开支持中共，今后的局势难以预料。为得到中共中央的及时指示，苏军驻长春总司令马利诺夫斯基元帅为了与中共中央联系，于是，曾克林同苏军代表卫斯别夫及翻译谢德林乘飞机抵达延安。9 月 14 日当日，刘少奇主持召开了中央政治局会议，听取曾克林关于冀热辽部队挺进东北配合苏军作战及进入沈阳地区后工作情况的详细汇报，并作出决定：成立以彭真、陈云、程子华、伍修权、林枫为委员，以彭真为书记的东北局，立即赴东北开展工作。

眼下，搭乘这架道格拉斯军用运输机的便是几位中共“接收”大员……

飞机准备直飞沈阳。因天气恶劣及飞机故障，飞机在山海关迫降。着陆时飞机冲出跑道，一头扎进田里，翘起了尾巴。陈云被巨大的冲击力推进了驾驶舱，但无大碍，彭真受了轻微的脑震荡，叶季壮的腿被翻倒的油桶和通讯器材压伤，其余的人也都受了轻伤。

9 月 18 日，彭真、陈云等东北局主要领导，在沈阳原张作霖大帅府西楼召开了东北局第一次扩大会议，彭真、陈云传达了中央的战略方针并提出了东北局的当前任务，这些任务包括：收缴敌伪武器，加紧剿匪工作，镇压汉奸和敌特分子；安定社会秩序，恢复生产；发动群众，扩大人民武装，准备回击国民党发动的内战；在接管的城市中摧毁伪政权，建立各级民主政府；在农村组织群众开展反奸反霸、减租减息斗争；大力宣传中共的方针政策等。

东北局第一次扩大会议的召开，标志着中国共产党对东北战略区实施统一领导的开始。

中共中央东北局展开工作后，很快便与东北抗日联军中的党组织——中共东北党委员会接上了关系。

东北抗日联军，是日本占领时期中共在东北地区坚持对日斗争的武装。1931 年九一八事变以后，东北人民组成了多股游击队。然而，由于各抗日游击队之间和队伍内部存在矛盾，加上日军的反复清剿，到 1933 年，各游击队总数减至数万人。与此同时，中共党员李红光、杨靖宇领导的游击队则发展到 2000 人。1934 年秋中共满洲省委着手建立抗日联军，共编成七个军，并于 1935 年发表了《抗日联军统一建制宣言》。1936 年冬东北抗日联军又编组了四个军。1937 年对这 11 个军进行了整编，编为：第一路军，总指挥杨靖宇；第二路军，总指挥周保中；第三路军，总指挥赵尚志（后为李兆麟）。其总人数有 4.5 万人。1938 年以后，日军加紧了对抗日联军的“扫荡”，使抗联又一次遭受严重挫折。1940 年 2 月杨靖宇牺牲。到 1942 年底，抗联已不足千人。鉴于形势险恶，中共东北党委会（原满洲省委）决定将抗联的基干人员转移到苏联境内。于是周保中等撤到了苏联的西伯利亚地区。

在 1945 年 8 月的苏军远东战役中，抗联部队发挥了重要作用。他们潜入东北绘制日军防御工事图，刺探日军兵力部署。

在苏联的三个方面军中组织了先遣作战分队，还有一些人被空投到战略目标担任侦察和向导工作。也可说他们是最先进入东北的中共武装。

1945 年 9 月初东北抗联骨干分四批乘飞机进入东北，这些抗联部队分别是：第一批，1945 年 9 月 6 日，由李兆麟、王效明率领，共 170 余人，自苏联远东到达哈尔滨、吉林、延吉地区。第二批，于 9 月 7 日由彭施鲁带领，自伯力飞抵佳木斯地区。第三批，由周保中率领，分乘四架飞机，于 9 月 8 日分别到达长春，沈阳。第四批，分别由王明贵、范德林、董崇彬带领，于 9 月 9 日飞抵齐齐哈尔和大连。

就在彭真、陈云一行飞往东北的当天，刘少奇致电在重庆谈判的毛泽东，提出了当前的工作方针：“向北推进，向南防御”，具体内容是：为实现力争东北、完全控制热、察两省的计划，将新四军江南主力部队立即转移到江北；调华东新四军主力 10 万人到冀东，或调新四军主力到山东，再从山东、冀鲁豫抽调 10 万人至 15 万人到冀东、热河一带；留下一部分力量坚持和发展华东根据地。

毛泽东表示赞同。

在颁发给各中央局的《关于目前任务和向南防御、向北发展的战略方针和部署的指示》中说：

“目前我全党全军的主要任务是继续打击敌伪，完全控制热、察两省，发展东北，以便依靠东北和热、察两省，加强全国各解放区及国民党地区人民的斗争，争取和平民主及国共谈判的有利地位。”

中共中央此时还调派了大批干部赴东北，以加强东北党和军队的领导力量。

继彭真、陈云到达东北后，中央又派出了政治局委员高岗、张闻天。其他相继派遣到东北工作的中央委员、候补中央委员有林彪、李富春、李立三、罗荣桓、林枫、蔡畅、王稼祥、黄克诚、王首道、谭政、程子华、万毅、古大存、陈郁、吕正操、萧劲光等。

这些中央领导人中，绝大部分担任或兼任了东北人民自治军、东北民主联军及其各军区的领导人，为这支人民军队的成长、壮大作出了重要贡献。

1945年10月31日，中央决定成立东北人民自治军，任命林彪为总司令，彭真、罗荣桓为第一、第二政委。

林彪8月24日离开延安，同行的有晋冀鲁豫解放区的刘伯承、邓小平和新四军的陈毅等人。林彪的目的地是山东，接替罗荣桓任山东军区司令员。当到达河南的濮阳时，一行人接到了中央“十万火急”的电报，要林彪、萧劲光、江华、邓华、李天佑、聂鹤亭等原定去山东的同志，立即转道去东北。

东北局领导在哈尔滨召开军事会议。左起：林彪、高岗、陈云、张闻天、吕正操

林彪是黄埔四期学员，湖北黄冈人。经历过南昌起义、湘南起义、中央苏区反“围剿”斗争，沿营长、团长、纵队司令、军长和军团长的职务拾级而上。全国抗日战争爆发后，任八路军一一五师师长，在中共第七次全国代表大会上，被选为中央委员。

此刻，再一次被委以重任并昼夜兼程赶赴东北的林彪，正紧张地思索着。不苟言笑，阴沉着脸，似睡非睡，这是林彪思考问题的外部特征。一路上，这位还未正式就位的总司令，边走边思考，已经进入了情境。

9月22日和24日，在往东北的路上，林彪向中央军委和山东的罗荣桓发去了两份电报。电文说：

> “为掌握冀热辽战略枢纽，准备一切力量，争取粉碎国民党与我们争夺华北、东北的进攻，以保东北的顺利争取，因此，我们为坚决执行军委这一意图和任务，拟由此经冀中、直到冀东，布置冀热辽一带地方工作，发动群众，组织武装，并准备和训练部队，建设炮兵，以及进行布置战场等工作。”

考虑到争夺东北的需要，林彪特别嘱咐山东部队做好“津浦路之破坏工作”，“除破坏铁轨外，必须挖坏路基”，以阻滞国民党军队沿津浦路北犯。

就这样，冒着绵绵秋雨，边行军走路边考虑问题边指挥部队，林彪一行于10月上旬到达了山海关。东北局的人已经在此恭候多时了。从山海关东行，免去了行走与鞍马的辛苦，乘火车顺利地到达沈阳。

11月4日，东北人民自治军在沈阳正式成立。林彪任总司令，彭真任第一政治委员，罗荣桓任第二政治委员，吕正操任第一副司令员，李运昌任第二副司令员，周保中任第三副司令员，萧劲光任第四副司令员兼第一参谋长，程子华任副政治委员，伍修权任第二参谋长，陈正人任政治部主任。

11月4日，东北人民自治军总部在沈阳正式成立。

正当中国共产党调兵遣将派主力部队和大批党政干部进入东北之际，蒋介石也在利用国民党政府的那些优势，利用中苏条约，打着“接收主权”的幌子，企图在美国的帮助下，从海、陆、空抢占东北。

8月31日，蒋介石任命熊式辉为东北行营主任，以国民政府名义将东北划分为九个省，9月5日，公布了东北九省二市主席、市长的名单。10月12日，熊式辉抵达长春，原伪满冀东讨伐队姜鹏飞部任保卫。因苏联军方拒绝合作，重庆国防部企图利用美国飞机大批运兵东北的计划未能实施。

空运的路被堵死，在重庆的督令下，熊式辉再次派代表与驻东北苏军当局晤谈，希望苏军能够网开一面，在撤军之前，允许国民党军在大连和营口登陆。

由于大连是商港，为苏联控制的地区，苏联人一口回绝，根本没有商量的余地，天上海上都走不通，蒋介石只好依靠地面部队，沿平汉、津浦路北上，向东北调兵。10月中旬，国民党傅作义部5万人抢占绥东地区，企图占领热河和察哈尔两省。同时，国民党第十一战区副司令长官马法五、高树勋率4.5万人，从新乡沿平汉路进抵石家庄，与胡宗南部成犄角势，以切断东北解放区与华北解放区的联系。10月下旬，国民党17个军约40万人，在日伪残余的策应下，分批向华北、东北推进。

针对蒋介石的军事部署，中共中央和中央军委指示晋察冀、晋绥、晋冀鲁豫和山东等部队，从10月中旬到12月中旬，先后组织实施了察绥战役、邯郸战役、津浦路战役，歼灭国民党军7万多人，大大迟滞了蒋介石的北进战略。

利用有利时机，东北人民自治军对东北的部队进行了整编，共组建了十个军区。这些军区是：

锦热军区，司令员李运昌，下辖第二十七旅，第三十旅，第三十二旅及炮兵旅，约3万人。不久，该军区调归晋察冀军区之冀热辽军区建制。

辽东军区，萧华任司令员兼政治委员，下辖第一纵队，第三纵队，直属第一、二、三支队和宽甸警备司令部，共3.6万人。1946年1月，辽东军区改为南满军区，部队也作了相应调整，将第二、第三纵队合编为第四纵队；原山东军区第三师、鲁中警备第三旅与第十六军分区第二十一、第二十三旅合编为第三纵队。

辽宁军区，1945年11月底由沈阳保安司令部一部在本溪组建。张学思任司令员，白坚任政治委员。下辖保安第三旅，第一、第二、第三军分区，1.6万人。

辽西军区，1945年12月由沈阳撤出原辽宁保安司令部一部与公安大队等组建而成。邓华任司令员，陶铸任政治委员，下辖保安第一旅，工人纵队及第一、第二、第五军分区，1万余人。

辽北军区，1945年11月，以梨树地区为中心组建而成。倪志亮任司令员，郭述申任政治委员，下辖第一四六团及西安、西丰、海龙、梨树四个县大队，1万余人。

吉林军区，1945年11月组建于长春地区。由周保中任司令员，林枫任政治委员，下辖东北挺进纵队第一、第二支队，吉林、吉东地区保安团23个，3.8万人。

松江军区，1945年11月组建于哈尔滨市。由卢东生任司令员，卢牺牲后，由聂鹤亭任司令员，张秀山任政治委员，下辖哈东、哈南、哈西、哈北和牡丹江等五个军分区，1.4万人。

嫩江军区，1945年11月组建于齐齐哈尔。由王明贵任司令员，刘锡五任政治委员，下辖第一、第二、第三、第四军分区，8500余人。

北安军区，1945年11月组建于黑龙江的北安，叶长庚任司令员，下辖第一、第二、第三支队，8000余人。

三江军区，1945年12月由原冀中军区部队为主在佳木斯组建。孙景宇任司令员，李范五任政治委员，下辖二个团，2000余人。

东北人民自治军除设立上述军区以外，直属总部的部队还有：

原山东军区第一师、第二师、第三师、第七师、鲁中警备第三旅；

由原冀鲁豫军区第二十一团于沈阳以西地区扩编而成的第二十五旅；

由原陕甘宁边区第三五九旅一部于本溪、抚顺地区扩编而成的第三五九旅；

原新四军第三师，下辖第七旅、第八旅、第十旅、独立旅。

这些来自冀中平原、胶东半岛、延河之滨和淮水两岸的八路军、新四军，是中国共产党与国民党争夺黑土地的最基本力量。

在向东北进军的几路主力部队中，最艰苦、行军最远的，大概要数黄克诚的新四军第三师。

9月下旬，新四军第三师所辖四个旅和三个团，分两路，陆续从江苏的盐阜、淮海地区出发，经江苏、山东、河北、热河，历时60多天，行程3000多里，抵达辽西锦州地区。

1945年8月中旬，黄克诚奉命率新四军第三师主力一部，进抵淮南津浦路以西，协同新四军第二师阻止国民党桂系部队东进。当黄克诚得悉苏军发动远东战役之后，一向深谋远虑的他向华中局书记饶漱石提议，立即给中央发报，建议中央及军委迅速派大部队到东北去，不要管苏联同意与否，不可错过时机。然而，饶漱石却不同意，黄克诚即以自己的名义起草了一份电报。在这份《我对目前局势和我军军事方针的意见和建议》的电报中，黄克诚主张“有决心地、主动地放弃一些地区，集中主力进行决战，创造联成一片的大战略根据地，在全国范围内开展游击战争，逼迫蒋介石向我让步，取得和平”。在军事部署上，黄克诚向中央建议：

> “1. 东北既能派队伍进去，应尽量多派，至少应有 5 万人，能去 10 万人为最好。并派有威望的军队领导人去主持工作，迅速创造根据地，支援关内斗争。
>
> 2. 以晋、绥、察三地为关内第一战略根据地，应集中 10 万主力，进行消灭傅作义、阎锡山、胡宗南之决战，达到控制整个察、绥与西北部和太行山全部。
>
> 3. 以山东为关内第二战略根据地，应集中 15 万主力，待敌人缴枪之后，在济、徐、胶、海铁路线进行决战，达到控制整个山东。
>
> 4. 其他各地区，则成为两大战略根据地之卫星，力求争取局部决战之胜利，若不可能时，即以游击战争长期周旋。”

电报发出的第九天，在刚刚收复的淮安城中，黄克诚接到了命令，要他率新四军第三师主力开赴东北。

当时李运昌部已在东北接管了苏军缴获的几座军火库，很多人主张留下装备轻装前进。在动员会上黄克诚力排众议，给部队下达了两条命令：一是要部队带上棉衣，二是要全副武装。多余的武器可以留下，交给地方使用。

9 月 28 日，黄克诚与副师长兼参谋长洪学智一起，率全师 3.5 万人从淮阴启程。向山东进发。

离开苏北之前，华中局和新四军军部曾指示第三师到达山东后停留一个时期休整部队，补充给养。黄克诚再三斟酌，于 10 月 4 日向中央军委发报，主张兵贵神速，捷足先登，若滞留鲁地，贻误战机，建议到山东后稍事休整立即北进。

10 月 6 日，中央军委回电：“为迅速达成战略任务，三师部队在到达山东后，应兼程北进，不在山东担负战斗任务。”黄率部在山东临沂休整两天后，即向河北进发。

第三师自苏北出发时部队动员口号为到陇海线作战。

跨过陇海路后是到平津之间去作战。到达冀东地区，从杨村过了平津铁路，进抵三河、玉田一线后，各部队才正式开始了进军东北的动员。11 月中旬，根据中央军委的命令，第三师经丰润、迁安，由冷口出关。

兵马未动，粮草先行，第三师一直把给养供给作为“先行官”。在江苏、山东、河北时一切顺利，但出关后给养发生严重困难。黄克诚为此两次致电中央军委，请求援助。然而，相继出关的部队太多，沿途实在不堪重负。第三师凭着顽强的精神于 10 月下旬经青龙、建昌到达锦州附近的江家屯，结束了这次历时两个月、跨越五个省的长途进军。长途行军，部队减员 3000 多人。

新四军第三师到达东北时的战斗序列为：

师长兼政治委员黄克诚，副师长刘震，副师长兼参谋长洪学智，政治部主任吴法宪。

第七旅，旅长彭明治，政委郭成柱，5900 余人；

第八旅，旅长张天云，政委李雪三，6000 余人；

第十旅，旅长钟伟，政委王凤梧，7000 余人；

独立旅，旅长兼政委吴信泉，6000 余人；

师属特务第一、第二、第三团，7000 余人。

在挺进东北的千军万马中，黄克诚所率新四军第三师部队在数量上仅次于山东军区八路军，成为日后组成东北人民自治军和东北民主联军的骨干力量。

1945 年 8 月 31 日，蒋介石任命熊式辉为东北行营主任，总揽重庆政府在关外的事务。但是，一个多月过去了，这位封疆大吏仍然在重庆。当 10 月 12 日东北行营主任熊式辉带着他属下的九省二市省主席和市长们飞抵长春时，才发觉这里的“情况”不对头。

熊式辉派外交部驻东北特派员蒋经国前往苏军驻东北总部接洽，结果无功而返。不久，接收大员们连长春都不敢待了。原来，在大员们驻地担负警卫和治安的警察，竟是万毅率领的“东北挺进纵队”的八路军。

10 月 18 日，重庆国民党政府宣布杜聿明为东北保安司令长官，列入东北保安司令长官部战斗序列的部队有十三军、三十军、三十二军、五十二军、九十二军和九十四军。但是，这些部队还远在中国东南地区和越南的河内、海防。10月22日，蒋介石在官邸召见了杜聿明。

10月下旬，杜聿明衔命飞往上海，会见驻上海的美国第七舰队司令金开德上将。金开德承诺运输兵员任务后，杜聿明又直飞东北，拜会马林诺夫斯基元帅。双方经过协商，马林诺夫斯基同意国民党军在营口登陆，并将一张标好的营口苏军位置图交给杜聿明，上面还标明了营口苏军掩护国民党军登陆地点。

然而杜聿明11月3日在秦皇岛与美海军第七舰队代理司令巴贝中将乘“脱罗尔号”前往营口时，发现苏军已撤离，中共武装占领了码头。杜聿明返回重庆向蒋介石汇报经过，并提出武力“接收”东北三点计划：

第一，请蒋迅速抽调10个军，以美国舰队掩护，在营口或葫芦岛强行登陆；先肃清东北，再回师关内作战。

第二，请批准建立东北地方武装，按九省二市收编伪满11个保安队，准备整训后接替国民党军防务。

第三，委派九省二市11个军事特派员，深入各省市，开展“敌”后活动。

蒋介石表示，第二、第三点计划，交熊式辉和军令部核办；将天津以东划归东北行营作战区，命杜指挥第十三军、第五十二军及第九十四军先占领山海关。

第二章　御敌于关门之内

山海关下的较量。无法实现的“辽西决战”。关东大地上的“七无”与“一多”。林彪倡言“等、忍、狠”。四平，苦撑一个月后还要向后转。

东北有广袤的土地、丰富的资源和便利的交通。“八一五”之后，捷足先登的共产党武装对迟来的国民党军队，自山海关始，展开了一场节节抵抗的防御战。

1945年九十月间，国共两党都将目光投向辽西走廊。

辽西走廊，亦称榆关走廊。位于辽宁省西部的锦州市与河北省东部的山海关之间，东临辽东湾，西依松岭山，西南—东北走向，长约185公里，宽8至15公里。由东北至西南，锦州、锦西、兴城、绥中、山海关坐落其间，成为扼守这一走廊的军事要地。走廊的西南端紧连着华北重要港口秦皇岛。辽西走廊背山面海，丘陵起伏，形势险要，是沟通华北至东北的重要通道，历来为兵家必争之地。

鉴于此中共中央及毛泽东给东北局发去了一系列指示。

10月4日，中央军委在给东北局书记彭真及陈云的电报中指出：

“据锦州地委电称，美军在秦皇岛登陆，并传有中央军200人，请速令曾克林部扩大之新部队，以三个团控制山海关，集结整训。”

10月16日，毛泽东致电彭真。电文说，苏军已拒绝国民党军在大连、旅顺登陆，蒋军从秦皇岛登陆，由山海关、锦州进军东北已成必然，“除令在途各部兼程急进，胶东方面星夜海运，并令林彪急至沈阳助你指挥作战外，望你就现有力量加强训练，并动员民众坚决阻击登陆，争取时间。”

同日，军委致电陈毅、罗荣桓、黎玉，请他们速令山东军区杨国夫师“星夜兼程，向山海关、锦州前进”。

中共中央军委分别向东北、华北、山东频繁发电，调兵遣将，把主力部署于山海关、锦州、营口、沈阳一线，准备阻止国民党军的海上登陆与陆上进攻。

成立后的东北人民自治军在沿辽东半岛经辽西走廊至长城古北口的绵长战线上，组建了五个前线司令部，组织对国民党军队的正面防御。其中，李运昌指挥的第三前线司令部，负责封闭辽西走廊和扼守山海关的任务。

山海关位于河北省东北部，为长城东部起点，踞辽西走廊西端，北宁铁路和公路横贯东西，为华北通往东北的交通要冲。它西距北平（北京）350公里，东距沈阳400公里，被古人誉为“两京锁钥无双地，万里长城第一关”。此关北依燕山，南濒渤海，雄视四野。

早在隋开皇三年（公元583年），中央政府在此筑关，称为榆关。明洪武十四年（公元1381年），大将徐达在此筑城设卫，因其背山面海，故称为山海关。

千百年来，伴随着王朝兴衰，围绕着这一险关隘道，发生过一次次激烈的征战。

明崇祯十七年（公元1644年）4月21日，大顺政权皇帝李自成率军20万亲征山海关，一路冲杀，直抵关城西门。明山海关总兵吴三桂降清，开关跪迎清军统帅多尔衮，薙发称臣。清八旗劲旅15万，兵不血刃，进踞关城。次日，在争夺山海关的战斗中，面临着实力倍增的对手，农民起义军猝不及防，伤亡惨重，全线溃退，清兵长驱入京。明清之际的山海关之战，不仅为大顺政权兴衰的转折，而且也是满族入主中原的标志。

清光绪二十六年（公元1900年），八国联军入侵山海关。10月2日，沙皇俄国的军队与英帝国舰队会师老龙头，清军守将弃城而逃，山海关沦陷，帝国主义列强的炮火，打开了北京的东大门。次年9月，清政府与帝国主义列强签订了丧权辱国的《辛丑条约》。从此，大清帝国步入了灭亡前的风雨飘摇之中。

……

公元1945年10月，在这古老的征战之地，又在酝酿着一场战争。

10月中旬，隶属冀热辽军区第十九旅的四十六、四十七团和第二十二旅六十四团，3700人，在第十九旅旅长张鹤鸣的率领下，进驻山海关。

张鹤鸣旅长带着作战参谋沿防区视察了一周。

山海关，作为一个横亘于辽西走廊西口的防御体系，南从长城入海处老龙头起，中经山海关城，向东北逶迤至九门口，全长26公里。正面依次排列着南海口关、南水关、山海关城、北水关，旱门关、角山关、三道关、寺儿峪关、滥水关、一片石关（九门口）十大关隘。其中，南海口关，濒临渤海，拱卫着整个防御体系的倚海侧翼；南北水关，紧傍山海关城；角山关、寺儿峪关和滥水关，高踞角山之巅，为整个防御体系的制高点；三道关，则是堵塞双峰对峙峡谷深沟中的关隘，有“一夫当关，万夫莫开”之势；一片石关，为山海关防御体系的临山侧翼要塞，号称“京东首关”，此处的长城建在九江河上，两岸高山对峙，长城跨河而过，城下六座券门泻水，连同一片石关城三座门，故称九门口。

对于负有守卫山海关任务的张鹤鸣来说，这散布在50余华里的十个雄关险隘，处处需守，然而兵员及装备都将处于劣势。

在作战会议上张鹤鸣宣布了防御部署：

“第一，根据山海关的地形和我旅的兵力，无法实行宽大正面的一线防御，否则，不仅守不住阵地，还会暴露我们兵力匮乏的弱点。

第二，山海关城西之大石河，为屏障关城的天然障碍，第一线防御部队须充分运用之。

第三，山海关城北部山地的石门寨、九门口是扼守山海关的关键，而角山又是防守山海关阵地的支撑点，因此，全旅防御的重点是石门寨、角山、九门口一线。”

美国空运队帮助国民党运送汽油及其他物资

根据旅的统一部署，第四十六、四十七、六十四团分别将部队配置在南起山海关城，北至九门口，西达石门寨的三角地域内，凭借互为犄角之势阻止国民党军进入东北。

这场保卫山海关的战斗首先在龙水文率领的四十六团防御阵地打响。

10月25日，先期抵达秦皇岛的国民党军队，在美军的配合下，以一个团的兵力向山海关扑来。

走在前面的，是一辆美式吉普车，上面坐着两个美国军人和三个国民党官兵。吉普车开至四十六团防御前沿50余米处停下，车上的国民党军官向四十六团阵地喊话，声称奉命进城同八路军谈判，联系接收山海关事宜。

负责前沿指挥的八路军营长宋春垠向对方说：

“驻防此地的是中国共产党领导的东北人民自治军，东北已经被人民自治军解放，我们负责守卫山海关，请你方迅速撤离……”

宋春垠的话还未说完，国民党军便发起进攻。国共在关外的战争由此拉开了序幕。

当日，国民党军在飞机和炮火掩护下，向四十六团防御的首山、角山至二郎庙阵地发动了轮番攻击。26日双方又激战了5个多小时，结果，国民党军伤亡300多人，退回秦皇岛。

从10月25日到11月3日，是山海关保卫战的第一阶段。此时国民党军主力部队还未到达，但四十六团已付出了沉重代价，牺牲营长以下官兵400多人。11月2日晚，山东军区第七师师长杨国夫率部抵达山海关。第七师下辖第十九、二十、二十二三个团，共7000余人。10月中旬。第七师收到火速增援山海关的电报。于是，部队星夜兼程，由承德绕道九门口，迂回抵达山海关。几天后东北人民自治军总部任命杨国夫任山海关守军总指挥，张鹤鸣任副总指挥。

10月30日至11月1日，国民党第十三军由九龙抵达秦皇岛，接踵而来的是从越南运抵的第五十二军。第十三军是国民党装备最好的部队，五十二军也算半美械装备。11月6日这两支部队已推进到山海关以西的沙河，同东北人民自治军呈对峙态势。8日杜聿明在他的专列上召开作战会议。会上，十三军军长石觉谎称共军火力强大，建议重新考虑是否攻打山海关。杜聿明亲上前线了解情况，遂令石觉部立即发起攻击。

国民党第十三军第八十九师在飞机和大炮掩护下一度占领二郎庙和角山，但伤亡惨重。杜聿明见正面进攻屡屡受挫，又命：

十三军正面主攻，加强攻击力度，同时五十二军之二十五师从山海关北部山地经义院口、城子峪出长城，占领山海关东面的前所，切断山海关防御部队的退路。

东北人民纷纷成立自卫武装，保卫解放区

15日张鹤鸣得知国民党军已偷越城子峪关口到达大毛山，正向山海关侧后迂回。防守九门口的七师第二十团也打来电话说：九门口关隘的东北侧发现国民党军的主力部队在活动。守卫山海关的第七师（张鹤鸣部已编入七师）召开了紧急会议。师长杨国夫知道，此时再坚持下去怕就走不了了。于是命令："由于敌人已经迂回到我后方，坚守山海关已经失去了意义。部队应逐次撤退，脱离山海关战场。以后上级追查擅自撤退的责任，由我负责。"

16日天亮时，国民党军再次发动猛烈进攻。这时第七师的各路人马正逐次向山海关以东的绥中方向退去。

山海关保卫战，是抗日战争胜利后国共两党在东北大门口的首次交锋。冀热辽军区十九旅和山东军区第七师的部队，在力量悬殊、时间仓促、建制及指挥混乱的情况下，坚守山海关达20余天，迟滞了国民党军向关外进军的速度，掩护了中共进军东北的战略行动和东北人民自治军的战略展开。

山海关防御战失利后，杨国夫与张鹤鸣率领着疲惫的部队，沿绥中、兴城方向撤退。

杜聿明则传下命令，荡平东北"匪"患，直指沈阳。石觉亦壮起胆色，紧紧咬住我军，衔尾追击。

东北人民自治军此时处于混乱之中。林彪是10月中旬到沈阳的，身边既无部队，也无全套的指挥机构。彭真是10月18日到的沈阳，但大量政务使他不可能分心军事工作。罗荣桓11月13日才辗转抵达沈阳。罗荣桓带来了山东军区的指挥机构和精干机关人员，如作战处长李作鹏、情报处长苏静和管理处长何敬之等，但统帅战局的军事机构仍难以运作：建制混乱，指挥程序不顺，指挥员分散各处，加之通讯落后，仗自然很难打。

11月下旬，黄克诚率新四军三师到达锦州地区，准备在辽西阻击国民党军队的长驱直进。11月29日，中央军委致电黄克诚：

“关于你部编制、干部配备与活动地区和作战意见等，你均可与林彪坦白商谈，并由你与林彪向中央提出意见解决。”

黄克诚接到电报后，便主动与东北局和东北人民自治军联络，发出了一封封电报，却始终得不到回音，弄得黄克诚丈二和尚摸不着头脑。

数天后才因一个偶然的机会与林彪接上了关系，他这才知道中共中央已命令林彪组织东北人民自治军总部，而林彪的司令部就驻在离黄克诚部不到30华里的地方。第七师撤出山海关的消息中央、东北局都十分关注，纷纷询问情况。林彪答得很干脆：“杨国夫师与我无密本联络，情况不明。”

林彪面临着困境，与自己指挥的部队联系不上，手中也没有军队，他无法执行中央关于要东北人民自治军在辽西与国民党军决战的指示。

林彪为执行中央的命令于11月19日从沈阳赶到锦州。

11月15日，中央军委电示彭真、林彪：

“为谨慎使用主力，求于将来决战时，一战解决问题，应令李运昌、杨国夫两部坚守山海关、绥中之线，节节抗击，消耗疲惫敌人，而令黄（克诚）梁（兴初）两部从冷口、界岭口分路隐蔽开至锦州，锦西、兴城三角地区，处于内线，休整部队；俟（国民党军）进至绥中地区，或兴城地区业已疲劳消耗至相当程度，我则可集中最大兵力，计黄克诚3.5万人，梁兴初7000人，杨国夫7000人，李运昌、沙克在盘山、锦州至山海关一带者至少2万人，共约7万人，于最有利之时机、地点，由林彪或罗荣桓亲去指挥，举行反攻，分作几次战斗，每次歼灭其二至三个师，最后全部歼灭三个军，则能从战略上解决问题。”

林彪到达锦州的当天，杜聿明的第十三军便占领了绥中，向兴城推进。而此时林彪准备在辽西三角地带与杜聿明决战的主力部队在哪里呢？

梁兴初率领的山东军区一师，正由冷口出关，11 月 21 日到达锦西。

黄克诚的新四军三师，因山海关被敌占领，正由承德绕道关外，11 月 26 日到达锦州以西。

杨国夫的七师撤出山海关后，就让敌人粘住了甩都甩不掉。七师的第二十团，担任殿后任务。为了摆脱国民党军的追击，他们避开公路，沿山里的大道走。然而每当部队进驻一个村镇，不久敌人便会光临，还常常利用拂晓或黄昏进行偷袭，搞得部队不得安宁。后来才知道辽西的一些大村镇，都有电话通往铁路沿线车站或城市，凡有军队过往或发生任何情况，当地的伪政府人员就向上面报告。

11 月 22 日，国民党军进占兴城、锦西。同日，中央军委电示东北局：

国民党第十三、五十二军向锦州急进，希望东北人民自治军集中营口、沈阳主力到锦州方面，协同黄克诚、梁兴初部全力歼敌。

处境十分艰难的东北人民自治军无法调营口、沈阳的部队，就连走得快一点的梁兴初部也没有赶上装备精良的国民党军的长驱直入。

22 日是林彪进入东北以来最难熬的一天。一份份失利的电报——兴城失守，锦西失守，锦州告急，他经过长时间的踌躇和缜密思考，终于定下决心，唤来机要秘书，字斟句酌地口授了致中央军委及东北局彭真、罗荣桓的电报：

“连日我在兴城锦州一带所见所闻，我部队已参加作战者疲惫涣散，战斗力甚弱。新兵甚多，缺乏训练。梁（兴初）师刚到，黄（克诚）师尚未到，远落敌后。各部皆疲劳，武器弹药不足而未得补充，衣鞋缺乏，吃不惯高梁，缺少用费。此外，自总部起各级缺乏地图，对地理形势常不了解；

通讯联络至今混乱，未能畅通；地方群众则未发动，土匪甚多。故迂回（指敌人）包围时，无从知道。敌人利用我以上弱点，向我推进，并采取包围迂回。依据以上情况，我有一个根本意见，即：目前我军应避免被敌各个击破，应避免仓促应战，应准备放弃锦州以及以北二三百里，让敌拉长分散后，再选弱点突击。因此在沈阳、营口各地之我军，不必赶来增援，应就地进行装备与训练，养精蓄锐，特别加强炮兵的建设，以待日后之作战。目前黄梁两师皆我亲自指挥，如能求得有利作战时，即进行极力寻求战机。侧面的歼灭战，此可能性仍很大，但亦不拟轻易投入战斗……”

发出这份与中央方针背道而驰的电报是需要勇气的。后来的形势发展也证明，避免锦州决战是一个完全正确的决策。1947 年 5 月，陈云曾指出：避免锦州决战和成功地指挥四平撤退，是中国共产党武装进入东北前七个月中的两件大事。如果在这两件事情的决策上发生错误，那么，东北就难有以后的好形势。

11 月 23 日，中央军委复电林彪、罗荣桓、彭真：

“同意林彪 22 日电报的基本意见，但黄（克诚）、梁（兴初）两部应力求在敌侧后消灭敌之一两个师，迟滞敌之前进，以便争取时间进行各种准备，寻找机会消灭敌人。”

林彪当日决定在锦西、高桥以西地区进行一次歼灭战。他命令梁兴初的第一师、黄克诚的第三师火速赶到江家屯集结；沙克部第二十七旅在高桥、锦西附近正面抗击；杨国夫的第七师以一个团为诱饵，逼近与吸引敌人；主力则隐蔽集结于杨家仗子、毛家屯一带，准备对进入这一地区的国民党军进行一次歼灭性打击。

然而，当担任诱敌任务的杨部将敌诱到预定地点后，主力部队尚未到达。唯一按时到达的梁兴初部已是疲惫不堪。这场由东北人民自治军总司令策划的歼灭战，就这样不战而罢。

11 月 24 日杜聿明下达了攻打锦州的命令。担任迂回任务的国民党第五十二军兵分两路，渡过小凌河，向锦州侧后进击。担任正面攻击的国民党十三军，倚仗优势兵力和强大炮火于26日发起攻击。东北人民自治军于锦州、锦县、二郎山等地同国民党军展开激战。

当天，东北人民自治军即撤出锦县，放弃锦州。

锦州失守，辽西走廊东门洞开。东北人民自治军失去了遏止国民党军进入东北的最后一道屏障；中共控制全东北的条件亦不复存在。

杜聿明部从突破山海关到攻占辽西重镇锦州仅仅用了十天。蒋介石发来电报，嘉奖杜聿明部全体官兵，并严令杜聿明，没有他的手谕不准继续向东北腹地前进。

撤出锦州后，林彪将黄克诚部、梁兴初部、杨国夫部和山东军区第二师罗华生部，集结于锦州以西、以南、以北的外围地带，伺机歼敌一部。28日，集结于锦州西南大小虹螺山地区的梁兴初和黄克诚部，向行进于高桥附近之国民党军后续部队进行侧击，但未达到预期战果。11月底至12月初，在北宁铁路锦西至锦州段伺机歼敌，又没能奏效。

1945年11月中下旬，东北人民自治军被迫放弃辽西走廊，退向东北腹地。

国民党“接收”东北，是有关协定与条约确定的，苏联红军完成《雅尔塔协定》所规定的义务后，必须将东北行政权交还国民党政府。蒋介石一面令杜聿明部停止推进，一面与美国磋商，希望利用美国军舰继续运兵北上，同时还利用外交手段疏通苏联，要求苏暂缓撤军，以便更多的国民党军开赴东北。

利用美国海军第七舰队，蒋介石将新六军、新一军，第七十一军源源不断地运至关外。蒋介石的意图是，待后续部队到达后，准备发动更大规模的进攻，与共产党争夺中长路及其沿线的大城市。

面临着国民党军队即将开始的大规模进攻，作为处在第一线的东北局领导人，深感形势严峻。锦州失守后，“独占东北”的战略目标已无法实现。下一步应当采取什么样的战略方针？

林彪是最先发言的。11月22日，他在那个“我有一个根本意见”的电报中，已向中央建议：“应准备放弃锦州以及以北二三百里，让敌拉长分散后，再选弱点突击。……应就地进行准备与充分训练，养精蓄锐，特别加强炮兵的建设，以待以后之作战。”林彪在电报中至少表达了两层意思：其一，放弃辽西决战的意图，撤往辽宁腹地；其二，部队必须进行准备与训练，才能“待以后之作战”。

三天后，也就是东北人民自治军撤出锦州的前一天，东北局的重要领导成员陈云、高岗、张闻天经过认真研究，最后由陈云主持起草了致东北局和中共中央的《对满洲工作几点意见》。指出：

“我们必须承认，首先独占三大城市及长春铁路干线以独占满洲，这种可能性现在是没有的。因此，当前在满洲工作的基本方针，应该不是把我们的全部注意力集中于这三大城市，而是集中必要的武装力量，在锦州、沈阳前线给国民党部队以可能的打击，争取时间。同时，将其他武装力量及干部，有计划地主动地和迅速地分散到北满、东满、西满，包括广大乡村、中小城市及铁路支线的战略地区，以扫荡反动武装和土匪、肃清汉奸力量，放手发动群众，扩大部队，改造政权，以建立三大城市外围及长春铁路干线两旁的广大的巩固根据地。”

由于内容比较多，《建议》分两次发往中央。中央在收到《建议》一半时，即刻回电说：看了你们未完的电报，中央完全同意。

由中共中央东北局副书记兼北满分局书记陈云起草的这份《建议》，对中央调整和转变关于东北工作的方针以及作战部署，起到了重要作用。

同一时期，黄克诚、李富春、罗荣桓等，也向中央发出过类似的电报。

12 月 28 日，毛泽东在为中共中央起草的关于“建立巩固的东北根据地”的指示中，对中国共产党在东北的工作方针和军事部署作了明确而具体的决定。毛泽东指出：

“我党现时在东北的任务，是建立根据地，是在东满、北满、西满建立巩固的军事政治的根据地。”

对东北人民自治军的部署，毛泽东也作了明确规定：

“将正规军队的相当部分，分散到各军分区去，从事发动群众，消灭土匪，建立政权，组织游击队、民兵和自卫军，以便稳固地方，配合野战军，粉碎国民党的进攻。”

长期以来，中国共产党领导的武装斗争，都离不开根据地。毛泽东的“工农武装割据”“星星之火，可以燎原”“枪杆子里面出政权”等著名论断，都是根据地沃土上培育出来的理论硕果。凭借着根据地熟悉的地形，良好的群众基础和给养供应，共产党的武装在劣势的条件下以弱胜强，演出了一幕幕战争舞台上精彩绝伦的活剧……

而眼下，10余万部队在开进东北后，饱尝了无后方作战的苦楚。

黄克诚率领的新四军三师，经过长途跋涉到达东北。出关以后，一系列预想不到的困难便向部队袭来。该师自苏北开拔之前，中央曾转发了先期出关的曾克林的报告，说：

“在沈阳及各地堆积之各种轻重武器及物资甚多，无人看管，随便可以拿到。”

可是，当部队到达东北后，情况却发生了很大变化。原来，苏联红军由于受到苏联政府与国民党政府签订的《中苏友好同盟条约》的约束，不准东北人民自治军进入大城市，也不准东北人民自治军接收苏军缴获的日伪军用物资，造成了后续入关部队物资补给的极大困难。

鉴于此，黄克诚于辽西阻击战失败后向中央发去一个电报，直陈部队所面临的困难——“七无”情况，即“无党（组织）、无群众（支持）、无政权、无粮食、无经费、无医药，无衣服鞋袜等。部队士气受到极大影响，锦州、山海关以西地区土匪极多，少数人不能通行，战场极坏。而敌人已占领锦州，将直达长春。我提议我军暂不作战，进行短期休整，恢复体力，并以一部主力去占领中小城市，建立乡村根据地，作长期斗争之准备。”12月17日，三师又给军委去电报：

“部队武器仅补充步枪1200支，轻重机枪44挺，山炮10门，野炮4门，尚不能补足。沿途留下之武器，且多破缺不全，为新部队丢下不用者。杨师，梁师稍多一点，干部战士对新部队装备完善，老部队破破烂烂，极不满意。”

电文中讲的“新部队”，是指先期出关部队扩编组建的部队。因当时苏军还未限制东北人民自治军的行动，所以还算顺利。后续出关的部队则遇上“老大哥”的翻脸，什么也没捡着。

除了无武器之外，还缺少群众的支持和部队的给养，林彪在给“吕正操、李运昌、东北局、并报中央”的电报中反映：

老百姓说：“八路军和中央军都是为老百姓的，彼此不打好了，并认为国民党是中央，旧政权，旧武装人员，皆盼望找国民党接头。”

老百姓对共产党及其军队不相信，不理解，使部队处于被动状态。给养也成了大问题。部队驻在辽西一些城镇时，当地的商会、绅士或若干头面人物也组织一些“慰问”活动，可送来的“慰问品”尽是一些雪花膏、头油、手绢之类小百货，根本没有能够果腹的食品。新组建的部队兵员成分也有严重不纯的问题。“八一五”后，先期出关的部队，根据中央的指示和控制东北的实际需要，扩编了大量的兵员，使部队迅速膨胀起来。当时参军入伍的，一是工人、学生；二是一些溃散的散兵游勇；三是成建制的伪满军队；四是打着八路军旗号、由国民党先遣军组织的武装。许多武装游杂，本是要配合与迎接国民党军接收东北的，哪知共产党的队伍“腿长”，先于国军一步进了东北，他们不得不随机应变，也扯起了“共”字的旗号。准备时机一到，再掉转枪口。

即使是那些真正的工人、学生也有在关键时刻丢下枪不干的。因为，日本人在东北统治了14年，真正的东北老百姓当了14年亡国奴，不但经济上受剥削、压榨，而且，在政治上与人格上亦受到极大压抑。东北解放后，许多血气方刚的年轻工人、学生积极要求参军，有的想通过当兵混个一官半职。可是，当国民党军进入东北后，这些人受到欺骗宣传，以为国民党军才是真正的“中国政府军队”，而八路军不是“正牌”，加之，“国军”装备的是飞机、大炮等崭新的美式武器，身着整齐的美制军装，足登皮鞋，肩章耀眼，而共军这边则破衣烂枪。于是，在战火迫近之时，弃枪逃跑、甚至反水的人渐渐多起来。

辽西阻击战失利后，林彪在发给“东北局、李、吕”的一封电报中说：

“在东北新成立之十多个旅，成分皆极坏，皆缺乏政治认识，流氓、土匪、宪兵、伪军甚多，真正的工农成分，亦被带坏。这些部队所见之李运昌部（三个旅），亦无战斗力，对群众纪律极坏，不但不能发动群众，反而使群众对我不满；不但不能消灭敌人，反而助长敌人士气；不但不能打土匪，且受土匪勾引。”从 1945 年 12 月底至 1946 年 1 月初，东北人民自治军（后改称东北民主联军）统计，仅 10 天左右，“先后叛变者有：吉林 1.2 万人，合江 5000 人，龙江 3000 人，牡丹江 3000 人，松江 1 万人，辽北 3000 人，嫩江 3000 人，李运昌部亦叛变不少，先后叛变共约 4 万余人。”

1945 年 12 月底，东北人民自治军根据中共中央的指示改变战略部署，决定：除将四分之三的主力部队集结于阜新、黑山地区之外，其他部队以师（旅）为单位，开始有重点地分兵于西满、北满、东满的广大地区进行剿匪及发动群众，建立根据地的工作。

其中，由林彪直接指挥的新四军第三师，山东军区第七师和第一师，作为机动作战部队，活动于法库、康平等地。

黄克诚带着新四军三师一部，由阜新北上，分散于西满的洮南、通辽、彰武、库伦；杨国夫的第七师一部及刘其人渤海军区新编师，分散于北满的肇州、肇源、肇东等；罗华生的第二师，冀鲁豫军区第二十一团扩编之第二十五旅，分散于盘石、双阳、海龙、敦化等地。由山东军区第三师和第六师及第五师一部组成的东北人民自治军第二、第三纵队分散于南满各处。由抚顺抽调的陕甘宁晋绥联防军第三五九旅，则开往哈尔滨、牡丹江和佳木斯之间广大地区，执行剿匪、发动群众、建立根据地等巩固战略后方的任务。1946 年 1 月 4 日，东北人民自治军改称东北民主联军。当时黑土地上冒出了很多号称“自治军”“救国军”的武装。这些武装打着“救国”的旗号，干的是土匪的勾当。共产党开进东北的部队也以“自治军”自谓，造成鱼龙混杂，良莠难分，在老百姓眼里，共产党的武装就是“胡子”（土匪）中的一股大“胡子”。所以才改旗易帜以示区别。

新改称谓的东北民主联军，仍以林彪为总司令，彭真任政治委员，周保中、吕正操、萧劲光为副司令员，罗荣桓、陈云任副政治委员，萧劲光兼参谋长，陈正人为政治部主任。为了前线作战和后方建设的需要，东北民主联军总部分为“前总”

和“后总”，林彪带“前总”在辽西前线指挥作战，罗荣桓主持“后总”的工作。

为了适应军事、政治斗争的需要，东北民主联军对各部队和各军区组织机构进行了调整：将陆续成立的锦热、辽宁、辽东、辽西、吉林、辽北、松江、三江、嫩江、北安十个军区，重新调整划分为北满、南满、东满、西满四大军区，并下属若干省军区和军分区。

此时，整个东北民主联军的部队，除了山东一师和新四军三师第七旅仍归“前总”直接指挥外，其余主力部队均划归各军区指挥。

其中，东满军区所属部队有：以八路军山东军区二师为基础扩编的第二十二旅、二十三旅；山东滨海支队为基础扩编的第七纵队，下辖第十九、二十旅；原第二十五旅改编为警备第二旅；以及第二十四旅和吉黑纵队等。

西满军区则以原新四军第三师的部队为基础，进行扩编和整训，另外还辖有由晋绥部队第三十二团和冀热辽部队第十五团扩编而成的保安第一旅。

南满军区的部队有：以八路军山东军区第三师、警备第三旅及冀热辽第二十一、二十三旅合编而成的第三纵队；以山东军区第六师、第五师及胶东地方武装各部合编的第四纵队；另以原晋绥第三十二团一部为基础扩编的保安第三旅。

北满军区则将原冀热辽第十九旅及松江军区一部编入山东第七师，下辖第十九、二十、二十一旅；原陕甘宁三五九旅扩大为六个步兵团和一个骑兵团；此外，新成立的有嫩江警备第一、二旅，北安警备第一、二、三旅。

如何组织、协调、指挥这支新组建的军队，这副沉重的工作重担，压在了罗荣桓的身上。

改称为东北民主联军后，罗荣桓的职务虽然从东北人民自治军第二政治委员改任副政治委员，可实际上的东北民主联军政治工作，仍然由他负责。

自罗荣桓受命后就经常考虑着各部队之间的团结问题。只要见到自己的部属，不管是老部下或新部下，罗荣桓总要告诫他们注意各部队之间、各地区干部之间、新老部队之间、先后到达东北的部队之间以及总部指挥机关与各部队、各地区干部之间的团结问题。

12 月下旬，在罗荣桓的建议下，总部发出了以彭真、罗荣桓署名的电报，要求各部队一定要加强团结，互相支持。在电报指示中，还特别强调指出：“先到东北的部队应照顾全局，竭力帮助后到的部队；主力部队应以最谦虚的态度去团结扶助新编成的部队。”

随后，东北民主联军政治部又发出了《关于目前部队政治工作的指示》，进一步强调了各部队之间的团结问题。

当然，要求下面部队领导做到的，他这个东北民主联军的副政治委员首先应该做到。对于罗荣桓来说，严于律己，不仅是参加革命后长期从事政治工作所形成的工作作风，而且也是数千年中国传统对他的熏陶与濡染。罗荣桓自幼饱读诗书。在中国的传统文化中，讲求“修身、齐家、治国、平天下”。也就是说：领导者或统治者“治国”“平天下”的“王道”之术，应该从自身做起，强调以“德行”“操守”立威，以个人的人格力量去影响驾驭部下。在调整、组编民主联军的工作中，罗荣桓十分注意自己的言行。

一次，他的老部下，山东军区第一师副师长李梓斌来看望病中的罗荣桓。在汇报工作的谈话中，李梓斌谈到了部队所面临的许多困难：缺少装备，新枪都被别的部队拿走，没有经费、给养严重不足等。

罗荣桓沉思了片刻，缓缓地说道：“你们是山东来的老部队，是主力，一定要做出好样子，发扬老传统，同兄弟部队搞好团结。不管是对老部队或新扩编的部队，不管谁指挥，都要主动搞好团结，听从调遣。内部团结搞好了，才能打胜仗，打好了仗，什么都有了。关于这个问题，我要给梁兴初和梁必业同志写封信。”

梁兴初、梁必业分别任一师的师长和政委，是部队的主要领导。罗荣桓写信给他们二人，并不是不相信李梓斌，而是要让下级有个准确的文字依据，完整准确地理解上级的意图。红军时期，罗荣桓在红一军团当政治部主任时，梁必业还当通信员。一次，梁必业送一份文件给罗荣桓，罗荣桓收下文件后，梁必业非要罗主任打一个亲笔签名的收条不可。可当时战斗正激烈，手头连张纸都没有，于是，只好让梁必业伸出手来，在他的手心上签了个名才算完事。

这一次，罗荣桓在亲笔信的末尾，端端正正地签上了自己的名字，好让自己那位十分认真的下级一丝不苟地遵命办理。

正当处在后方的罗荣桓大做部队间团结工作的同时，在前线的总司令林彪，却正为辽西的战事绞尽脑汁。

部队撤出锦州后，在锦州至义县间的小镇——上下齐台，林彪又部署了一次作战。结果，伤亡大不说，还打成了击溃战。

在节节退却的路上，林彪冥思苦想着对付国民党军的良策。

自进入东北始，作战对象与作战环境都发生了重大变化，部队由过去那种依托根据地打游击战转变为打没有根据地条件下的运动战。过去打日本鬼子，老百姓全力支持，游击战打得得心应手。如今作战对象是代表国民党政府“接收”东北的美械部队，不但火力强，情报也准确。在此形势下，部队在作战方针、战术指导和部队编组等各个方面，都必须与当前的情况相适应，才能打败敌人，扭转不利的战局。

12月下旬，为了进一步总结山海关防御战失利以来作战的经验教训，明确下一步军事斗争的方针，林彪在辽宁阜新召开了一次营以上干部会议。会上，林彪首次提出了“等、忍、狠”的作战指导方针和三条战术原则，即:“一点两面”“三三制”、“不打主观主义的仗”。

什么是“等、忍、狠”的作战指导方针呢？林彪解释说：

“等、忍、狠”的方针，是指在目前形势下，军事行动要等待一下，等待土匪的肃清、群众的发动和根据地的建立；对于敌人暂时的猖狂进攻，要忍耐对付，避免过早地使用主力进行决战，让敌人占去一些地方，以分散敌人；一俟条件具备，则坚决大举反攻，狠狠地打击和消灭敌人，恢复与扩大解放区。

三条战术原则的内容是：

“三三制”战术，是指在一个班内，将全班战士编成三个小组，每组三人，由正副班长和军政素质较好的战士担任组长，目的在于加强班的领导和指挥。这种编组，平时便于训练管理，战时利于指挥，且机动灵活，能够避免因队形拥挤所造成的伤亡。

“一点两面”战术，主要是针对辽西作战中各级指挥员不善于集中兵力对敌进行包围迂回攻击的情况而制定的。林彪还专门分析了近期进行的上下齐台战斗，其弊端在于队形密集、一面平推，不敢对敌军分割包围，结果，以较大的代价打了一场击溃战。

在“一点两面”这种力求分割包围全歼敌人的战术中，“一点”，指的是应当集中优势兵力于主要的攻击点——当然这一点是敌人的要害和弱点，保证打垮敌人，反对在各个攻击点上平分兵力的做法；“两面”，是指必须大胆地采取至少两面——兵力多时可以三面、四面——的攻击部署，并力求将主攻方向选择在敌人侧面或后面，使其不敢顽强抵抗和不致突围逃跑，避免击溃战的结果。

为了保证“一点两面”战术的正确运用，各级指挥员亲自侦察敌情与地形就显得十分重要，特别是地形的选择，对主攻方向的确定具有决定性意义。因此，林彪又提出了“不打主观主义的仗”的原则。

鉴于眼前的对手——国民党军第十三军等部队炮兵、自动武器多、火力强的特点，林彪及其“前指”参谋人员提出：“必须以熟练的夜战、近战和发挥手榴弹与炸药的作用，作为战胜敌军的手段。”

阜新会议所确定的这些战术思想和军事方针，对东北战场军事斗争的发展，产生了重大和深远的影响。

1946 年 1 月 10 日，国民党政府代表张群与中国共产党代表周恩来在重庆签署了《关于停止国内冲突的命令和声明》，同时，国共两党各向所属部队发布了停战令。

但国民党政府在东北的军事发展顺利，不愿就此罢手，便单方面宣布：“国共停战，东北除外”，拒绝和中共谈判东北问题，不承认中国共产党在东北的任何地位。

就在国共两党代表签署停战协定的当天，东北保安司令长官杜聿明收到了蒋介石发来的密电，称：停战令将于 10 日下达，于 1 月 13 日午夜生效，着令各将领督率所部星夜攻击前进，务于停战令下达生效前占领平泉等重要城市。

平泉，属热河，位于东北与华北结合部，拿下了平泉也就解除了进攻东北的侧翼隐患。

1946 年 2 月初，东北国民党军队在得到了新六军、新一军等精锐部队增援后，分兵三路向东北民主联军控制的地区大举进攻。

南路，为新六军第二十二师，沿沟帮子、大虎山一线进攻。此路为新近调入东北的国民党精锐部队，自恃武器精良火力强大，一路快速推进。10 日占领盘山、台安，14 日进抵辽中。

中路，为第五十二军，从黑山、北镇出发，占领新民后，以其第二十五师继续推进至沈阳市郊。

北路，是第十三军的八十九师，自山海关开始就一直尾随东北民主联军，特别是打过几次胜仗后，各级军官的胆子也大起来。分别由阜新、彰武出动，向阜新东北的鹜欢池和彰武、法库间的秀水河子开进。

2月11日，八十九师的一个加强团一路疾进，到达秀水河子时，已远离其主力部队，闯入了东北民主联军设下的罗网。

秀水河子，位于彰武到法库的公路上，是一个有几百户人家的小镇。北南流向的秀水河子从镇边淌过，小镇因此得名。林彪在此精心部署了一场战斗。

当东北民主联军“前总”发现国民党军一个团孤军深入后，林彪当即决定：集中位于秀水河子以北、以南的山东第一师、新四军三师七旅和保安第一旅第一团，共七个团的兵力，歼灭秀水河子的国民党军。

山东军区第一师和新四军三师第七旅，都是原八路军一一五师的老班底，尤其是七旅，同林彪的渊源更深一些，早在红军时林彪就在这个部队当过连长。

2月12日，东北民主联军第一师和第七旅神速地将国民党军的这个加强团包围在秀水河子，因地形开阔、敌装备精良，未能实现分割、压缩歼敌的目的。

13日，林彪从法库到达秀水河子，调整了部署，由七旅十九团和一师二团，担任主攻；七旅二十一团和一师一团做辅助攻击；一师三团为预备队，兼打可能西窜之敌；七旅二十团和一个保安团负责打援。

是日黄昏，东北民主联军再次发起攻击，在秀水河子北及西北高地与敌反复争夺。入夜后，国民党军被压缩于村镇中，逐街逐房负隅顽抗。次日凌晨2时敌一部企图突围，一部退向后街西北角死守，拂晓前我军解决了战斗。

秀水河子战斗共毙伤俘国民党军1600余人，缴获了大量武器装备，是东北民主联军成立以来对国民党军作战的第一次重大胜利，林彪也在此战中实践了他的“等、忍、狠”的军事方针，并检验了他在阜新会议上提出的战术原则的有效性。

1946年3月，国民党政府利用政治协商会议和国共停战谈判所创造的时机，将6个军18个师的正规部队调至辽宁沈阳及其周围地区，使东北保安司令长官杜聿明手下的兵力达到31万人，基本完成了在关外放手大干的军事部署。

3月22日，苏联政府照会国民党政府，通知进入东北的苏联红军将于4月底全部撤回（大连除外），届时，东北的行政权将全部移交给中国政府。

尽管苏联政府曾多次表示，中国东北的行政主权交给国民党政府，但国民党政府不敢相信这一承诺。于是，在苏联撤军之际，国民党特务机构频繁组织反苏反共示威游行。在重庆的闹市区和苏联驻华使馆周围雇用一些人喊反苏口号。

3月下旬，蒋介石密电在北平医院刚动完肾脏切除手术的杜聿明，“望速指挥部队收复东北领土主权”。同时，国民党国防部下达作战训令，命部队以沈阳为基地，分路向南满和北满发动进攻，以期控制中长路两侧和辽东半岛。

此时中共也在东北运筹部署，3月中旬，东北局和东北民主联军将领在抚顺研究下一步作战行动与斗争方针。

按中央估计，苏军撤出东北后，东北国民党军必然要向中共控制区发动进攻，俟停战前控制战略要地，取得优势地位。中央指示东北局及民主联军总部，一定要在停战前打几个胜仗，争取停战前东北处于一个较为有利的态势。

由于当时战局变化不定，与会领导人在抚顺会议上未能取得一致的意见，多数人主张坚持中长路沿线，并认为在四平堵住敌人在战略上具有很大意义。

然而，林彪却有自己的看法。他在分析了敌强我弱的形势之后认为，东北斗争要作长期打算，工作的重点应该放在农村和发动群众上，作战应以运动战为主。

为了更进一步表明自己对东北战局的看法，林彪于3月15日致电中共中央，认为“在国共谈判中，中共必须坚持如国民党在东北不停战则华北、华中也不停战的原则。否则，如关内停战东北不停战，任国民党自由进攻东北，其后果不利，华北暂安局面也不会持久”。

与此同时，在大连治病的罗荣桓也致信东北局和林彪，就东北未来战局及军事方针发表自己的意见：

> 东北战争要作较长时间的准备，不要把和平估计过急，而应发展全面工作，要全力支持这一长期战争。应很好地接受最近与内战时的教训。
>
> 部队作战须要保持有生力量，就是和平，也须要有本钱，不要发生拼命主义情绪。东北局要努力加强主力，以保持元气。应巩固地方武装，发展游击队，以造成主力进行运动战的更有利条件。

3月24日，中共中央在给东北局的电报中说：

> “苏军4月份撤退完毕，国民党必由沈阳出兵向北争夺长春和哈尔滨，我党方针是就全力控制长、哈两市及中东路全线，不惜任何牺牲，反对蒋军进占长、哈及中东路，而以南满、西满为辅助方向。应动员全力，坚决控制四平街地区，如顽军北进时，彻底消灭之，决不让其向长春前进。”

3月26日，东北局制定了《东北大会战部署》，提出：“此次作战为决定我党在东北地位之最后一战”，并将决战地点选在了四平。

四平，地处松辽平原中部，是贯通中长、四（平）洮（南）、四（平）梅（河口）铁路交通的枢纽，在军事上有着重要战略地位。该城东北山丘绵延，城西沟壑纵横，地形险要，同时，它又是著名的粮食集散地。

1945年8月苏军进入东北时，兵不血刃解放了四平。国民党利用其“接收”东北的“合法”身份，向四平派去了接收大员，收编了当地的伪满武装。

东北民主联军于1946年3月18日攻克了四平，一鼓荡平国民党这个“敌后据点”。蒋介石则逢人便说，四平乃是“党国命运所系”，“没有四平就没有东北”。国民党新一军在3月22日攻占铁岭后，蒋介石令该军在东北停战协定生效前拿下四平。4月1日蒋介石在国民党参政会上发誓，不夺下四平，不停止战争；不打到长春，不商谈和平。他命令杜聿明，“迅速率部向北推进，尽快拿下四平、长春”。

此时，杜聿明已将部队集中于两个方向，南攻本溪，北犯四平，四平是用兵重点。

东北民主联军也拉开架式，本溪方向由辽东军区统一指挥三纵、四纵，阻敌南下四平方向。以钟伟率第三师第十旅，在铁岭以北，四平以南地区，进行阻击，掩护主力部队向四平地区集结，同时，抽调一部分兵力，准备夺取长春、哈尔滨和齐齐哈尔。

4月初的辽北地区，正值化雪解冻时节，道路泥泞，国民党新一军和七十一军开不走车，拉不动炮，进展十分迟缓。加之东北民主联军第十旅利用铁岭以南有利地形，节节抗击，弄得新一军军长梁华盛心急如焚。蒋介石令其4月2日收复四平，而此时已过了一个星期，新一军还在距四平数十公里外的昌图。

在新一军进展受阻之时，国民党七十一军的八十七师，从法库出发，沿公路经通江口北进，企图绕八面城迂回四平。然而，这一路部队，却钻进了东北民主联军备下的“口袋”里。

4月15日，八十七师一个先头团途经大洼。这里是一个非常热闹的集市，街面上人来人往，熙熙攘攘。团长怕其中有诈，不敢贸然进镇，先抓了几个老百姓查问，结果，回答都是一样，“没有共军！”于是全团人马开进镇内。忽遇如此繁华集市，全团像散了伙一样，官兵们四处散开各自寻求快活去了。

突然，镇内外枪声大作，预先埋伏的东北民主联军里应外合，打了国民党军一个措手不及，整整一个团都被缴了械。

前卫团遭伏击的同时，八十七师后续部队也遭到了东北民主联军的打击，全师被截成几段，溃不成军，师长黄炎落荒而逃。

此役，东北民主联军歼敌4500余人，缴获汽车30辆。

蒋介石大发雷霆，责令东北保安司令长官部：“第八十七师受此意外损失，据报陈明仁并未随军前进，着即查办具报。”

杜聿明思前虑后，认为不妥，于是，一面回电蒋介石，谎称在战斗发生前就已派车将陈送到前方，一面通知郑洞国，督促陈明仁速回七十一军，整理残部，继续向八面城攻击。

在杜聿明的督促下，东北保安副司令长官郑洞国终于率部队进抵四平城下。

4月18日阴雨连绵，杜聿明将新一军分成三路向四平城发动攻击。

其实，林彪并不想在此与杜聿明打这一仗。4月11日林彪就曾致电中央和东北局，就防守四平问题谈了自己的意见：

“在蒋介石继续增兵东北的情况下，我固守四平和夺取长春的可能性和东北和平迅速实现的可能性均不大，因此我军方针似应以消灭敌人为主，而不以保卫城市，以免被迫作战，其结果既不能保卫城市又损失了力量……故我意目前方针似应脱离被迫作战，采取主动进攻。”

同一时期，黄克诚也致电中央，认为在敌我力量悬殊太大的情况下，坚守四平有“极大困难”。

然而，军人以服从命令为天职。在国民党军大举进攻四平的当天，林彪报告东北局及中央：“敌已开始直接攻击四平，我守军决战至最后一人。”

一场东北民主联军成立以来的最大规模的城市防卫战在四平展开。此役，从4月18日开始，至5月18日民主联军撤出四平，历时31天，经历了三个阶段：

从4月18日至26日，民主联军与新一军的战斗主要在城郊进行。国民党军兵分三路，从南、东南和西向四平正面展开攻击，未果。双方都付出了惨重代价。

4月27日起，杜聿明暂时将进攻重点转向本溪，四平方向攻势减弱，战线呈胶着状态。为了防御敌人的合围，民主联军建立了从东到西蜿蜒百里的防线。

5月初，国民党军在本溪攻击得手，杜聿明将用于南线的兵力全部调往北线，使攻击四平的总兵力达到十个整师。14日，国民党军再次向四平发起攻击。

敌军在宽阔的正面发起进攻，民主联军则在漫长的战线上设防，主动态势逐渐丧失。5月18日，国民党军在飞机、坦克和大炮的支援下，攻陷了四平以东的咽喉要地塔子山，使民主联军的整个防御转入被动态势。

塔子山阵地丢失，四平防御的一翼洞开，防守四平的民主联军部队面临被合围的危险，且伤亡人数已达8000。为此，林彪将危急情况报告东北局和中央后，命东北民主联军撤离四平。

5月19日，中共中央电示林彪、彭真：“四平我军坚守一个月，抗击敌军十个师，表现了人民军队高度顽强英勇精神，这一斗争是有历史意义的”。同时，电报也明示：“如果你觉得死守四平已不可能时，便主动放弃四平……准备由阵地战变为运动战。”

5月23日，中央再次电示林彪：“望坚守公主岭”，“如公主岭不能守，应坚守长春，以利谈判”。

但是，东北民主联军撤出四平后，已经很难再组织有效的防御了。

国民党军夺占四平后，采取快速急进方式，分三路继续攻击北进。民主联军以钟伟第十旅殿后，分别向北、东撤退。

在公主岭附近的范家屯，从大连返回的罗荣桓和彭真，赶到了东北民主联军“前总”，与林彪、周保中讨论下一步的行动和作战方针。

林彪主张撤退，撤出长春，撤到松花江以北。

另一种意见主张坚守长春。

在这两种意见相持不下时，罗荣桓发表了意见。他分析道："长春、吉林都是大城市，不利于防守，防线又宽，现在部队打得很疲劳，如果守长春，敌人从梅河口沿奉吉线插到吉林，就会把我们的后方打个稀烂，不但长春守不住，非退到西满蒙古大沙漠不可。""我赞成撤出长春，一直退到松花江以北。"

东北局最后决定：向松花江北岸撤退，退到哈尔滨。

5 月 27 日，林彪电告中央，陈述了不守长春的理由：

> "长春人口近 90 万，防线百余里，需要大量的守军，敌如先围城，同时集中飞机、大炮、坦克掩护步兵进攻，我则可能既不能守住城市，又丧失运动战的机会，故今后主力以打运动战为好。"

5 月下旬至 6 月初，东北民主联军主力分别撤至松花江以北。华中新四军三师十旅集结于大赉，八旅位于郑家屯以北。山东八路军七师，新四军三师七旅、陕甘宁晋绥联防军三五九旅则集中在松花江以北之双城、哈尔滨地区。部队一面进行补充、训练，一面沿江设防。

在攻占了长春、吉林及松花江以南的广大地区后，杜聿明也觉察到虽然表面上是胜利了，但是，战线延长，兵力分散，机动作战部队锐减。5 月 30 日驻海城、营口的国民党军第一八四师在师长率领下起义，也给国民党在军事上的胜利蒙上了一层阴影。

国共双方都暂时无力在东北决斗了，于是，6 月 7 日，两党代表达成了东北停战 15 天的协议。

第三章　让开大路，占领两厢

林彪：有人以为我跑得太快了，我说我跑得还慢了。把屁股坐到东、西、南、北。剪除肘腋之患："红胡子"剿除"黑白胡子"。胜负是实力的较量："东总"先南后北，拉打结合。

在数十万国民党军队的步步紧逼之下，共产党的武装一退再退，终于退到了松花江北岸。

中国共产党人从实际出发，确定了“让开大路，占领两厢”的方针。东北民主联军收缩战线，调整力量，在边远地区建立根据地，蓄势待发。

退出吉林、长春诸城市后，东北民主联军据江而守，总算把战线暂时稳定了下来。

6月初，中共中央东北局机关和民主联军总部转移到哈尔滨。

据当地人说，“哈尔滨”一语，在满族话里是“晒网场”的意思。这里原是满族人聚居的小渔村，水陆交通便利，地形开阔，天长日久，发展成一个颇有些规模的集镇，南来北往的物资均在此交易、集散。

进入20世纪，沙皇俄国以“保护中东铁路”为名，派遣15万大军入侵东北，占领了哈尔滨。1931年九一八事变以后，哈尔滨又成为日本占领地。

此时，东北民主联军控制的地区，除中东铁路南北地区外，还有以齐齐哈尔为中心的西满和以延吉为中心的东满，并经通化与以安东为中心的南满地区保持着联系。

6月上旬，在吉林附近舒兰的一家戏园子里，林彪对团以上干部作了一次讲话。林彪针对撤出长春、吉林以后部队干部、战士间的一些议论，说道：

大家一定以为我跑得太快了，丢的地方太多了。我说我跑得还慢了，丢得还少了。

这不是开玩笑，我讲的是真话，讲的是马克思主义，是毛泽东的军事思想。

东北情况是敌强我弱。我们只有一个拳头，敌人有好几个拳头，一个拳头是打不过好几个拳头的。怎么办？就是要把敌人的拳头变成手掌。怎么变？就是把城市丢给他们。城市一丢，我们的包袱就没有了，身子就轻了，敌人的拳头可就伸开了，我们就可以一个指头一个指头地吃掉他们了。

解决东北的问题要靠战争。战争的根本问题在于消灭敌人。胜负不能从一时的进退看，也不能从一城一地的得失看。我们力量小，城市只能是旅馆（指短时的过渡），暂住一时。把敌人拉散了，把敌人一股股地吃掉了，城市自然就是我们的了。如果我们现在舍不得城市，和敌人硬拼，那我们只能有两条路：或者被敌人吃掉，或者走抗联的老路——退到苏联去。

现在，我们要把眼光转一转，从大城市转到中小城市和广大农村去，把大气力用到建设根据地去。有了根据地，我们就有了家。有了家，就会要兵有兵，要武器有武器，要粮有粮，要衣服有衣服。我们有了这些，我们就会有全东北。

为了让更多的指挥员和战士懂得这个道理，林彪还专门找人写文章，介绍1812年俄法战争中的俄军莫斯科大撤退。林彪还通过苏联驻哈尔滨领事馆，搞到了一部介绍打败拿破仑的俄国名将库图佐夫的纪录片，给部队放映。

6月1日，林彪即已下了决心，如果国民党军还要进攻，则放弃哈尔滨。他在给中央的电报中说："准备游击放弃哈尔滨。"

6月3日，毛泽东在给东北局和林彪的电报中作了明确答复和指示：

"同意你们作放弃哈尔滨之准备，采取运动战与游击战之方针，实行中央去年12月对东北工作指示，作长期打算，为在中小城市及广大乡村建立根据地而斗争"。

罗荣桓不无忧虑地说："打了这么多年的仗，还从来没有这样被动过。我们一个劲儿地撤，敌人一直在屁股后面追，就像拖了个尾巴！"东北的形势是严峻的。

6月16日，中共中央就东北局干部分工问题向东北局发出指示，决定以林彪为东北局书记、东北民主联军总司令兼政治委员，以彭真、罗荣桓、高岗、陈云为东北局副书记兼东北民主联军副政委，并由林、彭、罗、高、陈组成东北局常委。眼下，林彪一身三任，成为共产党在东北名副其实的“东北王”。

接到就任东北局书记的电报时，林彪正在吉林附近的舒兰——东北民主联军的“前总”里。

几天后，东北局副书记高岗从哈尔滨起程来接林彪。林彪便带着随行人员上了路。

在6月中旬国共两党的谈判中，国民党提出东北民主联军撤出哈尔滨、白城子等若干城市。周恩来征求东北局意见。林彪、罗荣桓、彭真等经过讨论，将意见报告中央：

> 我们考虑不能同意将白城子、哈尔滨、佳木斯、牡丹江、安东等城市给国民党方面驻兵。与其立即交出以上地点，不若在长期战争中力求保持，即令不能保持，亦可较迟的失去。如果为力争和平，准备作暂时的一定限度的让步，那么，这种让步的限度，则应以国民党能增多少兵来，我即酌量让多少步；估计其军事进攻何时能到达何地，我即准备在何时交出何地为妥。

其实，国民党和杜聿明也有难处。在《绥靖第一年重要战役提要、作战检讨》中是这样记述的：

> （一）我军以接收之目的，应进出松花江自有必要，惟就作战方针言，欲压迫共军于松花江而歼灭之，则似过远，以分进合击包围于四平地区而歼灭之，尔后向松花江进出为当。其次，就本案压迫松花江歼灭之方针，在兵力部署上，与方针又不相吻合，即逐次使用兵力，致四平街久攻不下，其后增加兵力，亦未着重在四平附近歼灭共军之措施。迨攻下以后，即为离心推进，而成为广泛之驱逐，卒未获歼灭共军也。
>
> （二）作战初期，我军因兼顾辽东辽南方向之作战，仅以新一军担负四平及解长春之围双重任务，兵力不足，以致四平久攻不下，长春沦于敌手。

而后次第以第七十一军和新六军两军加入，虽获得四平决战之胜利，然已迁延两月以上时间，使敌得以从容脱离战场，未能将敌主力击破，贻尔后东北剿共军事以无穷之后患。

1946年6月26日，国民党政府郑州绥署主任刘峙率30万大军进攻中原解放区，促成了全面内战的爆发。

中原战火一起，华北、华东、西北等地区内，国民党军也向中共武装发起了大规模进攻。

此时，关外倒相对平静，于是东北的停战局面又稳定了一段时间，东北局和东北民主联军总部长期驻在哈尔滨的局面也确定了下来。

6月下旬，高岗和谭政从五常接林彪回到哈尔滨。

早在林彪还未返回哈尔滨时，罗荣桓便与彭真、陈云酝酿过，利用眼前出现的战争间隙，总结前一阶段的作战经验，确定当前坚持东北的斗争方针，并安排了几项战略部署。

第一项是以拉法战斗为例，总结和推广“诱敌分散、各个击破”的作战经验，以林彪、彭真、罗荣桓的名义致电各部队，介绍拉法战斗的经过。

这是一场诱敌分散的歼灭战，规模虽小，但为成功之战例。6月初，国民党军八十八师二六三团及一个营共2000余人由吉林市东进，占老爷岭，6月5日进入新站、拉法。7日，国共两党东北休战令生效。然而二六三团迫近蛟河，炮击民主联军控制的城区。8日，东北民主联军山东一师歼敌一个营，夺回拉法。9日，山东第一、二师等部合力猛攻新站，全歼该路国民党军。拉法战斗，歼敌1800人，俘敌900余人。

电文说：

可见，敌人愈分散，愈便我歼灭。敌进入山地，尤便我歼灭。因此，我指战员勿因敌占我一些城市而感觉恐慌，须知我军在现时的作战条件下，在不得已时放弃某些城市，以诱敌人分散，换取歼敌的机会，是有利的。我各部须准备在半月停战期满后，继续组织对分散之敌采取各个击破的方针，目前应加紧此种作战的一切准备。

第二项部署是明确东北斗争方针和南满的任务。

6月12日，林、彭、罗发出《当前南满任务及东北斗争方针》的电报，指出：

东北的斗争，我们虽一方面力求争取和平，但应以99%的准备作艰苦的持久的打算，切不可存侥幸的和平心理和企图以一两个恶战解决问题的心理。我们斗争的根本方针，应当依靠乡村的广大农民群众，坚决实现清算、减租的斗争，其中分地是最主要的。只要能真正地争取了广大的农民群众和一般的群众，则万一城市失去，我仍能坚持斗争，等候国际国内有利的形势策应。如我们不坚决做到发动群众，则我们在东北有不能立足的极大可能。

国民党军占领了沈吉线，我南北满已无铁路联系，我坚持南满斗争，并准备在被分割的情况下进行长期战争，就显得特别重要。南满我军应迅速加紧补充，休整，准备对付敌之新的进攻。

第三项重要部署是关于剿灭土匪、稳定后方的问题。

7月初，东北局的常委聚集哈尔滨，总结东北十个月来对敌斗争的经验教训，统一对敌斗争方略并讨论修改常委委托陈云起草的东北局全会决议。

在常委的讨论会上，罗荣桓发言：

过去这一段斗争的经验教训，应该很好地加以总结。在干部思想上有很大的负担，对东北斗争的严重性，没有足够的估计，对自己依托的力量没有明确的认识。主要的是统一今后的思想领导，解决当前的问题。

林彪说：

今天，我们在东北还没有根据地，还没有家……如果我们没有家，没有房子，就好比流浪者，漂来漂去的二流子，遇到狂风暴雨就会无家可归，无房子可住，就会被狂风吹掉，被暴雨淋死，遇到严寒冬天就会冻死饿死……死无葬身之地。

7月上旬，东北局又在哈尔滨召开了扩大会议。在哈尔滨的中共中央委员林彪、彭真、罗荣桓、陈云、高岗、李富春、李立三、张闻天、蔡畅、林枫和候补中央委员黄克诚、王首道、谭政、陈郁、萧劲光、吕正操、古大存等以及部分党政军高级干部出席了会议。

会议讨论通过了由陈云起草、经东北局常委讨论的文件并形成题为《东北的形势与任务》的决议。该文件经中央批准正式公布，简称《七七决议》。

决议严肃指出：

目前东北敌我双方虽尚在停战状态，但国民党仍在积极准备再进攻，必须克服在战与和问题上的混乱思想，扫除一切游移不定及侥幸取得和平的想法。必须立足于自力更生，准备通过长期艰苦的斗争来争取和平。

在军事斗争问题上决议确定了东北民主联军的作战原则：

东北民主联军的军事行动，不在于计较城市和要点的一时得失，而是力求消灭敌人，保卫根据地。为此，应采取诱敌深入，待敌分散，以优势兵力各个消灭敌人的方针。一般地不打阵地战，而广泛地使用运动战和游击战。

决议还对民运、土地、剿匪、财经、交通、城市等工作规定了具体政策。

《七七决议》的形成，标志着中国共产党在东北的工作方针和战略指导的历史性转变。

东北局扩大会议之后，罗荣桓作为民主联军政治工作的主要领导人，将主要精力投入到统一部队和干部的思想上去。

针对部队中出现的一些消极思想和急躁情绪，罗荣桓对防守在松花江边的山东七师旅长黄荣海说："你们的情况和别的部队差不多。四平撤退以来，部队思想比较乱，问题不少，集中起来就是对革命前途的看法问题。这也是解决其他思想问题的关键。你们领导干部自己首先要想通，为什么我们要大踏步后退，一直退到松花江以北。还要做好部队的思想工作，讲清楚：别看我们的地区暂时缩小了，但我们的主力还在。只要我们把根据地建设好，群众拥护我们，那我们的力量就会一天天壮大起来。将来我们肯定要打回去。"

担任东北民主联军独立二师师长的温玉成也常到罗荣桓这里来。

温玉成早在红军时代就在罗荣桓领导下担任过红八军团第二十一师六十二团政委和军团直属队书记。尤其是12年前，罗荣桓到温玉成领导的六十二团的一幕，深深地留在他的脑海中。

1934年8月，江西中央苏区。

一天，罗荣桓来到温玉成的六十二团。在动员会上，罗荣桓大讲一至四次反"围剿"中的运动战，反复解释外线作战的必要性，只字未提转移和下一步的行动方向。

会后，温玉成试着问罗荣桓："是否要转移？"

罗荣桓机敏地反问道："反'围剿'作战，敌进我退，敌驻我扰，敌疲我打，敌退我追，我们哪天不在转移？！"

温玉成又问："为什么下发湖南地图？"

罗荣桓则严肃又不失和蔼地对温玉成说：

"这是上级指挥机关的事，你不要多问。我们要主动出击，实行运动战了。不管到哪里，反正是要粉碎蒋介石的第五次'围剿'。你们团要发扬过去的战斗作风，完成好党交给的任务。"

此时，罗荣桓望着这位老部下，仔细地询问着："你说说看，号称国民党'五大金刚'的蒋介石新一军、新六军的战斗力究竟怎么样？"

"当然，比起十三军和五十二军来，新一军和新六军强。这两个军，除了火力强、装备好之外，战术上也比较灵活。而且部队有一股进攻锐气。但是，它也有弱点。一是狂妄冒进，二是与其他部队协同差，好大喜功。抓住这两点，我们完全可以揍它！"温玉成分析道。

"对嘛！"罗荣桓说："总讲国民党的王牌如何了不得，我就不信。它火力强是事实。

可是他们官兵矛盾大，士气不如我们。拉法战斗的经验证明，只要我们利用其孤军深入和分散的机会，集中优势兵力，战术上搞好一点，打败他们是不成问题的。”

由于领导干部的率先垂范，东北局的重要决议得到了认真贯彻。在东北局扩大会议结束后的一个多月内，就有1.2万多干部下乡，深入到东满、西满和北满的广大乡村。

为适应斗争方针的变化，东北民主联军进一步调整了组织。将原北满军区领导机构撤销，高岗、陈云回东北局工作。原来军区所辖的松江军区、牡丹江军区、合江军区和龙江军区归东北民主联军总部直辖。

原北满军区所属的嫩江军区、辽吉军区划归西满军区。西满军区以黄克诚为司令员，李富春为政治委员。

辽东（南满）军区以萧华为司令员兼政治委员，下辖第三、第四两个纵队和辽宁、安东、辽南三个军分区。

吉林（东满）军区以周保中为司令员，陈正人为政治委员，下辖吉东、吉南、吉北和延吉四个分区。

这一时期，东北民主联军的总人数发展到32.4万余人。

直属东北民主联军总部的作战部队有：

华中新四军第三师的四个旅、山东八路军第一师、第二师和第七师的两个旅，第三五九旅以及万毅的东满第七纵队。

在中国共产党准备作为“后院”的那些偏远地方，匪患迭起，很多地方都成了“胡子”（土匪）的天下。“八一五”之后，在东北，仅蒋委员长委任的“胡子”头就有百十余名。在北满地区，国民党国防部收编了四个旅的“胡子”。

东北民主联军在一份“情况通报”中说：

在我南满基本地区，约有匪5万余人，较大股活动的有5000人、3000人不等，重点活动于通化、沈阳、安东三角地区，中长路以西直到热河各县数目较少，但平均每县有千人左右。北满匪数庞大，最少不下10万人，大股都经常盘踞在数个县境内，且装备优良，有野战重炮。

当时的东北，全境内共计有 154 个县，其中有 100 多个被“胡子”盘踞着，共产党占据的还不到 50 个县，还经常处在“胡子”的威胁下。

1946 年 6 月，为配合国民党军队在松花江以南的行动，北满境内“受封”的“中央胡子”发动骚乱，先后占据东宁、东安、同江等县城，截断了牡丹江至佳木斯的铁路交通线，并号称要与国民党军“会师哈尔滨”。

随后，在不到半个月的时间内，“胡子”们接连洗劫了萝北和依兰两座县城。城内，大小店铺抢劫一空，县委、县政府包括萝北县长在内的共产党干部 20 多人，被集体枪杀。中共依兰县委书记的妻子遭土匪强奸后含恨上吊自杀。

8 月 15 日，佳木斯各界群众在中心广场举行集会，庆祝抗战胜利一周年，同时公审几名日本战犯和汉奸。正当公审即将开始时，场外枪声骤起，场内群众乱作一团。骚乱平息后，主席台和会场上血迹斑斑，传单还在随风飘荡，上面赫然写着：“欢迎国军”“打倒共匪”“共产党是兔子的尾巴长不了”……其时其景，令老百姓不寒而栗。

“胡子”问题已经发展成共产党在黑土地上生存的重大威胁。东北局和东北民主联军总部决定，投入主力部队进行剿匪。

在东北局扩大会议之前，东北局和民主联军总部就发出了《关于剿匪工作的决定》，指出：

> 北满——特别是合江及牡丹江地区，为我党在东北最基本的战略根据地。因此，必须争取在最短时期内，坚决彻底地肃清土匪，发动广大农民，建立巩固的后方，以支持长期斗争。

为贯彻《七七决议》，东北局与民主联军总部 7 月里又发出指示，要求各师和旅抽调三分之一的兵力执行剿匪任务，并要求各执行剿匪任务的部队作出全面计划，区分轻重缓急，实行集中兵力围歼和追打相结合，除恶务尽，避免以往兵去匪来的现象。

为清除肘腋之患，东北民主联军对北满的大股土匪进行了重点清剿。

7月间，牡丹江军区副司令员刘贤权率主力进剿穆棱、绥阳地区，消灭了在此盘踞多年的王枝林、“吴家三虎”等股匪，毙、伤匪800余人，解放了东宁、绥阳等县城，打通了牡丹江通往绥芬河的交通路线。

8月23日，民主联军三五九旅配合合江军区、牡丹江军区部队，分三路合围东安、密山一带势力最大的土匪谢文东。经二天战斗，共歼灭土匪千余人，其残部向宝清、富锦地区逃遁。继之，民主联军清剿部队穷追猛打，于虎林、绕河一带将逃窜之敌剿灭。

在剿匪斗争中，捕获匪首姜鹏飞，平息哈尔滨“八二八暴动”，则是一场保卫“心脏”的战斗。

姜鹏飞，又名姜凤飞，辽宁锦州人。早年毕业于东北讲武堂，曾任黑龙江省程志远部团长。九一八事变后，姜鹏飞率部投日，受训于日伪乙种专科学校、陆军大学，为日本人所重用，历任伪满奉天训练学校教导队总队长、佳木斯第七军管区少将参谋长。1940年，被派往华北任伪绥靖总司令部副司令、唐山行营主任、冀东特别行政区长官等职。在此期间内，指挥伪满“铁石部队”，对冀东抗日根据地反复进行惨绝人寰的大“扫荡”。华北的“潘家峪惨案”，就是其秉承日本主子的旨意而一手制造的。冀东的老百姓，一提起姜鹏飞这个名字，就恨不得食其肉、寝其皮。姜鹏飞还与国民党地下组织秘密勾结。日本投降前夕，他被蒋介石封为“冀东挺进军总指挥”。1945年9月国民党政府又任命他为陆军新编第二十七军中将军长。1946年1月，杜聿明命姜鹏飞扰乱东北民主联军后方，相机占领哈尔滨。姜鹏飞在北满先后收编了伪满散兵游勇、土杂武装、日军残余等十余个师，成为此地实力最大的“中央胡子”。7月，杜聿明命其“配合新一军进攻，同时进驻哈市”。姜遂又潜入哈尔滨，以期里应外合。直至8月10日姜鹏飞见新一军仍未发动进攻，决定自己单独动手。8月18日，姜命李华堂部集结蜚克图，刘昨非部集结阿城，刘松坡部潜伏于哈尔滨近郊，刘景山部待命于松花江北，对哈尔滨市取包围态势。在市内，姜策划在8月28日早晨，于三棵树、太平桥、道外、道里、顾乡屯等地举事。然而，姜鹏飞的这一切罪恶活动均在东北民主联军情报部门的掌握之中。决定当机立断，将敌匪一网打尽。

8月24日晚，在哈尔滨闹市区的光复饭店内，灯火通明，座无虚席，猜拳行令声此起彼伏。此时，在饭店二楼的雅座内，匪首姜鹏飞正在召见一位叛变过来的东北民主联军团长。酒过数巡之后，姜鹏飞乘着酒兴掏出了委任状，任命这位“反水”的“团长”为“师长”，并得意洋洋地宣布：“我们就要进驻哈尔滨了，诸位为党国立功的时候到了！”正当这伙匪首得意忘形之际，潜伏在饭店内的民主联军特工人员神兵天降，一举将这伙罪大恶极的匪首擒获。

接着，东北民主联军又穷追猛打，以迅雷不及掩耳的速度捕获了参与指挥这场暴乱活动的大小匪首。此役粉碎了一场迫在眉睫的暴乱阴谋，保卫了哈尔滨这个中共在东北的政治军事中心。

剿匪斗争，是一场与国民党正规军作战不同的特殊战斗，所以，有着一整套特殊的规律和战术原则。民主联军根据以往剿匪的经验，提出了“猛打穷追、钉楔堵击、彻底消灭”的方针。

在以往的剿匪斗争中，由于土匪多为小股，聚散山林，不易打歼灭战，所以多侧重于击溃。久而久之，土匪亦摸透了民主联军的战术，他们撤出城市，避免对抗，保存实力，待机反攻。

自从制定了新的剿匪方针，各部队的斗争大见成效。

在依南地区的战斗中，合江军区组织了精干的剿匪小分队，采取不停歇的追击与钉楔围困相结合的方法，穷追猛打，最终剿灭了谢文东、张雨新、李华堂等股匪徒。其中，剿灭李华堂的战斗，便是一场穷追不舍的恶战。

李华堂，河北栾县人，曾任东北抗日联军第九军军长。1939 年 2 月，李在同日军作战时受伤被俘，旋即投降日寇。日本投降后李又投靠国民党，被封为“东北挺进军第一集团军上将总司令”。

1946 年 10 月，东北民主联军三五九旅在剿灭谢文东后，转至合江省的勃利、方正等地，兜剿李华堂部。在一个多月的战斗中，歼灭李华堂部 1000 余人，李仅以随身 40 余人逃遁。为了彻底肃清余匪，三五九旅派出了精干的小分队，跟踪追击，锲而不舍，穷追 400 余里，终于在 11 月下旬于刁翎山将李华堂击毙。

在围剿杨清海时，民主联军对逃入深山的杨匪实施久围长困，布下明岗暗哨，同时，组织部队进山反复搜剿，使杨清海无粮无宿，疲于奔命，最后彻底被歼。

在追剿实践中，各部队创造了寻踪和破谜两条经验。

寻踪是追剿流窜股匪的重要手段，如同熟练的猎人凭借蛛丝马迹去寻觅野兽的走向一样。

寻踪，包括两种方法：

第一种为秋末林中拨踪法。这种方法是通过勘察秋末森林中落叶被踏踩的痕迹，来判断土匪的去向。落叶被踏碎或被搓，且有比较宽的面积时，则证明是有人走过。反之，如果痕迹凹道狭窄而较深，道面不平，则证明是野兽所践踏。

第二种是春秋季草甸拨踪法。一般来说，当人和马从草甸上经过时，由于行走踏踩，必定要留下痕迹。而且往往草斜倒的方向，即是土匪逃遁之方向。如若踏过的道中，已有部分草立起时，即说明人马已经过去多时了；如若无草立起，则说明匪徒刚过去不久。

破谜是一种识破土匪设圈套的方法。当土匪遭到追剿打击时，往往化整为零，沿不同方向逃遁，以迷惑对手，这时，如果停止追剿，则正中匪计。所以当遇到此种情况时应向最大一股逃匪追击，将其歼灭后往往可查知其联络记号与集合地点，再一一歼灭之。

在北满的广大地区中，合江省是匪患的重灾区。合江省的南部和西南是崇山峻岭，原始森林遮天蔽日。合江的东部和北部是大片的沼泽地和草甸子。在草甸子中，蒿草比人高，蚊虫肆虐。不熟悉路径的人，进去就别想再出来。如此荒芜之地，人迹罕到，成了“胡子”们的栖息地。

然而，在合江军区司令员贺晋年的领导下，历经半年时间，即基本肃清了这里的匪患。

贺晋年在延安就积累了剿匪经验，1946 年 12 月他同《东北日报》记者座谈时，介绍了合江军区使用的战术。贺晋年说：“根据合江的具体情况，我们在战术上采取了以下这些办法：（一）当敌人集中时，我们要开始集中优势力量给敌人以致命打击，这样容易造成消灭敌人的机会，同时，也使敌人失去战斗意志。（二）当敌人逃入山林时，应立即跟踪追击，力求连续战斗与追剿，使敌人没有喘息的机会。（三）敌人逃入山林时，应迅速将其包围、在周围钉起“钉子”来。在土匪必经之路上，应设优势的阻击部队，再派出精干的部队带上干粮和锅，到山里露营，连续反复清剿。这虽然不能完全歼灭敌人，但容易使敌人溃散、瓦解与投降。（四）为了断绝敌人粮食，必须很好地坚壁清野，使土匪无粮可觅，自行溃散。（五）如敌人失去战斗意志溃散时，我军部队即可以大胆分散搜山，有时可化装成便衣搜索。匪首谢文东就是这样被捕获的。（六）在山林中清剿零散匪徒时，不宜使用大部队，尽量以小分队清剿。”

西满军区还将政治攻势与军事进剿相结合，组织工作队开展政治攻势，同时调查土匪的家属、亲戚和朋友，宣传共产党的土地改革政策，动员土匪悔过自新。

在松江地区的50余股土匪中，投降自新的就达3000余人。

除了匪患严重的北满合江、松江等地区外，西满和东满的剿匪工作也取得进展。到1946年底，西满共瓦解土匪100余股，击毙被国民党任命的东北挺进军第一军副军长王乃康以下惯匪3000多人，东满亦消灭股匪600余人，稳定了根据地的局势。

在分兵剿匪的同时，东北局发出了《动员干部下乡发动群众》的指示，组织大批的军政干部下乡，开展反霸除奸和土地改革运动。

在开展剿匪工作的同时，东北局和东北民主联军总部，在极短的时间内，抽调出了数万名干部，组成了大批的农村工作团，深入广大乡村，发动群众，开展“反奸清算”运动，实现“耕者有其田”。

剿匪、土改和“反奸清算”三项工作的开展和军事方针、政策获得的成功。使北满、西满和东满的民主联军渡过了最困难的阶段，根据地一天天巩固起来。

国共两党在东北的斗争是一场军事力量的较量。

从山海关、锦州到四平、长春，林彪之所以一退再退，主要是苦于手头无兵。杜聿明苦战拿下四平、长春，一举“饮马”松花江边后，需防守城市和交通线，使机动兵力锐减，也失去了大规模进攻的能力。

于是，国共两党的军队形成了一个暂时的对峙局面。

从1946年7月开始，在东北局的领导之下，民主联军开展了有组织、有计划的军队建设，扩充兵员。

此次在扩充兵员的工作中，联军总部、各军区及主力兵团均先后召开了会议，总结了建军初期收编伪军、土匪部队和成分不纯人员的教训后，作了新的规定。这些规定包括：

在扩兵中以基本群众成分为主，大批地吸收经过群众斗争的农民到部队中来，不得吸收伪国兵、伪警特、兵痞、流氓、土匪、会道门等分子；

扩兵对象都要经过审查，政治纯洁，来历及其家庭清楚者，方可吸收并进行细致登记；

对来历不明，家庭情况不清者，不得收留。

为了确保新增兵员的质量，合江省委具体规定："新兵须要经过一定的审查，成分要纯洁，年轻力壮，不能不经审查马虎凑数。"

借助着土地改革的威力，扩兵工作波及每一户贫苦农民。据统计，在这场轰轰烈烈的土改兼扩军运动中，仅人口稀疏的合江省，就有5000余人参加东北民主联军。而人口稠密的辽宁省和辽北省，参军人数达到3万人以上。

由于广大农民群众踊跃参军，使东北民主联军的主力部队获得了比较大的补充。到1946年底，北满根据地共补充兵员3万多人，使得四平保卫战后遭受损失的主力师均达到1万至1.2万人，有的师还增编了补充团。各部队的装备也得到了改善。

兵员的扩充，使机动作战部队得以加强。1946年8月至10月，为了适应作战需要，更大地发挥主力部队机动作战的能力，民主联军总部将北满部队编成了三个野战纵队又七个独立师。

新编成的三个纵队，分别为：第一纵队、第二纵队和第六纵队。

以原山东军区八路军第一、二师和东满第七纵队合编而成的东北民主联军第一纵队，下辖第一、二、三三个主力师，万毅任司令员兼政治委员；

由原华中新四军第三师主力组成的东北民主联军第二纵队，下辖第四、五、六三个主力师，刘震任司令员，吴法宪任政治委员；

以原华中新四军第三师之第七旅和渤海第七师之第二十、二十一旅等部组成东北民主联军第六纵队，下辖第十六、十七、十八三个主力师，洪学智任司令员。

新编成的七个独立师分别是：

以原八路军三五九旅改编的东北民主联军独立第一师；以原松江军区之地方部队合编的独立第二师；以原东满军区所辖之曹怀中部及合江军区之地方部队合编而成的独立第三师；以原西满军区保安第一旅改编而成的独立第四师；以辽吉军区的三个地方团合编而成的独立第五师；以原新四军第三师所属两个警卫团及嫩江军区之一个警卫团合编而成的独立第六师；以东满警备二旅及第二十四旅合编而成的独立第七师。七个独立师共6万余人。

除上述用于机动作战的主力部队外，东北民主联军在解放区还组建了地方独立团和大量的县区武装，且这些地方部队均经过了比较彻底的改造，成为主力部队可靠的后备力量。这些部队有：西满 22 个独立团,北满 15 个独立团,东满 9 个独立团,加上各县的县大队、区中队在内，共有 3 万至 4 万人。

此外，在南满根据地坚持斗争的还有东北民主联军的第三、四纵队和 3 个独立师及一个支队。

到 1946 年 11 月，东北民主联军兵力有了相当的发展。

林彪、罗荣桓还十分重视炮兵建设，把炮兵作为骨干兵种来发展。

早在林彪、罗荣桓率部进入东北之初，就利用缴获的日伪军装备，开始建立了炮兵旅，下辖二个团。当时人不过千，炮不上百，且都是中小口径的山、野炮。炮兵属技术兵种，没有一定的文化水准根本“玩不转”。所以山海关之役后，这个新组建的炮兵旅基本上成了聋子的耳朵——摆设。

1945 年 11 月，延安炮兵学校的 1000 多名学员到达东北，成为东北联军的首批技术骨干，但当时部队一退再退，组建炮兵困难很大。

日本投降后，关东军在东北的大批军用仓库成为“全民所有”。老百姓抢吃的、拿穿的、搬用的，管这叫“捡洋落”。受当地老百姓启发，民主联军也开展了一次大规模的“捡洋落”比赛。

从延安炮兵学校来的人成了“捡洋落”工作队中的骨干，负责发现和鉴定工作。他们翻山越岭，走乡串屯，走到哪问到哪，一旦看见老百姓大车上有汽车、火炮或者是飞机轱辘，就追上去商量，花钱买下来。这些从四野八荒寻觅回来的装备，大都残缺不全。战士们发挥聪明才智，将其拆散了再重新组合。炮校警卫连的副连长周天才，一个人就搜集了山炮、野炮 20 多门，被命名为“搜炮英雄”。一次，周天才在镜泊湖边，发现了一座孤零零的新坟，坟前的木牌上写着“战马之墓”。他感到很奇怪,带人扒开一看,是一门日军留下的 90 野炮,用油布包着,零件一个也不少,是个完整的“洋落”。

正是凭借着这种锲而不舍的精神，东北民主联军在半年多的时间中拼凑了各种火炮 700 多门，坦克 10 多辆，编成了八个炮兵团和一个战车大队。

为了解决炮兵分散、不统一的问题，东北民主联军成立了炮兵调整处，负责统一协调。7 月中旬，民主联军总部又颁发了关于炮兵建设的第一号命令，强调建设炮兵的重要性,确定了“普遍的分散发展与适当的集中使用相结合”的炮兵建设方针,并提出要把炮兵建设成为一个重要兵种。

10月19日，联军总部作出决定:“以延安迁往东北的炮兵学校为基础，成立炮兵司令部、政治部，以统一炮兵的组织、训练和作战指挥。至此，东北民主联军炮兵已经发展成为一个独立的兵种。”

除了炮兵建设外，东北民主联军还加强了工兵和骑兵部队的建设。

工兵，是一个与炸药、地雷和工程障碍打交道的专业兵种。特别是在缺少炮兵的情况下，攻城略地、炸堡毁桥，几乎全靠工兵。所以，民主联军除在少数主力部队中建立了工兵分队外，还大力开展工兵技术的普及工作。

骑兵，是随着剿匪和土改过程发展起来的。剿匪需要长途奔袭，随着剿匪战果的扩大，俘获的马匹也加入到骑兵队伍中，加上土改所获得的部分马匹，使得骑兵总数达到4000余人。9月，东北民主联军总部下达了建立与扩大骑兵团的命令，要求把骑兵逐步建设成为能独立进行运动战与配合步兵作战的重要兵种之一。

在这一时期，还成立了护路军司令部，将各地的护路部队集中组编为七个团，共3400余人。

此外，还成立了航空学校，培训飞行、机械、场站等技术人员。这为日后中国人民解放军空军的发展奠定了基础。

东北民主联军主力部队的成长壮大，特种兵部队的建立和发展，为粉碎国民党军的进攻和转入反攻，提供了坚实的物质基础和可靠保证。

1946年9月中旬，蒋介石在江西庐山召开特别军事会议，研究、部署各个战区的作战计划，以期实现“三至六个月消灭共产党及其军队”。会后参谋总长陈诚衔命飞往沈阳，召见杜聿明、郑洞国等东北国民党军高级将领，贯彻庐山特别军事会议的战略计划。经过几天紧锣密鼓的磋商，陈诚、杜聿明、副司令长官郑洞国和长官部参谋长赵家骧等人，炮制出一个“先南后北，南攻北守”的作战方针。

这一作战方针，一改长驱直入、全线进攻为重点进攻。企图集中主力，首先进攻南满，摧毁南满根据地，然后再北上，夺取北满，最终占领全东北。

东北保安司令长官部拟定了具体计划，于10月初调重兵打通了沈阳至海龙的铁路线，分别攻占了南满根据地的柳河、金川、辉南、清原、永陵、兴京等地。10

月 19 日，郑洞国集结了八个师约十万之众，分三路向南满根据地的东部地区发起进攻，重点指向安东（今丹东）。

在用兵南满的同时，杜聿明令新一军及六十军一部防守松花江南岸各个要点，并不断派遣小股部队向北满边缘区“蚕食”袭扰，形成南攻北守的局面。

9 月 19 日，东北局致电各根据地，对国民党军即将展开的战略行动及东北民主联军的任务作了明确的分析。电报指出：

> 日前，蒋介石在庐山召开特别军事会议之后，陈诚飞沈，东北顽敌高级将领集会，各地顽军调动频繁，一切象征证明反动派即将向我哈尔滨、安东、通辽等地大举进攻，并在南满、辽西已开始试探性进攻，东北暂时的休战状况即将为大规模的战争局面所代替，我全党全军必须紧急动员起来，准备粉碎反动派的进攻。

南满根据地面临着巨大压力。这一根据地是在东北最先开辟的解放区，濒临黄海、渤海，背靠朝鲜，处在沈阳、辽阳、本溪、鞍山的东侧，这一地区地形狭窄、城市稠密，又是杜聿明经营东北的重要地区，所以，根据地和军队的发展受到很大制约。南满根据地的部队，主要是由萧华带来的山东部队和冀东曾克林部进入南满发展起来的新部队合编而成的东北民主联军第三、四纵队，另加三个独立师，总兵力 4 万至 5 万人。

面对着多路进逼的国民党军部队，辽东军区司令员兼政委萧华决定：不以保守城市、看家为主，而以集中兵力以运动战歼敌有生力量为主的方针，暂时主动地放弃一些地方，诱敌深入，迫敌分散，集中优势兵力，攻打敌之一路或小股敌人，求得各个歼灭，达到最后战胜敌人的目的。

这个方针，使南满民主联军摆脱了单纯防守城市的包袱，大踏步地进退，积极寻找战机歼灭国民党军有生力量。

10 月 2 日晚，当郑洞国率新六军等部队沿沈海线发动攻击时，民主联军第三纵队突然进攻西丰，经一日两夜激战，攻克该城，全歼守敌二〇七师工兵团。

10 月下旬，国民党军沿沈海线继续向安东方向进攻。22 日，新六军占领盖平、柳木城，五十二军一部攻占草河口，一部攻占碱场并企图迂回安沈铁路，威胁南满根据地的后方。

辽东军区决心以第三纵队和南满独立第一、二师分数路阻击、牵制敌军，集中第四纵队于安沈路以东群众基础较好且地形险要的新开岭地区，预伏歼敌。

新开岭，位于安东省赛马县（今丹东市凤城县）境内，是一条东西走向的袋形谷地，两边是高山，一条绥阳河和宽（甸）赛（马）公路纵贯其间，四纵的八个团设下圈套、张网以待。

10月30日，一头扎进罗网的是号称“千里驹”的国民党第五十二军的二十五师。该师自恃美械装备，在袋形谷地中拉成一字长蛇阵，逶迤20余里。

当日下午，四纵在韩先楚副司令员的指挥下，分三路向国民党二十五师发起进攻，将敌截为数段。“千里驹”师师长李正谊发现被包围时，已经晚了！

该师在抗战期间曾远征缅甸，战功显著，誉为“千里驹”，褒其能征善战。随五十二军开到东北后，这只“千里驹”开始走下坡路，在进攻营口、抚顺、本溪时，连连受挫，特别是抚顺一役，损兵近2000人，五十二军军长赵公武也险些被俘。事后，“千里驹”师师长刘士懋辞职回了家。杜聿明将李正谊由第二师副师长调升为二十五师师长。

李正谊50余岁，行伍出身，黄埔军校第4期学生，蛮勇有余而精明不足。李正谊接任后，为了给他的上司长脸，便在这次进攻南满的作战中猛打猛冲，气焰十分嚣张。在被围的前两天，他还召集营以上军官训话，叫嚷着要把南满的“共匪”赶到长白山上去“喝西北风”。

而此时，李正谊看大势已去，便脱下军服，化装成一名火头军。可是，他脸上的麻子太明显了，很快便被请到了韩先楚副司令员面前。

新开岭一仗，全歼国民党军第二十五师，毙伤俘敌8000余人，首创东北民主联军一次作战歼敌一个整师的战绩。

11月3日，毛泽东的电报发至辽东：

萧华：“（一）庆祝你们歼灭敌人一个师的大胜利。望对有功将士传令嘉奖。（二）这一胜仗后南满局势开始好转，望集结主力，争取新的歼灭战胜利。”

“千里驹”的覆灭，虽然打乱了敌人的整个进攻计划，保证了辽东军区机关安全转移，一些医院、工厂和仓库运过了鸭绿江，得以保全，但并没有扭转共产党在南满的劣势。南满联军部队向后撤退，部队的不安气氛也日趋浓厚。共产党控制的地盘只剩下位于长白山麓紧靠朝鲜的临江、蒙江、长白和抚松四个县，巴掌大的地方。辽东军区，辽宁和安东省委机关，三纵和四纵主力都挤到这里。国民党军的四个主力师正向这里扑来。

鉴于如此恶劣的情况，辽东军区已经作了最困难的准备：“由军区机关率三、四纵主力北上，渡过松花江，与北满主力会合”。由四纵政委彭嘉庆率四纵第十一师和辽宁独立师坚守长白山，牵制敌人。

就在此刻，辽东军区发出通知，要师以上干部去七道江开会。

“七道江会议”是解决南满根据地去留问题的一个重要会议。

南满根据地的去与留，不仅为南满根据地领导人忧心，东北局与民主联军领导亦牵肠挂肚，寝食不安。南满根据地的存在，可以迫使国民党军两线作战，腹背受敌，有利于民主联军“南拉北打”的作战方针实现。可是，南满地区毕竟太狭窄了，缺少回旋余地，没有可资利用的天然障碍，易受合围。

怎么办？东北局经过慎重考虑，选择了“坚持南满根据地”的重要决策，成立了南满分局，由陈云兼任南满分局书记和辽东军区政委，萧劲光任分局副书记兼辽东军区司令员，萧华任分局副书记兼辽东军区副司令、副政委，以加强南满根据地的军政领导。

12 月 11 日，萧劲光主持召开了“七道江会议”。陈云因有事在临江，没有到会。会议主要讨论的是目前南满的形势，确定今后的作战方针。

主张放弃南满的人数不少，理由是：

其一，长白山区地形狭窄、物资匮乏、缺少兵员，在这样的条件下不具备进行运动战的客观环境，且坚守根据地困难；

其二，南满主力北渡松花江，与北满主力合为一股，不仅可以壮大民主联军的力量，而且可以避免被敌各个击破；

其三，撤到北满，前有松花江，后有苏联，进退有据，可保无虞。

主张坚持南满的人认为：

欲粉碎国民党军“先南后北，南攻北守”的战略，就必须坚持南满，拖住国民党军主力，让它“屁股后边吊个大冬瓜”，首尾难顾。这是其一。

其二，南满是东北工业的中心，又是海上与华东、华北交通的要道，群众基础好，物质条件较北满丰富，守住南满根据地，可以为日后的反攻创造一个坚固的阵地。

其三，南满根据地目前还有好几万人，形势虽然险恶，还未到山穷水尽的地步。凭这些实力，上山当“胡子”也能坚持几年，何况在座的都是堂堂的正规军主力部队？

会场内，两种意见争论激烈，相持不下。会场外，国民党军两个师已逼近梅河口和辑安（今集安）。情况紧急，萧劲光立刻命令“各师长迅速返回部队，指挥作战。留下纵队领导，继续讨论去留问题”。

12 月 13 日晚，陈云冒着零下 30 度的严寒，从临江来到七道江参加会议。

望着满身皆白的陈云，萧华关切地说：“你辛苦了，身体好吗？天这么冷，还请你来解决问题。”

辽东军区参谋长罗舜初则表示：“敌情紧张，两种意见争持不下，等你来解决问题。”

陈云谦虚地说：“萧劲光同志是搞军事的，很有学问。你们都是搞军事的，我不是搞军事的，来了是想听听你们的意见，主意还是靠大家出，办法靠大家想。大家再看一看，南满还有没有文章可做？”

于是，围绕着走与留，南满民主联军的高级领导又讨论了一天。

12 月 14 日晚，陈云终于拍板了：“我们不走了，都留在南满，一个也不走。留下来打，在长白山上打红旗，摇旗呐喊。当年抗联力量那样小，还坚持了十年。我们条件比抗联好多了。”

“敌人的战略方针是‘先南后北’。如果放弃南满，就正中敌人下怀，免除了他们的后顾之忧，可以放心全力以赴地对付北满。东北敌人好比一头牛，牛头牛身子冲着北满，一条尾巴留在南满。松开尾巴，那就不得了，这头牛就会横冲直撞，南满保不住，北满也危险。抓住这条尾巴不放，那就了不得，这头牛就蹦跳不起来。”

“去北满，过长白山要损失几千人。将来打回来，还要损失几千人。留下来会很艰苦，损失也不会小，但这两种损失，意义是不一样的。”

东北民主联军司令员林彪（右三）、政委彭真（右一）等在研究三下江南保临江的作战方案

“仗怎么打，你们大家可以研究。但是，南满有文章可做，南满应该坚持，而且能够坚持。”

七道江会议，在确定坚持南满根据地的同时，决定采取运动战与游击战相结合、外线作战与内线作战相结合的方针，以第三纵队担负正面运动防御，第四纵队深入敌后，开展运动战。

东北民主联军统筹协调南、北满两大根据地的主力部队，冒着零下 30 至 40 度的严寒，历时 3 个多月，进行了一场与国民党军队的大规模角逐。

坚持南满，在杜聿明屁股后面插上一颗钉子；两线配合，又打又拉。南满不支，北满出击；北满困难，南满出援，令杜聿明首尾不能相顾。

1946 年 12 月 27 日，郑洞国坐镇通化，指挥五个师的部队，向临江发动进攻。

南满部队奋起反击，三纵和四纵十师，独立师正面阻敌，四纵队主力深入敌后，广泛出击，截取粮草，连克敌大小据点 20 余个，歼敌 3000 余人。

1947 年 1 月 5 日，北满民主联军乘国民党军进攻临江、后方空虚的时机，派一、二、六纵和三个独立师南渡松花江，向中长路两侧的长春、吉林以北之广大地区展开攻势，以围点打援、长途奔袭的方式，先在张麻子沟和焦家岭，歼灭新一军的一、三团和一五〇团，接着，又将其塔木攻克。是役，民主联军歼敌 4600 余人，迫使进攻南满的国民党军火速回援，打破了杜聿明进攻临江的企图。

半个多月后，即 1947 年 1 月 30 日，杜聿明调集三个师，兵分三路再犯临江。

南满三纵和四纵十师集中优势兵力，将来敌一路击溃。四纵则在敌后将其后方交通线和仓库、据点，一通猛捣，使二次进攻临江的国民党军惶然后撤。

2 月 16 日，国民党军兴兵再犯，以五个师三犯临江。南满民主联军仍然是前阻后扰，两线夹击。

2 月 21 日，北满民主联军 12 个师突然二下江南，歼灭城子街新一军一个团，占领九台、农安，并乘胜围攻德惠。

北满民主联军大举南下，并在德惠围住了新一军的第五十师，杜聿明大吃一惊。他急调进攻南满的七十一军主力回援。

保住了德惠，杜聿明将计就计，虚构出一个“德惠大捷”。对外宣称“歼灭共军十万”，一则糊弄南京的蒋介石，二则给自己的部下们鼓鼓劲。没想到，差点把自己也给葬送了。

原来，蒋介石得到“德惠大捷”的电报后，欢喜万分，竟直接命令新一军和七十一军“渡江追击”。杜聿明暗暗叫苦。他十分清楚：共军并非战败而撤，且实力并未受损。老蒋不明底细，竟命令新一军和七十一军穷追不舍。这两个军此番一过江去，肯定凶多吉少！

杜聿明在电话里急令新一军和七十一军迅速回防，不得冒进。然而，他哪里知道，手下这两位桀骜不驯的悍将——孙立人与陈明仁正准备夺“戡平匪乱”的首功。22 日晚，杜聿明赶到德惠，向两位军长道明真相：“共军在德惠并未受到多大损失，这次撤退，实是受我虚张声势所迷惑，且主力丝毫未损。现据情报得悉，共军从我们被俘人员中得知我们增援力量不大，有卷土重来之势。二位切不可贪功冒进，重蹈李正谊覆辙。宜迅速回防，准备对付共军下一步的攻势。”

新一军军长孙立人，七十一军军长陈明仁，此刻方才明白了杜聿明的良苦用心，急令部队火速撤回原防地。

然而，就在国民党军火速回防时，江北的民主联军已经开始行动了，大部队第三次南进，向德惠以南迂回。杜聿明在回长春的路上，与东北民主联军南下的先头部队相遇，吓出一身冷汗。

乘杜聿明立足未稳，林彪命部队杀了个回马枪，将国民党军八十七师和八十八师大部歼灭。

杜聿明回到长春后，便急调新六军和第十三军主力防守长春以免共军攻城。事后，杜对郑洞国讲:“校长（蒋介石）事事瞎指挥，搞得我等措手不及。当时长春兵力空虚，共军要是真来攻的话，长春不保，你我又要成为党国的罪人！”

3 月 29 日，杜聿明利用松花江解冻，北满民主联军无法南下的时机，调动 7 个师的兵力，第四次杀向临江。然而，这已经是强弩之末。

4 月 3 日，韩先楚指挥三纵和四纵十师，于红石镇地区歼灭国民党第八十九师和五十四师一个团，俘虏八十九师代理师长张校堂以下 7500 余人，为国民党军在东北的“南攻北守，先南后北”战略计划，画上了一个句号。

三下江南，四保临江作战，是国共两党军事力量在黑土地上争夺战略主动权的大规模军事行动。在三个多月的作战中，东北民主联军充分利用南、北满两线作战的优势，南防北攻，北拉南打，于松花江到长白山之间的广阔地区展开运动战，先后歼灭国民党军 4.3 万人，收复城镇 11 座，彻底粉碎了国民党军队在东北的“南攻北守、先南后北”的战略计划。

第四章　是使用力量的时候了

杜聿明五指张开，郑洞国赴宁求兵。战略反攻的号令。陈明仁死守，“东总”三战四平，功亏一篑。陈诚新官上任三把火，“六个月恢复优势”牛皮吹破。林罗整军经武，东北野战军兵强马壮。

兵法云："鸷鸟将击，卑飞敛翼，猛兽将搏，弭耳俯伏"，旨在讲军事斗争中力量的积蓄与迸发的辩证关系。经过一年多的艰苦努力，东北民主联军巩固了后方，壮大了队伍，积蓄了力量，踏上了通往胜利的坦途。

1947 年 5 月，东北民主联军大举出击的枪炮声，揭开了战略进攻的帷幕。

从 1946 年 7 月到 1947 年 6 月，在经过激烈较量和付出沉重代价之后，中国共产党领导的军队，在全国各个战场上歼敌 112 万人，开始转入了战略反攻。

国民党军的总兵力则由 430 万人减至 370 万人，其正规军则由 200 万人减少为 150 万人。虽然还保持着 248 个旅的番号，但能够用于全国内战战场的机动兵力仅为 40 个旅。

国民党军队这种败象首先来自关东这块黑土地。

战争之初，国民党政府在东北聚集了第一军、第六军、第七军、第十三军和第七十一军等。它们中有的参加过第二次世界大战中的印缅作战，有"远征军""常胜军"的称号；有的为美械、半美械装备，武器精良，训练有素，曾一度由山海关打到了松花江北。东北这一年多的战绩，杜聿明虽然控制了松花江南岸的大片土地、城市和铁路，却付出了相当沉重的代价：

在同东北民主联军的作战中损失部队 25.5 万人；

被迫放弃了"先南后北"的战略进攻计划；

因机动兵力严重不足而转入全线战略防御。

中国共产党及其领导下的东北民主联军则在这一时期，在东满、西满、北满站稳了脚跟，渡过了最困难的时期。

到 1947 年 5 月，东北民主联军已发展成拥有 5 个纵队，11 个独立师，4 个旅，12 个骑兵团，4 个炮兵团，共 24 万人的部队，加上地方武装 22 万人，武装力量达到 46 万人。

种种情况表明，中国共产党领导的东北民主联军，已经摆脱了自山海关、锦州、四平失守以来的尴尬局面，由被动开始转变为主动，实行战略反攻的条件已见成熟。

三下江南、四保临江作战结束的一个月后，东北民主联军总司令兼政委林彪在双城召开的高级干部会议上郑重地向师以上军政指挥官们宣布：

> 准备战争的过程已经基本结束，现在是使用力量的时候了。过去，我们提出的作战方针是“等、忍、狠”；现在是“狠”的时候了，要狠狠地消灭敌人，恢复与扩大解放区。这个“狠”，是在去年冬季以后开始的，而且由于去年冬季以后的胜利，使它的基础更加扩大了。……现在，东北已进入可以集中兵力大打的时期了，我们已初步地打了些规模较大的仗，今后的规模将更大。

5月5日，东北局作出了《关于东北目前形势与任务》的决议。这一决议，以共产党文件的方式昭告天下，并宣布：

> 目前，东北党正处在一个新形势的前面，即是在军事上敌人不得不从进攻转入防御，而我军则从防御逐渐转入反攻。因此，在新形势下，全党的任务就是：积极组织力量，全力准备大反攻，大量歼灭敌人，大量收复失地，巩固和扩大解放区。

初步掌握战争主动权的民主联军在黑土地上率先转入了对国民党军队的战略性反攻。

由于进攻南满屡战屡败，杜聿明损失了4.3万人，在民主联军的进攻面前，防线上的漏洞顿时显现出来。此时，他估计到，如果北满的民主联军再度南下，他将没有足够的兵力去应付战局。经过反复考虑，他决定向“老头子”请调两个军，并派郑洞国前往南京游说。

4月下旬，郑洞国飞往南京，请求增兵，结果无功而返。

杜聿明为了挽回不利局势，煞费苦心地炮制出一个“内线作战，机动防御”的战略方针。这个方针的主旨，是企图以现有兵力凭借优势装备，控制东北的大中小城市及其主要交通线，继续分割共产党在东北的各个解放区，并伺机集中兵力向某些地区发动进攻。

东北保安司令长官部开始实行强制性征兵征粮，同时也对所属正规部队八个军进行了调整：以新一军守备吉林、长春及其外围地区，凭借松花江阻北满民主联军南下；以七十一军及十三军一部守备四平、公主岭、郑家屯，控制中长路长春至沈阳段；以十五军、九十三军控制热河与北宁路关内外通道；以新六军、五十二军、六十军及其他部队守备沈阳和南满地区。

然而，东北国民党军队的命运，已无法由他们自己把握了。

1947 年 5 月上旬，民主联军大举出击的枪炮声，打破了松花江南岸初夏的沉寂，骤然拉开了战略反攻的序幕。

东北民主联军把攻势重点指向沈阳、长春之间的国民党军心脏地带。首先切断沈阳与长春的战略联系，孤立长春之敌，同时，在国民党军防线的广阔纵深内，逐个歼灭分散孤立之敌，打通北满同南满的联系，使两大根据地联成一片。

5 月 8 日，北满民主联军一、二纵队和独立第一、二师由吉林省的扶余、大赉地区出发，向长春、四平两侧展开远距离奔袭作战。

其中，第二纵队沿长春西侧南进，一路如摧枯拉朽，首战伏龙泉，二战三盛玉，三战双城堡，守敌大多不堪一击。正当二纵司令员刘震感觉不过瘾时，获悉怀德有新一军布防。于是向林彪发报，建议以二纵主力远距离奔袭怀德，敲孙立人一下。

林彪正为进攻开始后的沉寂而不安，二纵要求打怀德的建议当即获得批准。

怀德，位于长沈铁路西侧，是长春、四平铁路的西侧屏障，有公路通往长春、长岭、公主岭。在此处动手，无疑是在杜聿明的内院撞了一个窟窿。

5 月 14 日拂晓前，二纵第四和第六师长途奔袭 120 里，将怀德城围了个水泄不通。天刚亮，四师的侦察捕俘分队便渗入城内，搞清了守敌的情况。原来，驻守城内的是新一军三十九师第九十团，另有保安十七团和骑兵第二师的部分部队，总兵力约 5000 人。

新一军是国民党王牌主力之一，为蒋介石嫡系中之嫡系。该军全部美式装备，军官一律为黄埔生，以能征善打著称。

15 日，林彪、罗荣桓来电：“抓到新一军很好，目前敌人四处挨打，不可能有大兵北调，你们放开手脚打。”还特别强调“攻击怀德，一定要做好准备，这是夏季攻势的第一仗，首战一定要打好”。

刘震和吴信泉副司令员亲率第四和第六师指挥员勘察了地形，研究了作战部署。

怀德城地势较高，四周平坦开阔，其地形易守难攻。国民党守军沿城四周构筑了大量的防御工事，加大了攻城的难度。只有城西南角有道天然沟，从城下一直延伸到二纵阵地前沿。于是，刘震便将此处选为主要突击方向。

16 日晨，二纵各路人马按部署进入阵地：第四和第六师，进入怀德城西南攻击出发阵地，准备担负攻城任务；第五师进至怀德城西南二十里铺一线，准备阻击四平方向的援军。

下午，攻城部队还未动作，二十里铺方向却响起了激烈的枪炮声。

二纵五师报告：敌七十一军八十八师先头部队为解怀德之围，已闯至大黑林子以北，与阻击部队展开了激战……

敌军驰援，本在意料之中，但此时对怀德总攻尚未发起，援军已进至二十里铺一线，距城不过 20 里，是否按原计划行动呢？万一攻城不克，敌援军又挡不住，岂不是陷入被动？指挥所里，各种顾虑和担忧都不约而同地出现在二纵指挥员的脑子里……

“舍不得孩子套不住狼！”

刘震一拳打在桌子上，果断地下达命令：

“按时发起总攻！”

傍晚，夕阳西下，天边一抹血红，宁静的怀德，仿佛睡过去一般。

霎时，大地猛然一震，二纵攻城的炮火打响了。45 分钟的炮火轰击，在四师突击方向的城墙上打开了两个突破口。如此猛烈的炮击令新一军九十团的官兵们始料未及，顿时斗志全无。

炮击一停止，二纵攻城一梯队便进入突破口，突入城内。随后，二梯队投入交战。趁着夜黑，东北民主联军的战士们以分队、小组实施攻击，展开巷战。相比之下，新一军的美械装备发挥不了什么优势，17 日，怀德攻坚战结束。东北民主联军第二纵队全歼守军 5000 人，击毙新一军九十团团长以下 1500 余人，俘虏 3500 人。

东北民主联军以长途奔袭怀德为标志，夏季攻势在各条战线上展开。

在南满，刚刚结束了四保临江作战的第三、四纵队，征尘未洗，又投入了战略进攻。5月中旬，其主力首先对沈阳至吉林铁路中段的北山城子和草市发起攻击，歼灭了再次新组建的国民党军一八四师和暂二十师一部，并击退了新编二十二师的增援部队。

随后，第三纵队沿四平至梅河口铁路向西攻击，连克东丰、西安、西丰，与北满主力部队会师；接着，第四纵队主力经五天四夜激战，夺占了东北国民党军五大战略据点之一的梅河口，歼敌一八四师7000余人；辽南独立师攻克大石桥，而四纵一部则解放通化、安东、本溪。

至此，南满民主联军控制了沈阳至吉林铁路中段及其两侧的广大地区，打通了两大根据地之间的联系，与北满部队胜利会师于四平以南。

位于东满的第六纵队亦不示弱。5月13日，六纵率主力及独立第三、四师向吉林、长春以南、四平以东之国民党守军进攻，横扫拉法至吉林铁路沿线，攻克尤家屯、天岗等镇，又远距离奔袭海龙、桦甸，将国民党暂编二师追歼，乘胜打通了东满与南满根据地的联系。

哈尔滨以南40里处的双城“东总”作战室中，各路劲旅反攻得手的消息不断传来……

西满战线，部队激战数日，攻克玻璃山、双山。

热河战场，部队攻占围场，围攻隆化，包围承德。

经过20多天的作战，民主联军消灭了大量分散守备于小城镇和孤立据点之内的敌军，解放了广大地区。国民党军被迫龟缩于少数大中城市内，转入重点守备，力求巩固中长路和北宁路沿线较大的战略要点，以待援兵。

此时，四平已完全陷入孤立，“东总”决定将兵锋指向四平，夺取这一战略要地，切断长春与沈阳之敌的联系。

在四平这一兵家必争之地上，一年多来，国共两军是第三次交锋了。

1946年3月，国民党辽北省主席刘翰东率匪伪武装乘苏军撤退占据四平。3月18日，东北民主联军华中三师和七纵等部队6000余人一举攻克四平，歼敌4000人。

是为“一战四平”。

1946年4月18日至5月18日，东北民主联军集结主力于该地区，同杜聿明指挥的十万余众展开了一场血战。战斗持续了一个月，最后，寡不敌众，撤出了战斗。是为“二战四平”。

眼下，东北民主联军兵临城下，准备“三战四平”。

6月8日，奉“东总”命令，东北民主联军一纵由开源北上，担负围歼四平守敌的主攻任务。

同日，“东总”下达作战命令：

> 令一纵、七纵及六纵之十七师，并加强五个炮兵营，组成四平攻城部队，统一由一纵司令员李天佑、政治委员万毅指挥。另以四个纵队及独立师、骑兵师共17个师的兵力，于四平以南和东南地区机动，以阻击沈阳北援及长春南下之敌。

四平也是东北民主联军转入进攻以来所遇到的最大的一个有坚固防御的城市，是国民党军重点设防的战略支撑点之一。在双城民主联军总部，一纵司令员李天佑、副司令员兼参谋长李作鹏等人极力请战。林彪思考再三，点头应允。

6月9日，在四平外围的一纵指挥所里，李天佑向部属宣布纵队党委决定：“谁先突破主要阵地，谁先占领敌军指挥所，授予‘四平部队’光荣称号；谁作战协同好、纪律严明，授‘模范连队’称号。”

一纵、七纵开始积极部署兵力、确定攻城方案；各阻援部队也分别向沈阳和长春方向开进，并占领了阻援阵地。攻打四平，万事俱备。

然而，东北民主联军却有一事未妥，即从时间上看，错过了攻打四平的有利时机。

其实，当二纵打下怀德后，东北民主联军乘胜进击，那么，四平可垂手而得。因为，二纵围歼怀德时，守备四平的国民党七十一军倾巢出动，企图解救怀德，于怀德附近的黑树林子遭到民主联军阻击，该军的参谋长冯宗毅和八十八师师长韩增栋被击毙。此时，四平城内兵力空虚，仅有少数保安部队守卫。如果民主联军大胆追击，长驱直入，那么，取四平犹如囊中取物。

在怀德失守的一个月后，杜聿明加强了四平的守备兵力。

这时，守备四平的兵力，除了原七十一军的两个师外，又增加了十三军的五十四师和五十三军的榴弹炮营，加上宪兵、警察、保安大队等地方部队，其总兵力达 3.4 万余人。由国民党七十一军军长陈明仁统一指挥。

陈明仁，在国民党军将领中，可算是出类拔萃的人才之一。他与杜聿明同为黄埔一期毕业生。由于作战勇敢，深得蒋介石赏识。在抗日战争中，为配合盟军在缅北作战，陈明仁率部反攻滇西，名震中外，被当时的舆论视为“杰出的中国名将”。1949 年夏，身为国民党军第一兵团司令官的陈明仁在长沙通电起义，加入中国人民解放军行列，并与此次攻打四平的东北民主联军总指挥李天佑，同被授予中国人民解放军上将军衔。当然，这是后话。

此刻，凭借着 3 万多兵力和坚固的防御工事，陈明仁作了死守四平的部署。他将部队全部配置在从城郊到市区的防御工事之内，分区固守，不准超越各自的守备区一步，并将各工事内守军官兵的名字一律贴在墙上，明令规定：凡后退者格杀勿论。

6 月 14 日 20 时，在重重雨幕中，三颗红色信号弹拔地而起，于苍茫暮色中拉出三条耀眼的弧线，宣告了东北民主联军总攻四平战斗的开始。

霎时，火炮齐鸣，枪声大作。按照事先确定的作战计划，由一纵的一师、二师在四平西南担任主攻，六纵十七师为预备队；七纵担任从四平西北角方向助攻任务；而一纵三师则担负东郊的佯攻作战。主攻部队首先从四平市区西部突破，以敌七十一军指挥部为攻击目标，首先歼灭城西之敌，然后再向东部发展。

战斗打响后，率先突入四平的，是一纵二师四团一营。总攻发起后，二师在师长贺东生、政委刘兴元的指挥下，一举突破敌城郊防御。紧接着，四团二营亦进入突破口。

15 日凌晨 2 时 30 分，一纵一师在师长梁兴初、政委梁必业的指挥下，也自海丰屯方向突破敌人防线，与二师一道突入市区，同国民党守军展开了激烈的巷战。

由于其他方向尚未突破，陈明仁集中了一切可能集中的步兵、炮兵，加之空军的配合，向一纵第一、二师展开了猛烈的反击，企图乘一纵突入部队立足未稳，将其撵出城去。

战斗呈白热化，仅二师五团三连一昼夜即打退国民党军15次反击，枪管打红了，刺刀拼弯了，死伤的人员遍布大街小巷，然而，双方都没有一点罢休的意思。

东北的夏季，白天特别长，从早晨4时到晚上8时，皆有很好的能见度。那些涂着“青天白日”徽记的国民党军飞机，盘旋穿梭，俯冲轰炸。而且，国民党军的空地联络搞得挺及时，一纵部队每扩大一块阵地，空中的飞机便扩大一片轰炸目标。

借着空军的威力，七十一军部队的反攻一波接一波，双方在大街小巷展开巷战。

面对着国民党军队的疯狂反扑，一纵二师四团大胆插入敌人纵深，在数天水米不沾的艰难条件下，顶住了敌人的反扑，持续向纵深发展。

6月17日，七纵亦从四平西北角突入城内，开辟了第二条战线。

6月19日，林彪电示李天佑，要求“乘胜坚决扩张战果，不惜重大伤亡和疲劳”，准备以伤亡1万人的代价，坚决拿下四平。

20日晚，民主联军攻城部队在付出沉重代价之后，包围了位于西区的敌人七十一军军部核心工事。在震天动地的连续爆炸声中，七十一军军指挥部核心工事的三座大楼土崩瓦解，守军与楼俱毁。攻城部队全歼敌七十一军特务团及军属机关，活捉了从废墟中爬出来的特务团团长陈明仁之弟陈明信。陈明仁算是幸运，在亲弟弟的掩护下先撤一步，逃往路东地区负隅顽抗。

21日，东北民主联军从西南、西北两个方向向路东国民党守军发起进攻。

四平告急，蒋介石亲派蒋经国坐专机前往沈阳，并向四平困守孤城的陈明仁空投了蒋介石的手谕：“四平一仗，关系到党国命运。这正是汝等效忠党国的好时机……”

在四平东区临时指挥所里的陈明仁，知道自己是注定要与四平共存亡了。

他责令下属拼命死守。当部下和国民党伪辽北省长提出突围建议时，陈明仁拔出手枪往桌上一拍，脸色铁青地警告：“如有再敢言突围者，以扰乱军心论处，格杀勿论！”

在陈明仁的威迫之下，退缩于四平城东的国民党守军残部，作困兽之斗，战斗惨烈异常。

由于国民党守军全部龟缩于东区，阵地缩小，兵力集中，进攻更为困难。此时，攻城的东北民主联军才察明，防守四平的敌军，并不是原来估计的1万余人，而是3.4

万余人，且有空中支援，弹药充足。东北民主联军攻城部队伤亡很大，一纵的第一、二师已撤出战斗，由六纵部队接替。

6月下旬，正当四平攻坚战进入最艰苦阶段时，杜聿明调动了十个师的援军，由沈阳和长春两个方向向四平急进。其中,威胁最大的沈阳方向的八个师,兵分三路，于6月24日进至昌图、马堡附近。东北民主联军总部遂决定撤出战斗。

三战四平，东北民主联军与国民党守军血战十余天，终于功亏一篑，饮恨北去。

四平作战失利后，林彪与罗荣桓为此承担了主要领导责任。7月2日，在两人会签的关于《夏季攻势的基本教训》的电报中，分析了没有打好仗的主要原因，主要是：没有完全弄清敌情，指挥上存在轻敌急躁情绪，攻城兵力没有高度集中使用等。

除情况不清、轻敌和兵力不够集中之外，丧失了最为有利的作战时机也是一个重要原因。

四平攻坚战，是东北民主联军发展史上第一次大规模的城市攻坚战。这次作战，虽然没有达到预期的目的，但捣毁了国民党数以百计的集团工事，占领了市区的五分之四，以伤亡1.3万人的代价，歼灭国民党军1.7万人，给杜聿明的重点防御以沉重打击，动摇了东北国民党军固守大城市的信心。

东北民主联军发动的夏季攻势，历时50天，横扫中长铁路沈阳至长春段两侧，攻克城镇40余座，歼灭国民党军8万人，使东北的战局发生了根本性的转折。

此时，国民党在东北所控制的区域已经缩小到不足10万平方公里，而且，维系统治区的两条大动脉严重梗阻：联接沈阳、四平、长春三大据点的中长铁路线已基本被切断；联接东北与华北的北宁线也时通时断，毫无保障。

7月8日，东北保安司令长官杜聿明因病卸任。东北的战局岌岌可危，关内的形势也使国民党当局寝食不安。

7月初，共产党晋冀鲁豫军区司令员刘伯承和政委邓小平率领的中原野战军南渡黄河，挺进大别山，在蒋家王朝的心脏地区插上了一把利剑，揭开了战略进攻的序幕。

稍后，共产党晋冀鲁豫军区的太岳兵团和华东野战军又一左一右，分别挺进豫西和豫皖苏，与刘邓大军相呼应。

蒋介石为了平息军队高级将领对参谋总长陈诚指挥无方的怨气，8 月初，借东北指挥官空缺的机会，将陈诚派往东北。

在国民党军数以百计的高级将领中，像陈诚这样战绩不佳却官运亨通的人物并不多见。

陈诚，出身于浙江青田县的一个农民家庭，20 岁当兵，30 岁被提升为国民革命军第二十一师师长，34 岁升为军长。1945 年以后，又出任参谋总长、东北行辕主任、台湾省政府主席，最后“荣任”台湾伪政府“副总统”。

8 月上旬，陈诚飞抵沈阳，正式就任东北行辕主任。为了整肃军纪，加强对部队的控制，陈诚撤销了东北保安司令长官部，由东北行辕直接控制部队，将东北国民党军编组为第一、第六、第八、第九四个兵团；并将原有的 11 个保安支队和交通警察总队等游杂武装扩编为四个军，使国民党军在东北的总兵力扩张至 14 个军 50 万人之多。

陈诚还以整编的名义，撤换了原东北各保安支队的司令，将自己的亲信全部安插在重要位置。

七十一军军长陈明仁，因死守四平有功，被授予青天白日勋章。陈诚上任后，以放纵部下贪污为理由，撤了陈明仁七十一军军长职务。陈明仁胸前挂勋章，手中拿撤职令，一时成了国民党军中广为流传的笑话。

此外，遭到罢官厄运的还有国民党辽宁省主席徐箴，第五十二军军长梁恺等……

陈诚的刚愎自用、任人唯亲，加速了国民党内部离心离德倾向。其后，在 1948 年 3 月间于南京召开的“国代”会上,东北“代表”对陈诚的积怨爆发,临时动议“追究陈诚作战失败责任案”主张“杀陈诚以谢国人！”

8 月底，陈诚才把精力转到对付东北民主联军上来。为挽回东北的败局，陈诚提出在六个月内“恢复东北优势”“恢复满洲一切失地”的口号。精心策划出一个“确保北宁，打通锦承，维护中长，保护海口”的战略计划，并采取“倚托重点，向外扩张”的机动防御方针。企图在东北战场上争取局部主动，以待关内更多的援军到达之后相机发动攻势。然而，陈诚的这个“倚托重点，向外扩张”的机动防御计划，比杜聿明输得更快、更惨。

9月中旬，陈诚的“向外扩张”计划还未来得及登台，东北民主联军的大规模秋季作战便展开了。

针对陈诚“倚托重点”的兵力部署，东北民主联军首先向国民党军队的南线，即北宁铁路锦州至山海关段及新民、阜新、义县、鞍山等地发起进攻，攻歼该地区之分散守敌，调动中长铁路北段之敌南下，造成北线主力进攻和歼敌的有利机会。

这是一次实力大较量。

秋季攻势开始前的一个月，东北民主联军在刘亚楼参谋长的组织下，又扩建四个纵队并组建了炮兵司令部。其中：

以原西满独立师为基础，组成东北民主联军第七纵队，邓华任司令员，陶铸任政治委员；

以原冀热辽独立第十三、十六、十八旅组成第八纵队，黄永胜任司令员，刘道生任政治委员；

以原冀东部队为基础，组成第九纵队，詹才芳任司令员，李中权任政治委员；

以原独立第一、三师及东满独立师，组成第十纵队，梁兴初任司令员，周赤萍任政治委员；

以原炮兵旅为基础，组建了炮兵司令部，朱瑞任司令员，邱创成任政治委员；还组建了民主联军后勤司令部，黄克诚任司令员兼政治委员。

这样，加上原来的第一、二、三、四、六纵队，东北民主联军的机动作战兵力已达9个纵队27个师，再加上10个独立师与其他地方武装，其总兵力51万余人，与在东北的国民党军队在人数上旗鼓相当。

9月14日，刚刚成立的第八纵队于长途奔袭中，在辽西的梨树沟门附近与国民党军暂编五十师遭遇，乘敌立足未稳，八纵迅速将其合围，经一天激战，将该敌大部歼灭。

次日，得知暂编五十师被歼，后续的国民党军暂编二十二师撒腿便跑。八纵第二十三师穷追不舍，于黄昏将其围困在杨家杖子。16日，八纵主力赶来参战，将暂偏二十二师大部就地解决。

19日，国民党四十九军主力进至杨家杖子。八纵根据侦察，一开始以为是两个团，纵队司令黄永胜毫不犹豫地下达了命令。然而，部队一打，发现情况不对。抓了个俘虏一问，才知道对手是四十九军的两个主力师。

此时，位于杨家杖子西北十余里的八纵指挥所里，人们开始有所顾虑。一口吞下美械装备的两个主力师，这对于长期从事游击战的八纵部队来说，是有困难的。

情况紧急，副政委邱会作、参谋长黄鹄显，以及作战科长、参谋等一干人，将目光落在了纵队司令黄永胜的脸上。

黄永胜不紧不慢地说：

“滚烫的年糕已经进口了，是烫也得吞，不烫也得吞。干吧！”

就这样，八纵在迅速赶来支援的九纵协助下，硬是吞下了四十九军两个主力师这块“烫年糕”。

秋季攻势南线告捷，八纵、九纵两战杨家杖子，消灭了国民党军的四个师。八纵，经过这两次作战，兵员和武器都得到大量补充，由 2.5 万人增加到 4 万人。

战报传到双城，林彪听完机要秘书所读八纵战果后，点点头，说：

“这个八纵，还真有点主力的样子！”

民主联军在南线作战的胜利和破袭北宁路的行动，造成辽西地区和北宁铁路沿线的空前紧张形势，令陈诚坐卧不安。陈诚慌忙将其机动部队——号称国民党军“五大金刚”之一的新六军主力——由铁岭增援锦州，从而造成了沈阳、四平间兵力不足、守备薄弱的局面。

趁此机会，东北民主联军沿北宁线发起进攻，将秋季攻势推向第二阶段。

东北民主联军第一、三纵队由西安、东丰地区出动，第四纵队从清原出动，奔袭昌图、开原之国民党第五十三军；第二纵队则从双山出发，奔袭梨树、三江口等地之国民党七十一军；第十纵队由蛟河地区北上，扫荡江蜜峰、大南屯之敌。

共产党军队在东北的巨大攻势，搞得国民党东北行辕主任陈诚手足无措，老蒋决定御驾亲征。

10 月 8 日，蒋介石带着协助指挥作战的幕僚，乘飞机抵达沈阳，同陈诚研究对策。经过一番策划，陈诚按照老蒋钦定的御案，重新调整了部署。

按照蒋介石的方案，陈诚采取了“巩固沈阳及其关内交通联系，加强沈北各据点的守备力量，以求确保”的作战方针，将新一军主力再次调回长春，令新六军主力重返铁岭，以巩固北部防线。

10月16日，北线的东北民主联军第二、第十纵队，乘沈阳国民党军无力北顾之机，一举攻克桦皮厂、九站、口前、乌拉街、九台，直逼吉林城下。

奔袭口前镇的是民主联军第六纵队。战前，纵队司令洪学智规定：此次奔袭作战，战术指导原则是：“一把抓住，按倒就打”。因为，当时驻守长春、吉林外围的国民党部队，在民主联军打击下，已成惊弓之鸟，一有风吹草动，便往附近的中心城市龟缩。所以，必须要一把抓住。

17日晨，六纵先头部队经一夜急行，突然出现在口前车站时，两名站岗的哨兵稀里糊涂便当了俘虏。

经审问，驻防口前的为国民党六十军的三个营共1700余人，没有统一指挥。更为重要的是，六十军系云南部队，在国民党军中被当作二等部队，政治上受歧视，军饷常常得不到保证，因此，绝大部分官兵不愿为蒋介石卖命。一年前，该军的一八〇师于辽宁营口起义，师长潘朔端被任命为民主联军副参谋长，此举对六十军官兵震动很大。

六纵先头部队摸清情况后，便大胆插入镇内。

此时，天还未完全放亮，刚起床的六十军官兵正在出操。等到一八二师五十五团一营营长发觉在铁路上川流而过的大队人马是共军时，方如大梦初醒，猛喊一声：“不好，有共军！”

他这一喊，整个镇内顿时炸了窝。六纵部队向夺路而逃的敌兵打了一梭子弹后，这千把人便不约而同地举起了手。

口前、九台、桦皮厂、乌拉街等城镇的解放，使吉林外围得到扫清，六十军防守的吉林市成为孤城一座。

11月5日，秋季攻势结束。

林彪与陈诚的这次较量，历时50天，大获全胜，消灭国民党军7万，攻克城市17座，解放了3.8万平方公里的地区，牢牢地掌握了整个战争的主动权，造成了东北国民党军空前严重的困境和更加被动的局面。

东北民主联军秋季作战的尘埃甫定，冬季攻势的狂飙又接踵而来。

1947年11月9日，即秋季攻势结束后的第四天，东北民主联军总部发出的《冬季攻势号令》和《冬季攻势作战指示》便下达了。“东总”精心选择的作战方向是：

> 争取将沈阳到锦州线上及两旁的一切城市的敌人歼灭和消灭援军，并准备歼灭辽阳、鞍山、抚顺、铁岭、营口等地的敌人和攻占锦州。

一位著名的军事家曾经说过，天气，是朋友，有时也是敌人。

当1946年冬季民主联军南满部队四保临江作战时，奇冷的天气，的确成为国民党军队的帮凶。零下30度至40度的低温，冻得人走不动路，枪拉不开栓。在三下江南、四保临江的作战中，民主联军因冻致伤的人数不低于作战负伤的人数。而一年后的今天，冬季却帮了民主联军的忙。

12月15日，东北民主联军主力分数路分别向锦州、新民、昌图、辽阳等方向开进，拉开了冬季攻势的帷幕。

陈诚为了挽救危局，极力网罗土匪、地方反动武装，抓丁捕兵，并将残存的主力部队拆散作为骨干，拼凑组成新的正规军。

到东北民主联军发起冬季攻势之前，陈诚的扩军方案已经大见成效。新组建了新编第三、第五、第七等三个军另三个师，加上原有之部队，总兵力有58万人之多。秋季攻势前，陈诚手中总兵力为50万。在秋季作战中，被歼7万人。然而，在短短的时间内，他不仅能补上被歼数额，还能使总兵力膨胀至58万，足见其扩军能力不凡。

陈诚采取更加集中兵力的部署，实行“固点”“联线”“扩面”的防御方针。企图固守沈阳、长春、四平、本溪、锦州等大中城市，保障关外与关内陆上通道“辽西走廊”的安全。

12月下旬，东北民主联军把攻击目标指向彰武。

彰武，位于沈阳西北方向新立屯与通辽铁路线之间，是拱卫沈阳外围的一个重要据点，由国民党四十九军的七十九师防守。该师全为美械装备，参加过印缅作战，战斗力较强。

12月22日，民主联军第六、第七纵队在刘震、邓华两位司令员的率领下，以突然的动作包围了彰武，并展开攻坚准备。

这是冬季作战以来，民主联军首次遇到的坚固城池。彰武守军凭借城墙构筑了多重障碍，城墙上碉堡林立，城墙外则是由鹿砦、铁丝网、护城沟组成的三道防御体系。城内，各重要路口和高大建筑都构筑了防御工事，组成了一个个绵密的火力杀伤区。

从23日到27日，东北民主联军付出了较大的代价扫清了外围据点，逼近城垣。

28日7时30分，总攻彰武的战斗打响。攻城的战斗，得到了民主联军直属炮兵的火力支援。总攻发起的瞬间，60余门野炮、榴弹炮一起开火，成千发炮弹向彰武城东南角飞去。

这是东北民主联军炮兵司令部成立以来，首次组织的大规模步兵、炮兵协同作战。15分钟的炮火射击，突破口附近的城墙和障碍物悉数被摧毁。

随着炮火的延伸，二纵五师突击队冲进城内，后续部队也像潮水般涌入。仅用了五个多小时，二纵和七纵便拿下了敌重兵防守的彰武县城，歼敌9000余人。

民主联军乘胜扩大战果，第一、八、九纵队主力南下，向北宁线推进。12月30日，八纵主力袭占黑山县城；与此同时，自彰武南下的九纵，于12月31日进占大虎山地区，并乘胜收复台安。

东北民主联军的这一部署，迷惑了陈诚。

陈诚看到民主联军主力分散行动，又"获悉"二纵、七纵在彰武原地未动，便以为民主联军在彰武之战中伤了元气，难以再战。遂于1948年1月1日从沈阳、新民、铁岭地区调集10多个师，在近100公里宽的正面上，沿辽河两岸分左、中、右三路向沈阳西北推进，企图寻歼在该地区的第三、六、十纵队，解除对沈阳附近诸据点的威胁。

陈诚的"进剿"部队开拔之日，恰逢1948年元旦。这位国民党在东北的最高官员称："目前'国军'已完成作战准备，危险期已过。"

敌军的大规模出动，为东北民主联军运动歼敌创造了有利条件。1月3日，"东总"决定，首先歼灭三路中兵力薄弱的左路之敌——新五军，并命令：六纵以运动防御、节节抗击，将敌诱至有利战区；二纵、七纵分别向公主屯两侧前进；三纵则迂回到公主屯以南，断敌退路。

1月5日晨，民主联军第二、三、六、七四个纵队12个师，于公主屯地区将新五军团团围住。

6 日凌晨，东北民主联军对新五军展开猛烈攻击。经一天战斗，二纵、七纵将敌一九五师大部歼灭，三纵、六纵正与被围的新五军军部和一九五师残部激战，六纵则将敌四十三师消灭。

新五军军长陈林达，从 1946 年以来，便多次积极进攻民主联军部队，眼下却成了瓮中之鳖，“活捉陈林达”的口号声震天动地……

陈林达困兽犹斗，竟然命令将部下的尸体、甚至将没有断气的重伤员都作为“修筑”工事的“材料”，抬到阵地前沿，筑起一道“人肉墙”来抵挡。

7 日，防线终于被突破。陈林达换上下级军官的服装，从死人脚下扒下一双破皮鞋，混在俘虏群中。不到一天，这位伪装的“书记官”便现了形。

随陈林达一同被俘的，有一九五师少将师长谢代蒸，四十三师少将师长留光天。

当得知新五军被围后，陈诚已经乱了方寸。虽然最终采纳了副参谋长赵家骧退守辽河的方案，可已经错过了撤退时机，导致新五军被歼。

陈诚星夜电告蒋介石，并将失败原因归罪于部下将领不服从命令，要求惩办第九兵团司令官廖耀湘和新六军军长李涛。

1 月 10 日，蒋介石亲自飞往沈阳。

当日，在沈阳召开的师长以上军官会议上，蒋介石追究作战失败原因，痛骂廖耀湘、李涛不服从命令。廖耀湘、李涛不服，挺身出来为自己辩护，一口咬死自己并未接到援救新五军的命令。

会前，蒋、陈二人曾密谋：借惩办廖、李，整肃军纪。没曾想到，在会上二人当面与老蒋争辩。陈诚在无可奈何中站起说：“新编第五军的被歼，完全是我自己指挥无方，不怪各位将领，请‘总裁’按党纪国法惩办我，以肃军纪。”

蒋介石离席后，陈诚为了表示自己对党国的忠贞，将随身佩带的手枪拔出，放在桌上，正色对各位将领说：“我陈诚决心保卫沈阳，如果共军打到沈阳，我将与沈阳共存亡，最后以手枪自杀！”

然而不久之后，1948 年 1 月 22 日，蒋介石派卫立煌到东北，出任东北行辕副主任兼东北“剿总”总司令，全权指挥东北军事，陈诚虽然仍顶着东北行辕主任的名，但以治病为由，溜回了南京，称病不出。

1月末，东北民主联军在完成对北宁路两侧之国民党军的歼击任务后，挥师南下，转入冬季攻势的第二阶段，向敌人防守薄弱的辽南进击。

1月31日，东北民主联军第四、第六纵队完成了对辽阳之敌的包围，并于2月4日扫清了外围据点。6日，四纵、六纵发起总攻，激战八个小时，将国民党军暂编五十四师及一个运输团等1万余人歼灭，解放了辽南重镇辽阳。

在四、六纵进攻辽阳期间，新上任的东北“剿总”司令卫立煌在沈阳地区虽握有20万重兵，但因有新五军的前车之鉴，惧怕出援遭歼，故踌躇徘徊，未敢轻动。于是，民主联军乘势扩大战果，2月20日攻克鞍山、营口等城。

面临着东北民主联军的凌厉攻势，卫立煌不得不进一步收缩兵力，固守长春、四平、沈阳、锦州等要点城市，坐等关内援兵。

针对国民党军最高统帅部的这一游移不定的战略部署，东北民主联军根据中央军委的指示，决心利用冰雪尚未解冻，便于机动作战的有利时机，轻装北上，夺取战略要地四平，彻底切断长春与沈阳两大据点国民党军队之间的联系，进一步孤立长春、吉林，为全部歼灭东北敌军创造条件。

为实现这一作战目的，“东总”进行了周密的作战部署。决定以第一、三、七纵和独立第二师及炮兵司令部的八个主力炮兵营，由第一纵队司令员李天佑统一指挥，攻打四平。

是为东北民主联军“四战四平”。

3月12日晨，东北民主联军总攻四平开始。200余门大炮的轰鸣声，打破了黎明的沉寂。

8时整，随着炮火的前推，各纵队分别从数个方向发起攻击，迅速突破了敌人的防御，插入纵深……

11时30分，第七纵队和第一纵队南北对进、实施向心突击，胜利会师于中山大街，而后又攻克了天桥和车站。14时，铁道以西的守敌已告肃清。随即，一纵、七纵挥戈东向，转入围歼铁路以东守敌的战斗。

与此同时，突入铁道以东的三纵与一纵一师实施猛烈穿插，各有进展。三纵歼灭了女子中学、天主教堂、玉皇庙等处之敌；一纵一师攻克了炼油厂、发电所等重要据点。13日拂晓，第一、七纵队主力对残敌发起最后攻击，全歼四平国民党守军。

四战四平，东北民主联军集中了绝对优势的兵力和强大的炮火，慎重筹划、紧密协同，仅用了 23 个小时便攻克了这个国民党军苦心经营的战略据点，全歼守敌 1.9 万余人。

攻打四平期间，东北民主联军总部组织了强大的阻援部队，部署在四平与长春、沈阳之间，使卫立煌坐视四平易手而始终未敢出援。

四平攻坚之前，驻守吉林的国民党六十军深恐遭到围歼，于 3 月 9 日放弃吉林，一路狂奔撤往长春。东北民主联军兵不血刃，解放吉林。

历时三个月的冬季作战，东北民主联军克服了冰雪严寒的困难，连续作战，共歼灭国民党军 15.6 万人，攻克城市 17 座，解放了 10.9 万平方公里的土地，切断了北宁、中长铁路，将国民党军压缩在长春、沈阳、锦州三个孤立地区内，圆满地完成了预定的作战任务。

1948 年 1 月 1 日，根据中共中央军委的指示，东北民主联军改称东北人民解放军，分为东北军区和东北野战军。原东北民主联军各总部，改称东北军区兼东北野战军司令部、政治部、后勤部。

东北军区，下属原东满、西满、南满和北满各军区及所辖部队；东北野战军，则是由原民主联军九个步兵纵队、一个炮兵司令部和十余个独立师组成的机动作战部队。

新改称的东北军区兼东北野战军，由林彪任司令员兼政治委员，罗荣桓任第一副政治委员，高岗、吕正操、周保中、萧劲光任副司令员，陈云、李富春任副政治委员，刘亚楼、伍修权任参谋长，谭政任政治部主任。

这绝不仅仅是一个部队称谓的改变，它标志着这支战略武装力量，经历了两年多的浴血奋战，踏上了光明与胜利的坦途。

然而，在即将展开的与东北国民党军事集团作最后决战之前，这支力量还面临着许多问题。为此，东北野战军的主要领导人，在冬季作战结束后，将主要精力放在了部队的巩固与建设上。

1948 年 3 月下旬，东北野战军总部在哈尔滨召开了一系列会议：师以上干部会议、野战军参谋工作会议、野战军后勤工作会议和先期召开的野战军政治工作会议等，对野战军的巩固、发展及任务作了部署与研究。

4月11日，在东北野战军军事工作会议上，林彪正式提出了部队建设的“大兵团、正规化、攻坚战”方针。指出：

> 我们所处的形势已经转变了，从被动转到主动，从防御转到进攻，从分散转到打成一片。我们的任务从前是怎样把根据地搞起来站住脚，现在则是怎样解放全东北。这种客观形势和任务的变化，就应引起我们各方面的变化。……军队的转变，由分散的作战到集中的作战，由不正规作战转到正规作战，并且由运动战转到攻坚战。大兵团、正规化、攻坚战将成为今后的斗争形式。

会议上，罗荣桓作了关于军队正规化建设的专题报告。

罗荣桓与林彪，从红军时代的一军团到抗战时期的八路军第一一五师，一直是搭档，彼此在各方面都比较了解与信任。他们各有自己的风格、特点与魅力，但又相辅相成，相得益彰。

林彪专务作战。其余事情一概不管。在双城，倒坐木椅，双肘伏在椅背上，面对满壁的军用地图，一坐半天，是他每日的功课。林彪在作战上算度很精，而对别的事，却很少过问，甚至身边的警卫擦枪走了火，子弹射向屋顶，这位总司令仍是一副无动于衷的样子。

罗荣桓深知林彪的这一特点，并称之为“林总的重点主义”给予充分的谅解，主动承担了政治工作，训练、动员、后勤等领导工作。特别是当彭真离开东北局后，罗荣桓还担当起了党的领导工作。在东北人民自治军、东北民主联军和东北野战军成长壮大，逐步走向正规化的路途中，罗荣桓付出了极大心血。

在罗荣桓的领导和组织下，东北民主联军政治部发出了关于在部队政治教育中普遍开展诉苦运动的训令，并于1947年8月6日《东北日报》发表了《部队教育的方向》的社论，进一步阐明了这一工作的重大意义：

> 诉苦运动是部队教育工作一个具有极其重大意义的创造。这种群众性

的诉苦证明，罪恶决不是单个地或偶然地发生的。大家来自山南海北，都受到同样的痛苦，都同样受冻受饿受辱挨打，这证明普天之下都存在着两种人，一种是压迫人的人，一种是受人压迫的人。前一种人经过各种线索的追寻，都归到蒋介石那里，蒋介石就是他们的头子。后一种人经过各种事实证明，都归到共产党这里，共产党为人民办事，是被压迫的劳动人民的领袖。要报仇雪恨，只有和共产党一起，大家联合起来打倒蒋介石。

经过推广和引导，诉苦运动在东北人民解放军各部队中大规模开展起来。

同年9月28日，中共中央军委主席毛泽东亲自修改并向全军批转了这一政治工作经验，于是，一场以“诉苦三查”（诉旧社会帝国主义和国内反动派给予劳动人民之苦、查阶级、查工作、查斗志）为核心的新式整军运动，在全国各战场的解放军部队中展开。

1948年3月7日，毛泽东在《评西北大捷兼论解放军的新式整军运动》一文中指出：

人民解放军用诉苦和三查方法进行了新式整军运动，将使自己无敌于天下。

的确，在黑土地上，东北人民解放军已经敢于称“无敌”了。因为，在强大有力政治工作鼓舞之下，东北野战军不仅越战越勇，而且是愈打愈大。到1948年7月，在罗荣桓的亲自组织下，东北人民解放军先后编组了二线兵团37万人，有力地保障了野战部队的兵员。

为了适应大兵团、正规化、攻坚战的需要，林彪亲自主持了东北野战军的师以上干部军事会议，深入总结两年多来的作战经验，系统地提出若干军事原则。他认为：“胜利不仅是靠一时的指挥，而且靠事前事后的准备和建设。”运用战例，“特别注意用经验来教育的办法，战后检讨、战前讨论、想办法、好的坏的战例都要让大家知道。从经验中学习，是我们学习的根本方向”。

这些战争实践，经过林彪、罗荣桓等指挥员的理论思维而形成的军事原则是什么呢？林彪、罗荣桓及其他将领们在以往的作战中也多次强调过，主要是：

“一点两面”的作战原则。这是在阻止国民党军长驱直入的过程中，林彪总结了“沙岭战斗”“秀水河子战斗”正反两个战例的经验教训之后首先提出的。这点前面已有叙述。

“三种情况三种打法”，这是根据不同敌人的不同情况采取不同战法的原则。一种是敌人守，一种是敌人要退不退，一种是敌退，这是三种基本不同的情况。如果敌人守，就应经过正式的准备，完成一切准备工作后再攻击；如果敌人要退不退，而我方准备好了再打敌人则会跑掉，不准备就打又没有把握时，则应该将敌人围起来，等待我方准备好了再打；如果遇到敌人撤退，则要猛追，不要等待命令、不要怕部队少，也不要怕情况不清，追上了便是胜利。

“三种情况三种打法”的原则，纠正了不少指挥员“打莽撞仗”的陋习，使情况的判断、处理和指挥决策更具科学性。

“四组一队”的原则。

随着战略进攻的展开，大规模的攻坚战频繁发生，于是，针对攻坚、“啃骨头”的作战原则便在战斗中应运而生。

所谓四组，即火力组、突击组、爆破组、支援组。组织四组一队，其核心是强调攻坚作战的分工合作，是对战斗的科学组织。

此外，还有诸如“三三制”“四快一慢”“三猛战术”等，这些产生于黑土地而又用之于黑土地的军事作战原则，使共产党的武装由小到大，由弱变强，由“土八路”转变为正规兵团，越打越精，越战越强。

为实现大兵团、正规化建设的需要，必须加强指挥机关的建设和改进，东北野战军分别召开了参谋工作会议、政治工作会议、后勤工作会议，提高领导机关的科学工作效率。

从春末到夏末，东北野战军展开了声势浩大的练兵运动。

针对下一步攻势作战的目标，东北野战军指挥机关提出“练好兵，打长春”的口号。长春，是国民党军在东北的战略据点之一，敌人在此设置重兵，以牵制东北野战军的作战力量。因此，东北野战军决心拔掉这颗钉子。

这是一次空前规模的攻坚战战前练兵。阵地和工事，都是按长春布防情况设置的，部队按“四组一队”编配。白天，练射击、刺杀、投弹、冲锋、翻院墙、爬城；晚上，练夜行军和村落、街道攻防战斗。

村头地尾，到处都挖掩体、交通壕，人人练捆炸药包、安雷管，接导火索。破土地庙、烂房子、坡与坎都成了“地堡”，爆炸的响声此起彼伏。怎样穿墙打洞、土墙怎么炸、石墙怎样掏，反复研究、演练。

一些刚刚从地方部队升级上来的部队，得从头练起；一些打过硬仗却战绩不佳的部队，则重新补课，加紧练习。

林彪说:“平时多流汗，战时少流血。”

罗荣桓说:“加强训练就是战斗力！”

在大练兵的高潮中，东北野战军又组建了第五、第十一和第十二三个步兵纵队及炮兵纵队、铁道纵队。

炮兵，是现代大兵团作战的主要火力骨干和歼敌手段。1947 年夏季攻势之前，东北民主联军的炮兵部队就已经具备了一定规模。转入战略进攻后，炮兵建设进入全面发展和提高阶段。在秋季和冬季攻势中，民主联军的炮兵边打边练，以战争为课堂，使自己迅速成长，进一步提高了火力突击的准确性和步炮协作水平。

1948 年 8 月，为了适应大兵团、正规化、攻坚作战的需要，东北野战军在炮兵司令部之下,成立了炮兵纵队。此时的东北野战军炮兵纵队,已经拥有:3 个榴弹炮团、2 个摩托化重炮团、1 个重迫击炮团、2 个摩托化高炮团 8 个团的实力，成为一支令国民党军为之胆寒的打击力量。

到举世闻名的辽沈决战之前，东北野战军已经拥有了 12 个步兵纵队、1 个炮兵纵队、1 个铁道纵队，共 70 余万人的实力，沿着大兵团、正规化的道路迈出了坚实的一步！

第五章　战锦方为大问题

蒋介石固守锦州之谜。南下北宁线之争。范汉杰惊诧："共军来者不善！"卫立煌疑惑："难道共军攻势提前了？"林彪犹豫："准备了一桌饭，来了两桌客人，这饭怎么吃？"一封电报扯出的是是非非。攻克锦州，关门打狗势成。国军精锐尽丧，廖耀湘上天无路、入地无门。宁静的黑土地。

1948年秋，在东北民主联军的一系列打击下，卫立煌集团已经是穷途末路，被围困在锦州、沈阳和长春三个互不相连的城市内。鉴于决战时机的成熟，已经由东北民主联军改编为东北人民解放军的这支雄师劲旅，兴兵南下，出击北宁线，并以攻取锦州为契机，演化出了一场决定东北命运的大决战。

1948年春季，与和煦的春风一同吹来的，是共产党武装在各个战场上频频捷报。

4月22日，西北战场首传佳音：由彭德怀、张宗逊率领的西北野战军苦战一年，给胡宗南集团以沉重打击，收复延安。

5月17日，华北徐向前、周士第兵团，攻克晋中重镇临汾。

6月11日，华东许世友、谭震林兵团解放孔子故里曲阜。

7月6日，陈（毅）粟（裕）野战军发起睢杞战役，连下睢县、杞县，活捉国民党第七兵团司令官区寿年。

7月16日，刘（伯承）邓（小平）野战军攻克襄阳，生俘国民党第十五绥靖区司令官康泽。

经过两年的浴血奋战，共产党领导的解放军已由战略防御转入战略进攻，并取得了全国战场上的主动权，战场的形势发生了根本性变化。

国民党军队由战争开始时的430万人，减少到365万人，且眼下能够用于前方作战的机动兵力只有170万；而国民党的老对手——共产党军队的数量，则由120万发展到280万人，并占据了1/4以上的国土和拥有占全国总人数1/3以上的人口，资源雄厚。

国民党的作战方针已由“全面进攻”改为“重点进攻”，又由“全面防御”“分区防御”变成以北平、西安、汉口、徐州、沈阳五大战略据点为支柱的“重点防御”。

在东北，截止到1948年3月东北野战军冬季攻势结束时，国民党军队已被歼灭了57万，蒋介石三易统帅，未能挽回颓势。

卫立煌出任东北“剿总”司令官后，经过整顿，虽然手中还拥有4个兵团、14个军、44个师，共计55万人的实力，但已被东北野战军压缩在长春、沈阳、锦州三个互不相联的地区，陷入欲退难舍、固守无力的境地。

卫立煌心中明白，手中的55万人部队，都在不同程度上遭受过东北野战军的打击，其中有些是被歼后重新组建的。

就连号称国民党军五大主力的新一军、新六军，也伤痕累累，战斗力大为下降。

龟缩在长春、沈阳、锦州三个彼此孤立的战略据点内的国民党军队，犹如三叶扁舟浮在茫茫大海之中，随时都有倾覆的危险。

与此形成鲜明对比的是林彪、罗荣桓麾下的百万雄师和占东北总面积97%的土地与86%以上的人口。

实力的天平已完全倾向共产党军队一边，一场战略决战，将要在这块广袤的土地上展开。

大战之前，一片宁静。

在国民党东北“剿总”所在地沈阳，报纸仍在散布陈词滥调：

“沉寂半年来之东北战局，最危急的时期已经过去！”

“沈阳城防固若金汤，国军决不放弃东北！”

然而，隐藏在这后面的，是蒋介石与卫立煌之间在东北战、守、撤战略问题上的深刻分歧。

1948年春夏之交，国民党在东北的战事已经陷入严重的困境。当时，摆在蒋介石及南京政府国防部面前的，有两种可选择方案：一是继续固守长春、沈阳、锦州几个大据点，坚守东北；二是放弃东北，将数十万部队撤入关内。

早在1948年3月初，驻华美军顾问团团长巴大维就向蒋介石提出过撤出东北的建议，敦促蒋介石利用东北人民解放军冬季攻势后期，沈阳、锦州间兵力较少的机会，“撤出满洲”。

蒋介石的态度是：“今天的战略，不必要求作全面的控制，但必须守住几个重要的据点——如长春、沈阳和锦州——以象征我们国家力量的所在。”这样终于错过了撤出东北的机会。

5月6日，东北“剿总”参谋长赵家骧、第九兵团司令廖耀湘、第六军军长罗又伦等高级将领飞抵南京，聆听总裁面谕。蒋介石表示，决定以全力支援东北。

6月间，蒋介石致电锦州守将范汉杰，令其死守锦州至山海关一线，而“东北之战略要求在于固守目前态势，使不再失一城一兵，即有利于关内作战”。

直至8月初南京召开的国民党军国防部军事检讨会上，蒋介石确定的方针仍是：固守东北，彻底集中兵力，确保辽东、热河，以巩固华北。

其实，蒋介石也意识到固守东北孤立据点的危险性。他在其一周反省录中写道：“东北新立屯与沟帮子各要点相继失陷，共匪紧逼锦州，沈阳形势更加孤立，国军若不积极出击，作破釜沉舟决心，则沈阳20万官兵皆成瓮中之鳖。”

蒋介石决计“固守”东北，除政治原因外，还有其他原因：

其一，蒋介石始终认为：“东北是华北的屏障，要保华北，必须确保东北”，“苟满洲失守，华北不保，南京亦将步其后”。相反，如能固守长春、沈阳、锦州几个战略据点，牵制住东北人民解放军，则有利于傅作义在华北作战。待关内形势好转，再增兵东北。

其二，蒋在东北仍有55万兵马，固守几个孤立据点，他还是有信心的，认为东北野战军没有强大的炮火，也没有攻打重兵设防大城市的经验。

但在如何固守东北问题上，蒋介石同卫立煌等东北将领发生了严重分歧。

蒋介石曾允诺“支持卫立煌保全东北”。后来，他看到锦州有被袭取的危险，就敦促卫立煌打通沈阳至锦州铁路线。主张以周福成的第八兵团部指挥第五十三军和第二〇七师守沈阳；将驻沈阳地区的主力第九兵团（辖新一军、新三军、新六军、第五十二军、第四十九军、第七十一军）由廖耀湘指挥移至锦州地区。

然而，这一方案卫立煌及其手下高级将领大都不赞成。

卫立煌认为：“沈阳只有一套本钱，合则能守能攻，分则攻守两不成”。当时东北野战军占领了锦州、沈阳之间的要隘沟帮子。由沈阳打向锦州，中间需经过辽河、新开河、饶阳河，部队极易被切断、分割包围，且道路已解冻泛浆，重武器和大部队难以通过。所以卫立煌主张固守沈阳，加紧整训，伺机出击，扭转战局。

早在2月20日，蒋介石就派国防部作战厅长罗泽闿、副厅长李树正携带撤出沈阳主力的方案征求卫立煌的意见。卫当即表示不赞成，并派郑洞国飞抵南京见蒋申述。而蒋则让郑洞国转告卫立煌，立即执行“打通沈锦线，将沈阳主力撤至锦州”

的方案。

2月25日，郑洞国返沈阳复命。

当天，卫立煌即召集高级将领研讨蒋之方案。各将领几乎众口一词“集中兵力坚守沈阳”，不同意蒋的计划。卫立煌又派赵家骧、罗又伦飞赴南京再次向蒋面陈。

直至4月初，蒋也没有说服卫，只好同意在东北暂时保持现状。

一个月以后，蒋介石又督令卫立煌发动进攻，打通沈锦线。卫立煌还是按兵不动，再派赵家骧、廖耀湘、罗又伦到南京。

直至1948年8月4日至6日的南京国民党军事检讨会，卫立煌仍然不肯挪窝。他认为：“一、判断东北共军将于10月发动攻势，重点在锦州，对沈阳则采取围困办法。二、不放弃打通沈锦线企图，但不能轻举妄动，须应付共军10月攻势。三、维持沈阳至10月底，以观时局进展，原则上不放弃该城，但避免作长春第二……”

9月初，国民党第九兵团司令廖耀湘又提出一个新方案：放弃锦州，守锦西以西，拆除沈锦段铁路，将锦州兵力用于沈阳，打通营口海口，接长春部队回沈阳。这是一个经营口逐步撤出东北的计划。

可是直到东北野战军大部队挥师南下，东北国民党军亦没有形成一个上下共识的作战方案。

就在此时，东北野战军拉开了辽西大战的序幕。

9月12日，战略决战的第一枪，首先在北宁铁路山海关至唐山段打响。东北野战军第十一纵队由建昌出发，奔袭山海关至滦县之敌。至9月17日，先后攻占了昌黎、北戴河等要点，切断了国民党军自华北增援东北的陆上通道。

9月13日，东北野战军第四、第九纵队由台安、北镇地区隐蔽南下，插入锦州、义县之间，切断了义县敌军逃跑退路，打了义县守军一个措手不及。

随后，第八、第九纵队又以迅雷不及掩耳之势直逼锦州，将国民党东北“剿总”副司令官兼锦州指挥所主任范汉杰及其所部15万兵马围得铁桶一般。

范汉杰曾以数个师的兵力在空军掩护下，同东北野战军争夺锦州至义县的公路和锦州外围高地，结果大败而归。

与此同时，东北野战军第一、第二、第五、第六、第十纵队和炮兵纵队也相继进入锦州以北地区。

至此，东北野战军彻底切断了辽西走廊，将沿该通道部署的国民党军分隔于锦州、葫芦岛和秦皇岛以及山海关三个地区，并完成了对锦州守敌的包围。

范汉杰惊诧："共军来者不善！"

卫立煌疑惑，难道预料中的10月攻势提前开始了？

9月30日，上午，双城镇。

林彪、罗荣桓及其作战指挥和保障机构人员此刻正奔向双城车站，前往辽西。

为迷惑敌人，载有林彪、罗荣桓和东北野战军指挥机构的火车，没有直接南下，而是先往北走，经哈尔滨后又转向东南，驶向牡丹江。晚上10点多钟，列车突然转向西北，经昂昂溪南下。

在这趟军列的第5号车厢内，林彪正对着地图沉思。与5号车厢连接的，是东北野战军政治委员罗荣桓的车厢。

在一个多月前，为了适应东北大规模作战和下一步战争发展的需要，中央军委对东北解放军的领导进行了调整。8月14日，军委决定：东北军区和东北野战军正式分开，林彪任东北军区司令员兼政治委员、东北野战军司令员，罗荣桓任东北军区第一副政治委员、东北野战军政委，刘亚楼任东北军区兼东北野战军参谋长，谭政任东北军区兼东北野战军政治部主任。

繁杂的大量地区性、事务性工作交给了高岗等东北军区领导，林彪等则移师辽西，专务作战。

东北野战军指挥机关南下，标志着国共两党在关东的决战，进入了"临界"状态。

然而，这场大战的筹划与决策，也经历了一个漫长的过程。

早在1948年的2月7日，东北野战军冬季攻势还未结束之前，毛泽东就曾电示东北野战军：

下一次作战有两个方向，一是打抚顺、铁岭、法库之敌；二是打阜新、义县、锦西、兴城、绥中、山海关、昌黎、滦县等地之敌。究竟打何地之敌为好，依情况决定。但你们应准备对付敌军由东北向华北撤退之形势……对我军战略利益来说，是以封闭蒋军在东北加以各个歼灭为有利。

东北野战军根据中央军委、毛泽东提出的“封闭蒋军在东北加以各个歼灭”的战略设想，提出了“争取全歼敌人进入东北的兵力”的任务。

4 月 18 日，东北局和东北军区召开会议，林彪、罗荣桓、高岗、陈云、李富春、刘亚楼、谭政等讨论了东北作战的方针，决定：首先集中力量打长春，以解除后顾之忧。

4 月 22 日，中央军委及毛泽东复电，同意东北野战军先打长春的方案。

为了组织长春方向的攻坚作战，组成了由萧劲光任司令员，萧华任政治委员，并以原辽东军区机关为第一前线指挥所机关。东北野战军决定，以七个纵队的兵力攻城，用两个纵队在四平以南阻敌，以三个纵队在沈阳附近牵制敌人，计划在十天至半个月内结束战斗。

5 月下旬，长春守军出城抢粮，遭到东北野战军的打击。随即，林彪决定乘虚而入，以两个纵队的兵力对长春发起试探性进攻。

5 月 24、25 日，东北野战军第一、第六纵队与国民党守军展开激烈争夺战，占领了长春西郊飞机场，消灭敌军两个团。由于投入兵力有限、伤亡过大，敌军防御工事坚固，东北野战军决定停止攻城。

6 月中旬，东北局和东北军区决定对长春采取慎重的“长围久困”方针，并在吉林召开了师以上干部会议，进行具体部署。

吉林会议林彪未出席，会议由罗荣桓主持。

会议决定，对长春采取“长围久困，展开政治攻势和经济攻势，使其粮弹俱困，人心动摇时再攻”的方针，并提出要发布“断绝敌人粮柴，禁止行人出入”的命令。

会上，针对“禁止行人出入”问题，有人问：如果老百姓出城怎么办?

刘亚楼不假思索地说：“那就睁一只眼闭一只眼吧！”

此话一出，众将领不约而同地把目光转向了李作鹏和周纯全，顿时哄堂大笑。原来，这两员虎将在战争中都失去了一只眼，成为名副其实的“睁一只眼闭一只眼”。

罗荣桓示意大家安静，然后坚定地说：“对群众要收容、安置。”

最后，会议决定，主要阵地不让任何人通过，至于其他方向，个别情况个别处理，缓冲地带要疏散。

此时，长春已经成为一个碉堡林立、兵马聚集的战场。城外，东北野战军数个纵队铁壁合围，将各个关口隘道堵了个水泄不通。城内，国民党东北“剿总”副总司令兼第一兵团司令郑洞国率第六十军和新七军等部10万余众死守。

尽管沈阳"剿总"每天派几架飞机空投下粮食，但杯水车薪，无济于事。

林彪异常谨慎，迟迟未发进攻长春的命令。

7月间，东北局和东北军区再次讨论东北形势和东北野战军作战行动。认为，如果攻击长春一举全歼守敌没有把握，则对以后作战影响甚大；应待热河秋收和东北雨季结束后，即8月中旬时，以最大的主力开始南下作战为好。

这个意见以林彪、罗荣桓和刘亚楼的名义发向中央军委。

7月22日，中央军委、毛泽东复电表示同意。

7月30日，军委又来电："应当首先考虑对锦州、唐山作战"。

经过反复酝酿，经中央军委批准，东北野战军把北上打长春的计划改变为南下北宁线作战，确定了打锦州的决心。

改变作战方针后，东北野战军开始了一系列大战前的准备工作。

8月14日，东北野战军与东北军区正式分开，野战军由林彪、罗荣桓、刘亚楼、谭政负责，随主力南下。29日，东北野战军以林、罗、刘、谭的名义发出南下作战的《政治动员指示》。指示强调：

> 暂时放弃攻击长春，而以最大主力南下，向北宁线挺进，是为了坚决歼灭分散于北宁线上守备的敌人，切断与摧毁东北敌人与华北的联系，求得加速全东北解放早日到来。

9月1日，东北野战军在原第一、第二前线指挥所机关的基础上，组建了东北野战军第一、第二兵团。第一兵团司令员萧劲光，政治委员萧华；第二兵团司令员程子华，政治委员黄克诚。

为了适应新的作战任务，东北野战军将原有的东线、西线、北线三个后勤司令部改编为五个后勤分部，倾全力保障大部队的供给。

罗荣桓亲自抓后勤工作。在很短的时间内，各分部就筹集到了3000万斤小米、10余万斤大米、数百吨油料和被服……

东北野战军还动员了担架1.3万余副，大车3.6万余辆，组织了由省、专区、县负责人率领的火线参战民工 9.6 万人，加上后方支前的民工，总计达到 160 万人。

9 月 7 日，中央军委、毛泽东发电，指示林彪、罗荣桓、刘亚楼："为了歼灭这些敌人，你们现在就应该准备使用主力于该线，而置长春、沈阳两敌于不顾，并准备在打锦州时歼灭可能由长、沈援锦之敌"。要他们做好打"前所未有的大歼灭战的决心"。

东北野战军总部分别向各纵队、独立师下达了作战命令和动员指示，在北起长春、南至唐山的千里战线上，展开了大规模的作战行动：

在北宁铁路线上，东北野战军以第二、第三、第四等六个纵队和三个独立师及一个骑兵师的兵力，长途奔袭，分别包围了北宁铁路线上锦州至唐山间各国民党军防守据点；

在北线，以第十二纵队和六个独立师执行继续围困长春的任务，并以一个纵队在开原地区准备阻击长春之敌突围和沈阳之敌北援；

战线的中段，即沈阳地区，东北野战军以第五、第六、第十等四个纵队及一个骑兵师位于新民西北地区，监视沈阳之国民党军。

作战命令下达后，东北野战军数十万大军如离弦之箭。执行长途奇袭的部队，夜行晓宿，封锁消息，分别采用铁路输送和徒步开进等运动方式，向预定战场开进。少数部队则担负战略佯动，大造声势地向长春方向前进，以迷惑敌人。

9 月 12 日，南下北宁线作战开始……

至 9 月 29 日，东北野战军先后攻克了河北境内的昌黎、北戴河和辽宁省的绥中、兴城，切断了辽西走廊，将锦州义县的国民党守军包围。

战事发展顺利！然而，头绪纷乱，喜中亦有忧。

9 月 25 日，林彪、刘亚楼得悉沈阳国民党军正用空运将第四十九军增援锦州，于是命令第八纵队用炮火控制、封锁锦州机场。

哪知，26 日八纵回电询问：

"锦州有两个机场，东郊机场已几年未用，西郊机场正在使用，请示应封锁哪一个机场？"

刘亚楼一看八纵电报勃然大怒。大骂一声"吃草的！"的确，八纵的这个电报是够"迷糊"的。刘亚楼改派九纵控制机场。两天后，第九纵队炮营轰击了西郊机场，击毁飞机五架，阻止了沈阳向锦州的空运增援。

9月30日，毛泽东得悉此事后致电东北野战军："歼敌两万，毁机5架，甚慰。望传令嘉奖。"同时，电文中也告诫林、罗、刘、谭，"大军作战，军令应加严"。

鉴于战场情况瞬息万变，林彪下决心将指挥所迁到锦州前线。

9月30日，林、罗、刘、谭率东北野战军司令部、政治部有关人员组成的前线指挥所，自双城乘火车转移。

林彪、罗荣桓一行离开双城后，北上哈尔滨，又转向东南的牡丹江，至拉林站时，突然掉头北返，过三棵树江桥，由江北联络线转向滨州铁路经昂昂溪南下。

从昂昂溪往南，铁路线逐渐向作战区域延伸，为了保证东北野战军指挥机构安全顺利南下，担任运输司令的郭维城亲自打前站，在林、罗乘坐的专列前检查线路，并亲自乘坐铁道摩托车在前面开路。

10月1日，东北野战军攻克义县，全歼守敌1万余人。在战斗即将结束的时候，炮兵司令员朱瑞在深入前线观察义县县城突破口时，不幸踩中地雷牺牲。

罗荣桓在途中得知朱瑞同志牺牲的消息，心情十分沉痛。红军时期，罗荣桓就同朱瑞在红一军团政治部工作过，八年全国抗战中，两人又在山东共事多年。特别是在东北的这三年中，朱瑞同志在极端困难的条件下，殚精竭虑，日夜操劳，为组建和发展东北野战军的炮兵，作出了巨大的贡献。罗荣桓满怀深情对周围的同志说："朱瑞同志懂得炮兵，他亲自组建部队，训练干部，对炮兵事业是有建树的。"

罗荣桓专门发电报给在通辽的后勤部政委陈沂，嘱咐其迅速回哈尔滨协助安排料理朱瑞同志的丧事。

10月2日，东北野战军前方指挥所专列夜行昼宿，走走停停，于清晨抵达郑家屯。

在郑家屯以西的临时宿营地，前方指挥所人员正准备吃早饭的时候，值班参谋报告："正东方向发现敌机一架。"

刘亚楼果断地命令所有人员立即下车，就地分散隐蔽。

这是一架国民党空军的侦察机，在空中盘旋了几圈后，便飞走了。

"看来沈阳的卫立煌还在摸我们的底。"

刘亚楼望着消失在天际的飞机，自言自语地说。

"报告，一〇三，是不是继续前进？"

作战科长尹健的请示打断了刘亚楼的思考。

"一〇三"是参谋长刘亚楼的代号。为了保密，东北野战军的主要指挥员都编有代号，一般以代号相称。林彪是"一〇一"，罗荣桓是"一〇二"，谭政是"一〇四"。

刘亚楼回过身来，对作战科长说："我已经请示过'一〇一'，他决定暂时不走，要机关人员在附近村落分散隐蔽防空。你告诉他们，架好电台后立即与军委和各纵队联络，看看有没有什么新的情况。"

经过一番紧张的忙碌，列车车厢已经分成数段散置于好几条铁路支线上，机关人员则分散进入隐蔽位置。

天渐渐黑下来。晚上 10 点钟，见还未发出行动的命令，作战科长尹健又去请示。

刘亚楼小声对尹健说："有新情况，要等军委回电"。接着，又补充一句：

"告诉电台，注意收听军委来电！"

原来，在辽西方向，情况发生了变化。

9 月下旬，东北野战军向锦州外围发起攻击后，卫立煌急调守备沈阳的第四十九军从空中增援锦州。9 月 29 日，东北野战军第九纵队炮轰机场，阻断了沈阳向锦州的援助。蒋介石得悉后，亲自飞往沈阳，决心拼死守锦州，打通北宁线。在蒋的严令督促下，驻沈阳的第九兵团等部组成西进兵团，由廖耀湘指挥，从新民地区南下，自东向西驰援锦州。与此同时，蒋介石又调山东第三十九军的两个师，北平傅作义指挥的六十二军、独立九十五师和第九十二军的二十一师，分别由烟台、秦皇岛、塘沽海运葫芦岛，会同据守锦西的第五十四军及暂编六十二师，共 11 个师，组成东进兵团，由十七兵团司令侯镜如指挥，由锦西北上，自西往东打，准备夹击进攻锦州的东北野战军部队。

当日，中央军委急电东北野战军，将国民党军增兵锦西、葫芦岛的情况作了通报。

机要秘书谭云鹏将刚译完的"军委通报"送给林彪，这位东北野战军总司令沉思良久，气氛紧张起来。

一个戏剧性的情况发生了……

本来，在酝酿主力南下作战时，林彪就疑虑重重，迟迟下不了决心。当时，林彪的主要顾虑是：主力部队南下，实行远距离奔袭作战，缺粮缺油，一旦出现华北傅作义与东北卫立煌两头夹击，那么，苦心经营的重装备将无法撤出战场。一旦失去了这些汽车、大炮和坦克，东北野战军的火力会大受影响，推迟东北决战胜利的时机。林彪终于拍板定案，挥师南下之后，在原订的攻打锦州预案中，因锦西、葫芦岛方向敌人兵力不大，林彪将注意力主要集中于沈阳方向。在兵力部署上，除了集中主力准备攻锦州外，将战斗力强的第五、第六和第十纵队摆在沈阳以西以北的彰武、新立屯、黑山、大虎山一线，准备迎击沈阳出援锦州的敌军。而在锦西、葫芦岛方向，只放了一个战斗力不算太强的第十一纵。

然而，10 月 2 日，蒋介石增兵葫芦岛，使驻守在锦西葫芦岛方向的国民党军兵力突然增至九个师，并且组成东进兵团，准备配合沈阳西出之敌，双向合击东北野战军，而眼下锦西、葫芦岛的国民党部队，距锦州仅 50 余公里，况且，两地之间有铁路、公路相连，其间无险可守。

林彪沉思良久，唤来了机要秘书谭云鹏，口述一份在日后引起一连串是是非非的致中央军委的电报：

> 得到新五军及九十五师海运葫芦岛的消息后，本晚我们在研究情况和考虑行动问题。估计攻锦州时，守敌八个师虽战力不强，但亦须相当时间才能完全解决战斗。在战斗未解决之前，敌必在锦西葫芦岛地区留下一两个师守备，抽出五十四军、九十五师等五六个师的兵力，采取集团行动向锦州推进。我阻援部队不一定能堵住该敌，则该敌可能与守敌会合。在两锦间敌阵地间隙不过五六十里，无隙可图。锦州如能迅速攻下，则仍以攻锦州为好，省得部队往返拖延时间。长春之敌数月来经我围困，我已收容逃兵 1.8 万人左右，外围战斗歼敌 5000 余。估计长春守敌现约 8 万人，士气必甚低。我军经数月整补，数量质量均大大加强，故目前如攻长春，则较 6 月间准备攻长春的把握大为增加。但须多迟延半月到 20 天时间。以上两个行动方案，我们正在考虑中。并请军委同时考虑与指示。

林彪审阅电文后，于 10 月 2 日 22 时交机要电台，以特急电报发出。

此时进攻锦州的部队仍按原部署继续向锦州推进。东北野战军前线指挥所的专列亦于深夜继续前开。

10月3日清晨，罗荣桓和刘亚楼一同去找林彪。

罗荣桓说道："给军委的电报发出了？要考虑回师打长春？"

林彪"嗯"了一声，说道："准备了一桌菜，却来了两桌客人，你说怎么办？"

罗荣桓说："我们也调整一下部署，把围困长春和监视沈阳方向的部队调一部分到锦西方向来，怎么样？"

林彪说："援兵不止西面这一头，更大的是东南的那个廖耀湘兵团。如果锦州久攻不下，两头敌人上来，这个风险太大了。"

罗荣桓说："从战役本身看，风险确实很大。但从全局看，是战略上的需要，冒险是值得的。军委一贯的思想是打锦州。再说，几十万大军突然拉回去……"

林彪从椅子上站起，来回踱着步，转过脸来问刘亚楼：

"参谋长的意见哪？"

刘亚楼肯定地回答："还是应该打锦州！"

林彪思考片刻之后，唤来了谭云鹏，亲自交待：马上去机要处查一下，看昨晚那份电报发走没有，如果尚未发出，就扣下不发；如已发出，是否向中央机要局申明此电作废。

谭云鹏一溜小跑，直奔机要处。一查，因为是特急电报，机要处早已随到随译随发了。

西柏坡那边，中央机要局大概也已经译好电文并送给了毛泽东。要想申明作废，已不可能。

谭云鹏如实汇报，林彪一句话也没说。

三位领导人都沉默不语。

最后，罗荣桓打破了沉默说：

"为了补救，是否重新给军委发个电报，申明继续打锦州。好在上次电报也没说死，只是强调了傅作义部增援葫芦岛，正考虑是继续打锦州还是回师打长春。"

林彪同意重新发一个电报，申明打锦州决心不变。对罗荣桓说："电报是不是请你执笔？"

罗荣桓客气地说："好吧，大家凑。"

于是，罗荣桓执笔开头，三个人，你一言，我一语，边议边写，很快便起草好了致中央军委的电报。

10月3日上午9时,这份电报由机要秘书送机要处发出,重申了攻锦决心和部署:

（一）我们拟仍攻锦州。只要我们经过充分准备，然后发起总攻，仍有歼灭锦敌之可能，至少能歼敌之一部或大部。目前如回头攻长春，则太费时间，即令不攻长春，该敌亦必自动突围，我能收复长春，并能歼敌一部。

（二）我们拟采取如下的布置：以四纵和十一纵全部及热河两个独立师对付锦西葫芦岛方面之敌；以一、二、三、七、八、九共六个纵队攻锦州；以五、六、十、十二共四个纵队对付沈阳增援之敌；以大、小、新、老九个独立师，对付长春突围之敌。

……

电报发出后，林彪、罗荣桓一行已经到达彰武以北的冯家窝棚。

西柏坡的中央机要局收到罗荣桓起草的第二份电报时，已是3日晚20时15分。再译成电文，抄送毛泽东那里，已是4日凌晨1时30分。在此之前，毛泽东已收到林彪的第一份电报，并于3日的17时和19时连续发出两封措辞严厉的电报。

在第一份电报中，毛泽东不客气地指出：

（一）你们应利用长春之敌尚未出动，沈阳之敌不敢单独援锦的目前紧要时机,集中主力,迅速打下锦州,对此计划不应再改……在五个月前（即4、5月间）长春之敌本来好打，你们不敢打；在两个月前（即7月间），长春之敌同样好打，你们又不敢打。现在攻锦部署业已完毕，锦西、滦县线之第八、第九两军亦已调走，你们却又因新五军从山海关、九十三师从天津调至葫芦岛一项并不很大的敌情变化，又不敢打锦州，又想回去打长春，我们认为这是很不妥当的。

（二）你们指挥所现在何处？你们指挥所本应在部队运动之先（即8月初旬），即到锦州地区，早日部署攻锦。现在部队到达为时甚久，你们尚未到达。望你们迅速移至锦州前线，部署攻锦，以期迅速攻克锦州。迁延过久，你们有处于被动地位之危险。

毛泽东意犹未尽，又起草并发出了第二份电报，再次讲明了打锦州的重要意义和理由：

我们再考虑你们的攻击方向问题，我们坚持地认为你们完全不应该动摇既定方针，丢了锦州不打，去打长春。

在电报中，毛泽东分析道：

假定你们改变方针，打下了长春，你们下一步还是要打两锦。那时，第一，两锦敌军不但决不会减少，还可能增加一部，这样将增加你们打两锦的困难。第二，目前沈阳之敌因为有长春存在，不敢将长春置之不顾而专力援锦，你们可利用长春敌人的存在……牵制全部、至少一部分沈阳之敌。如你们先打下长春，下一步打两锦时，不但两锦情况变得较现在更难打些，而且沈阳之敌可能倾巢援锦，对于你们攻锦及打援的威胁将较现时为大。因此，我们不赞成你们再改计划，而认为你们应集中精力，力争于10天内外攻取锦州，并集中必要力量与攻锦州同时歼灭由锦西来援之敌4至5个师。只要打下锦州，你们就有了战役上的主动权，而打下长春并不能帮助你们取得主动，反而将增加你们下一步的困难。

10月4日凌晨，毛泽东收到罗荣桓拟稿的第二份电报后，才松了一口气，于早6时复电表示：

你们决心攻锦州，甚好，甚慰……在此以前我们和你们之间的一切不同意见，现在都没有了。

10月5日，林彪、罗荣桓一行自阜新换乘汽车到达锦州西北20余公里的牤牛屯，设立了东北野战军前线指挥所。

经过缜密侦察，东北野战军确定了攻锦计划：第一步，扫清外围据点，接近城垣；第二步，南北对进，实施向心突击。

10 月 9 日晨，锦州外围争夺战开始。

东北野战军第七和第九纵队攻占城南炮台山、双山子、罕王殿山、朝阳堡，将女儿河南岸守敌肃清。

10 日，八纵攻占城东大小紫荆山、百官屯，11 日，攻占北大营、八家子，一直打到锦州城东关。

12 日至 13 日，第二和第三纵队在城北攻占合成燃料厂、团管区、师管区、配水池和大疙瘩，逼近城垣。

经过国民党守军两年多时间的苦心经营，锦州的城防工事已构成环城纵深防御体系。

在攻克外围防御地带的战斗中，东北野战军付出了重大代价。其中，攻打位于城北的配水池，便是一场恶战。

配水池，位于锦州城北约两里处的一个高地上，高出地面六米多，是一个利用伪满时期钢筋水泥蓄水建筑改造成的防御支撑点，为进抵城垣的必经之途。

以配水池为核心，在不到半平方公里的阵地内，构筑有 20 多个永久和半永久性明碉暗堡，碉堡之间是密如蛛网的交通壕。坡下玉米地里，有一道宽深各 3 米的环形外壕。壕外，则是雷场、铁丝网。

守卫配水池的是国民党暂二十二师一团二连，150 余人，是清一色的老兵，枪打得准，有战斗经验。该连还配属一个重机枪连、一个战防炮排。战斗打响后，兵力增加到一个营。

攻打配水池的，是三纵七师二十团的一营和三营。

10 月 12 日清早，攻打配水池的战斗开始，直至晚 6 时，这个城北防御支撑点才易手。在长达十几个小时的争夺中，三纵连续发动进攻数十次。战斗结束后，一营清点人数时，600 多人的营仅剩 26 人。

外围战斗逐步逼向城垣，范汉杰召集兵团司令卢浚泉和各军长们研究对策，决定将守军撤到锦西，与侯镜如的东进兵团会合，然后再回师北上，与廖耀湘的西进兵团夹击位于锦州的东北野战军。

12 日，范汉杰把向锦西撤退的决定报告了卫立煌，卫立煌不同意。正在僵持之中，范汉杰收到蒋介石发来的急电："锦州关系全局，请吾兄坚守待援。"

锦州外围虽四面环山，但城垣脚下是大片开阔地，对进攻一方威胁极大。攻击纵队都各自挖了十多里长的交通壕，推进到锦州城下。锦州城完全裸露在东北野战军的兵马之下，成为林彪、罗荣桓的囊中之物。

10 月 14 日上午，经过几天激烈战斗的锦州外围忽然呈现出一片寂静，淡淡的雾霭掺杂着缕缕硝烟，使这座古老的城垣显得那么幽远而神秘……

10 时整，林彪向刘亚楼点了点头。刘亚楼下达了命令：

总攻开始！

东北野战军的 1000 余门火炮率先开火，城塌堡飞，烟尘迷漫。

东北野战军二纵、三纵和六纵十七师组成的北集团，在韩先楚、罗舜初的统一指挥下，由北向南实施突击；

邓华、吴富善指挥七纵、九纵组成南集团，由南向北实施突击；

八纵则部署在城东，担负由东向西的辅助突击任务。

半个小时后，除八纵外，各突击集团分别从 8 个突破口冲入市区，与守敌展开了激烈的巷战。数小时的激战，彻底打乱了范汉杰的防御体系。

下午，范汉杰决定向锦西方向突围。先以暂编十八师向北猛攻，范汉杰与卢浚泉等将领则在特务团的护送下，从第六兵团司令部北面的坑道向东门转移。

15 日 10 时许，东北野战军攻占了第六兵团司令部，将残存敌人压缩至老城。至下午 6 时，二纵、七纵在老城胜利会师，全歼了残敌。

正当林彪、罗荣桓、刘亚楼和谭政等为攻克锦州而谈笑风生之时，范汉杰、卢浚泉却落荒而逃。原来，范汉杰的突围计划没有成功。范脱下国军中将军服，化装潜逃，于 16 日下午，在锦州城南的谷家窝棚，被东北野战军俘虏。当日，在牤牛屯，林彪、罗荣桓接见了范汉杰。

锦州的迅速攻克，得益于西东两线的阻击，尤其是西线的塔山阻击战，更是关键之中的关键。

塔山位于锦州以西 40 公里处，距锦西仅 10 余公里。此处名曰山，实则仅为濒临渤海的一片开阔地带，海拔 50 余米，无险可守。

就在这无险可守的开阔地带，第四纵队筑起了一条塔山防线，抗击着九个师的国民党军东进兵团。下达任务时，林彪对纵队司令吴克华、政治委员莫文骅说：“守住塔山，胜利就抓住了一半。告诉你，塔山必须守住！拿不下锦州，军委唯我是问，要我的脑袋；守不住塔山，我唯你是问，要你的脑袋！”

从10月10日开始，四纵在塔山恶战六个昼夜，每日击退国民党军三至五个师的轮番攻击，阵地屹立不动。

10月13日，蒋介石乘坐“重庆号”巡洋舰亲临塔山附近海面，下达死命令：

“限于明日黄昏前攻下塔山，否则，军法从事。”

14日，国民党军对塔山的攻击更为猛烈。从北平机场起飞的B–24型轰炸机将一颗颗重磅炸弹扔向塔山；“重庆号”巡洋舰上的大口径火炮也参加了轰击；从华北调去的独立第九十五师，团长、营长带头，一波又一波涌向四纵的前沿阵地。连四纵的老兵也感到惊诧：国民党军会有这种劲头？

15日，侯镜如集中五个师轮番攻击，战至下午，当锦州方向炮声沉寂后，这位东进兵团的司令官亦感到大势已去。

16日，蒋介石从北平乘机又一次亲抵葫芦岛，等待他的是“锦州陷落、范汉杰下落不明”的消息。蒋介石痛骂进攻塔山的五十四军军长阙汉骞。

18日，蒋介石携杜聿明飞往沈阳。此次一是要撤卫立煌换杜聿明，二是仍要东西对进，攻占锦州。

由于蒋介石一意孤行，强令部属攻打锦州，使国民党在东北的最后一点力量终于葬送在辽西。

10月15日，东北野战军攻克锦州后，长春国民党守军完全处于绝境。16日，蒋介石向长春空投手令，命郑洞国率部突围。

17日深夜，第六十军军长曾泽生，率领所部三个师2.6万余人悄然撤出防区，将长春市区东半部完整地交给了东北野战军。

六十军起义后，新七军防线一片混乱，李涛魂不守舍，郑洞国惶惶不安。

10月18日，曾任黄埔军校政治部主任的中共中央军委副主席周恩来，给曾就学于黄埔一期的郑洞国写了一封信，劝其弃暗投明。周恩来在信中说：

欣闻曾泽生军长已率部起义，兄亦在考虑中。目前，全国胜负之局已定……兄今孤处危城，人心士气久已背离，蒋介石纵数令兄部突围，但已遭解放军重重包围，何能逃脱。……望兄回念当年黄埔之革命初衷，毅然重举反帝反封建大旗，率领长春全部守军，宣布反美反蒋反对国民党反动统治。

10月19日，敌东北“剿总”副总司令兼第一兵团司令郑洞国率领一个军向我投诚，我遂兵不血刃解放长春。图为郑洞国（中）抵达哈尔滨时的情形

面对现实，郑洞国万念俱灰，无可奈何地叹道：“哎！辛苦遭逢起一经，万事皆休，任它去吧！”

10月19日，郑洞国让报务员打开电台，与南京作了最后的“诀别”，命身边警卫部队轻重武器一齐开火，好让南京从电波中听到他最后抗争的“壮烈”场面。然后，郑洞国率领他的兵团部和直属部队，走出了堡垒般的中央银行大楼，宣布投降。新七军也宣布投降。

蒋介石再次飞临沈阳，命令徘徊于彰武一线的廖耀湘兵团继续西进，收复锦州；命第五十二军迅速南下，抢占营口，预留一条海上逃生之路；宣布杜聿明为东北“剿总”副司令兼冀热辽边区司令，统一指挥葫芦岛和彰武的廖耀湘兵团，东西对进，夹击东北野战军。

攻下锦州和解放长春后，东北野战军原准备继续南下，打葫芦岛之敌。可是，没曾想到蒋介石会如此“不识时务”，督令廖耀湘兵团坚持西进。于是，林彪、罗荣桓、刘亚楼当机立断，将攻锦主力转用于围歼廖耀湘兵团，并上报军委。

10月19日，中央军委在两次电报指示中指出：

> 如果在长春事件之后，蒋介石、卫立煌仍不变更锦葫、沈阳两路向你们寻战的方针，那就是很有利的。在此种情形下，你们采取诱敌深入，打大歼灭战的方针，甚为正确。

堵住廖耀湘兵团东逃沈阳的任务落在处于该敌侧后的第六纵队身上。林彪迅速向第六纵队司令黄永胜发去特急电报，令其率六纵以强行军的速度从彰武插至新民以西地区，坚决堵死廖耀湘兵团的东逃退路。同时，命令原攻打锦州的一、三、八、七和九纵，自24日分三路北上，准备围歼廖耀湘兵团于辽西。

为了麻痹敌人，东北野战军还通过新华社发了一篇报道，详细介绍攻锦部队在锦州召开祝捷大会、经验总结会和军民联欢会的盛况，描述得惟妙惟肖，好像真有其事的样子。实际上，主力部队则轻装北上，迅即扑向廖耀湘兵团。

一切布置就绪之后，林彪、刘亚楼专候在锦州的指挥所内，等待着黄永胜的消息。可是，一天一夜过去了，不但不知六纵是否堵住了廖耀湘，连六纵本身也不知去向。

25日下午，林彪的司令部上上下下心急如火。

午夜，一份被破译的卫立煌致廖耀湘的电报送到了机要秘书谭云鹏处。谭云鹏眼睛一亮，原来廖耀湘没有跑，仍滞留在黑山、大虎山和北镇一带！

谭云鹏觉得事关重大，需要报告已经睡下了的林彪。

看到谭秘书进来，林彪问：“么子事？”

谭云鹏按捺住兴奋的心情，对林彪说：“廖耀湘没有跑掉，还在辽西！”

“嗯？”林彪不动声色，示意他继续讲下去。谭云鹏便把截获并破译之东北“剿总”的电报念了一遍。念完电报抬头一看，见林彪无动于衷。谭云鹏决定把电报再念一遍。

可是，当他把电文又认真清楚地念完一遍后，林彪仍一气不吭，在床上静躺着。

谭云鹏便轻手轻脚地退了出来。刚回到办公室，刘亚楼便打来电话，着急地询问：“刚才卫立煌那份电报你看了没有？是否送给了‘一〇一’？他看了以后怎么说？”

谭云鹏将刚才那一幕如实汇报给刘亚楼。刘亚楼在电话中严肃地说：“谭秘书，你再去给‘一〇一’讲一下，这可是军机大事，耽误不得的呀！”

谭云鹏便对刘亚楼说：“我已尽了最大的努力了，我们当秘书的实在是不好办啊！是否请参谋长亲自来一下？”

电话中，刘亚楼略为一顿，然后说：“参谋长去就更不好。你们当秘书的，天天泡在首长身边，说话办事深一点浅一点都关系不大，还是你去合适。”

谭云鹏决心向林彪第三次宣读卫立煌的电报。

一进林彪的住房，林彪便问：“是谭秘书吗？又有么子事？”

谭云鹏小心地说：

“刚才那份电报，可能是我没有说清楚。我回去以后，又仔细看了一遍，并重新查对了地图。我认为廖耀湘没有跑，怕耽误大事，所以想给你再念一遍。”

说完这段开场白后，谭云鹏准备着林彪会不耐烦。试想，为一份十分简单的电报，秘书三番两次半夜闯入首长住室，啰啰唆唆的，有谁不烦？

然而，对于秘书的这个“非分”举动，林彪居然没有吭气，也就是说默许了。于是，谭云鹏又把电报读了一遍。这已经是一小时之内的第三遍了。

林彪仍不置一词。这时，谭云鹏大着胆子对林彪说：“看来廖耀湘还在黑山、大虎山、北镇一带，真的还没跑，首长是否要发报？”

说罢，谭云鹏打开电报夹，准备记录林彪口述的电报内容。

此时，林彪已经披衣起床，在屋内踱来踱去。沉思了一会儿后，终于开口了：“谭秘书，记录。命令：第一、二和三纵隐蔽进抵北镇及其以北以东地区……”

巨大的钳形包围圈开始向黑山、大虎山方向收缩。

25 日晨，东北野战军前线指挥所收到了第六纵队发来的电报。电文说，该纵第十六师已经先期占领了新民以西的厉家窝铺车站，正构筑工事，廖耀湘兵团的部队便蜂拥而来，拼命向沈阳方向逃窜。阻击战斗打得十分激烈，六纵十六师伤亡很大，但后续第十七师也进入阻击阵地。黄永胜表示，六纵将不惜任何代价，坚决堵死廖耀湘兵团的东逃之路，以待兄弟部队到达后共同围歼。

电文中也解释了他们之所以一天一夜没有同总部联系，是怕把廖耀湘放跑了，部队全部强行军，走了一段，为了减轻战士负担，加快行军速度，干脆把背包和干粮袋都扔了，战士只携带枪支、弹药，有的战士都跑得吐血，20多个钟头，根本没有休息，没有埋锅做饭。所以，也没有来得及架设电台联系。

看完六纵发来的电报，林彪微笑着说："这个黄永胜，动作还蛮快！不过，不报告情况可不行。"

当天下午，刘亚楼与林彪、罗荣桓兴致都很高，抓住了廖耀湘，胜利就拿到了一半。

10月26日，东北野战军全线出击，在黑山、大虎山、新民地区对敌展开了大规模围歼战。由于六纵已经先敌插至北宁线上的厉家窝铺，堵住了廖耀湘回窜沈阳之路；三纵一部勇猛插入敌人纵深，打掉了廖耀湘的兵团部，使其失去统一指挥，陷入混乱。

至28日，在东北野战军各纵队的穿插、分割和围歼下，廖耀湘兵团的5个军部12个整师共10万余人悉数被歼。兵团司令官廖耀湘及军长向凤武、郑廷笈等被俘。

10月30日，东北"剿总"司令官卫立煌见大势已去，遂将指挥权交与驻守沈阳的第八兵团司令周福成，自己则远走高飞。

周福成属东北军张学良旧部，长期受蒋介石的歧视。卫立煌走后，周福成不思改弦更张、弃暗投明，却捧着蒋介石发来的"死守沈阳"的电令，表示要"不负蒋委员长重托，决心与共产党拼个你死我活。"

11月1日，东北野战军一、二、十二纵队向沈阳发起总攻，国民党第二〇七师全部被歼，拒不投降的周福成被生俘。

11月2日，东北野战军攻占营口。国民党第五十二军军部和一个整师乘船逃走。毛泽东在电报中批评东北野战军领导，"这是一个不小的失着。"同日，东北最大的城市沈阳也宣告解放。

11月9日，随着锦西、葫芦岛的最后解放，东北全境获得新生。连年战乱不断的黑土地上，终于宁静了。

第六章　铁流出关泻千里

毛泽东腾出一只铁拳，蒋介石破绽百出。围北平、克天津，刘亚楼立下军令状；进古都、定中原，两人杰同说李自成。大迂回、大包围，解放军张开遮天网。“小诸葛”设计保天下，丢了地盘没了兵。红旗插上海南岛：败军无勇又无谋，大铁船碰不过小木船。往事不随烟。

东北全境的解放，使得中国共产党手中拥有了一个资源雄厚的战略区，毛泽东麾下掌握了一支实力强大的战略预备队，极大地改变了国共双方军事斗争的力量对比。1949 年 3 月，在胜利结束平津战役后，奉中央军委的命令，东北人民解放军改称中国人民解放军第四野战军。随后，第四野战军挥师南下，定中原、战两广，入川东、出滇南，将胜利的旗帜插上了海南岛。

1948 年 11 月 8 日，国民党第五十四军和独立九十五师从锦西、葫芦岛仓皇撤走，东北野战军收复锦、葫，标志着辽沈战役尘埃落定。

在这场决定东北命运的秋季大决战中，东北野战军歼灭国民党军 1 个“剿总”司令部、4 个兵团部、11 个军部、36 个整师，共计 47 万余人。除卫立煌、赵家骧在沈阳失守前乘飞机逃走外，其余一干将领，包括“剿总”副司令郑洞国、范汉杰和兵团司令廖耀湘、卢浚泉等，全部进了东北野战军的俘虏营。

东北的解放，使国共两党军事斗争形势进入了一个新转折阶段。人民解放军不但在质量上早已超过了国民党军，而且在数量上也开始占据优势。国民党军的总兵力，由战役前的 365 万人减少到 290 万人，人民解放军则由 280 万人增加到 300 万人。战争双方的力量对比发生了根本的变化，毛泽东称这一转折“是中国革命的成功和中国和平的实现已经迫近的标志”。

此时此刻，在滹沱河畔的西柏坡，毛泽东正领导着他的战略统帅部运筹帷幄，准备抓住这一有利时机，给蒋家王朝以新的更沉重的打击。

东北的解放，使中国共产党具有了一支百万人的战略预备队。这支预备队包括 12 个步兵纵队、1 个炮兵纵队、1 个铁道纵队和十余个独立师。同时也使中国共产党掌握了得以进行战略决战的雄厚的战争资源，为即将展开的新攻势，提供了坚实的物质基础。

早在东北决战方兴未艾之际，毛泽东和中央军委就已经调动华东、中原两大野战军的60万大军，在东起江苏海州，西至河南商丘，南自安徽境内的淮河两岸，北到山东临城，纵横千里的广阔战场上，迂回穿插，将国民党徐州“剿总”的数十万军队分割开来，团团围住。规模空前的淮海大战即将揭开序幕。

与此同时，毛泽东、朱德、周恩来等人，还把目光投向华北战场，开始筹划消灭华北傅作义集团的平津战役。

位居平、津、张地区的华北“剿总”傅作义集团，原来的处境较安全，东有卫立煌集团，南有徐州“剿总”刘峙集团，且拥有60多万人的作战部队，尚能自保。

辽沈战役期间，华北“剿总”还暗中调兵遣将，准备偷袭中共中央所在地西柏坡和华北人民政府所在地石家庄。结果，损兵折将，大败而归。

卫立煌集团全军覆没，刘峙集团遭围困后，傅作义意识到问题的严重性。

中央军委和毛泽东考虑到，东北野战军连续作战50多天，现已非常疲劳，决定限期休整，养精蓄锐，入关决战。

根据这一战略部署，中央军委曾于1948年10月底，即东北野战军攻克沈阳之前，致电林彪、罗荣桓、刘亚楼，告知：

> 东北主力除四纵、十一纵等部即行南下外，其余在沈营线战斗结束后，约于12月上旬或中旬开始出动，攻击平津一带，准备于战争的第三年下半年，即明年1月至6月，协同华北力量歼灭傅作义主力，夺取平津及北宁、平绥、平承、平保各线，完成东北与华北的统一，以便于战争第四年的第一季，即明年秋季，即有可能以主力向长江流域出动，并使政治协商会议能于明年夏季在北平开会。

11月5日，东北野战军开始休整。休整期间，罗荣桓主持了东北野战军关于秋季攻势作战的总结工作。他起草了给中央军委的《九、十两月份作战情况综合报告》稿。这是人民军队历史上最大胜利的总结稿，也本着实事求是的精神总结了攻打锦州前的那段历史教训。总结中说：

> ……后由蒋介石飞沈亲自指挥，从华北抽调独九十五师、六十二军全部、

九十二军之二十一师陆续经海运葫芦岛登陆，加上锦葫原有之四个师共计九个师，企图由锦西向北驰援锦州，这曾使我们攻击锦州之决心一度发生顾虑。因为锦西敌人防御阵地前沿与锦州敌人防守飞机场及女儿河之线相距不过 30 里，锦西敌人向我塔山攻击时并可取得海军之配合；同时还由于我们正在前进途中，对锦州外围及其纵深之工事强度还不很清楚，我们攻击锦州之部署又还未完全就绪；三纵及五师刚攻克义县还未南下；从长春以南赶调上来之六纵十七师及坦克部队还落在我们后面等，因而曾发生疑问。但这一过程共两三小时即确定仍坚持原来之决心不变……

聂荣臻（左）、罗荣恒（右）和林彪（中）在平津战役指挥部研究作战部署

罗荣桓将拟就的报告初稿送给林彪，认真地说："'一〇一'，报告中写进了我们在打锦州问题上曾一度犹豫，后来又纠正了。你看怎么样？"

林彪看了看这段文字，一声未吭，出门而去。

后来，这份东北野战军《九、十两月份作战情况综合报告》以林彪、罗荣桓、刘亚楼的名义上报军委。

1948 年 11 月 6 日，东北野战军开始休整之际，在徐州以东方向，华东野战军开始围歼黄百韬兵团，中原野战军亦发起攻击，屏障南京的国民党徐州"剿总"乱作一团。

淮海大战在徐州方向打响后，傅作义集团被夹在中国人民解放军东北、华北、华东、中原四大野战军之间，战略上呈孤立态势。有鉴于此，蒋介石数度考虑将傅作义集团南撤，傅作义则考虑西退绥远。

中央军委认为，将傅作义集团抑留在平津地区，对整个战局最为有利。

斟酌再三，中央军委确定了抑留傅作义集团于平津张塘地区就地解决的方针，并采取了一系列措施：

命令华北部队的杨成武、李井泉兵团撤围归绥，将所部三个纵队部署于绥东地区，阻止傅作义部队向归绥撤退；

急电围攻山西太原的华北徐向前、周士第兵团，停止攻击太原，以免促成傅作义下决心逃跑；

鉴于华北部队兵力不敷使用，急调东北第四、第十一纵队组成东北野战军先遣兵团，先期入关，隐蔽集结于北平附近待命。

可是，仅仅凭这么一点儿部队，很难羁绊住华北国民党军的60万人马。傅作义无论往南或往西逃跑，就地解决傅作义集团的战略方针都无法实施。

11月16日，中央军委主要领导人毛泽东、周恩来、朱德考虑动用东北野战军，尽早入关，包围天津、塘沽、唐山，以截断傅作义部海上逃跑通道。

几天来，西柏坡与沈阳间电波往返，频度不亚于打锦州之前。

军委、毛泽东电询林彪、罗荣桓、刘亚楼：

> 你们认真考虑：是以提前进关为好？还是按原计划休整，然后进关为好？

东北野战军林彪、罗荣桓、刘亚楼则如实禀告：

> 东北主力提早入关困难，请军委慎重决策入关时间。

仓促入关许多问题不好解决。仅先期入关之四纵和十一纵，在入关数天之内就有千余新兵逃亡，这说明思想动员工作的难度。当时大批东北籍新兵非常不情愿离开那片黑土地。

中央军委、毛泽东和东北野战军领导，就“先期”入关和“按原计划”入关讨论继续之际，徐州方向华东、中原两大野战军的攻势正频频得手。傅作义已经坐不住了，华北集团撤逃随时都可能发生。

周恩来提出："要尽最大的力量去阻止傅作义撤逃，丧失时机，我们就要犯历史错误！"

当断不断，反受其乱。毛泽东果断决定：东北野战军立即结束休整，提前行动！

11 月 18 日晚 6 时，毛泽东签发了中央军委致东北野战军的紧急电令：

> 望你们立即令各纵队以一二天时间完成出发准备，于 21 日或 22 日全军或至少八个纵队取捷径以最快速度行进，突然包围唐山、塘沽、天津三处敌人，不使逃跑并争取中央军不战投降。

电报还要求林彪、罗荣桓先行出发，到冀东实施指挥。

东北野战军机要科译出军委命令时已是深夜。机要人员不敢怠慢，迅速将电报呈送林彪、罗荣桓和刘亚楼。

几位领导人脸色严峻。

罗荣桓首先说："命令是来得急了些，给我们造成较大的困难。但是，军委也是从华北决战的全局出发。我们必须服从战略全局，立即停止休整，再大的困难也要克服，遵令入关。"

林彪道："当然，军委的命令必须执行。现在的关键是看这铺开的摊子如何迅速收拢？"

刘亚楼提议："休整计划立即停止执行，没有来得及补充的新兵一概暂不补充，计划调出受训的学员停止调出，没有来得及调整的武器装备也暂不调整，两个伤亡最大的师暂时留下，这样可以争取按时出发。"

罗荣桓补充说："政工会议也立即结束，我明天作个动员，让各纵队领导立即赶回去。只是部队的思想动员在出发之前来不及进行了，只好放在行军途中，边动员边开进！"

林彪点了一下头："就这样，马上报告军委，我们决遵来电于 22 日出发，详细部署另电告。"

11月19日上午，原在沈阳召开的东北野战军政工会议，改成了紧急入关的动员会。

11月21日，中央军委又来电报，指示东北野战军于23日出发。

11月23日，即八路军、新四军为开辟东北根据地而匆匆出关的三年之后，东北野战军的80万大军，战尘未洗，马鞍未卸，便告别了白山黑水和关东父老，开始了具有历史意义的入关大进军。

1948年11月23日，东北野战军开始了向华北的进军。

北路，第五、六纵队和特种兵纵队，经义县、沈家台、建昌、汤道河、喜峰口入关；

南路，第三、七、八、九、十纵队，经锦州、江家屯、双山子、青龙、冷口入关；

第一、二、十二纵队跟进于后。

为了不过早地暴露企图，东北野战军夜行晓宿，步兵、骑兵、工兵、坦克兵、汽车部队和野战医院及男女民工，在夜色的笼罩下，越过风沙漫卷的漠北地区，秘密向华北挺进。

新华社、东北各广播电台，按照中央军委的统一部署，继续播发东北野战军在沈阳、新民、营口、锦州等地的庆功祝捷、练兵、开会的消息，制造东北野战军仍处于休整状态的假象，迷惑敌人。

11月30日，林彪、罗荣桓、刘亚楼、谭政率领东北野战军指挥机关，乘火车由沈阳出发。在锦州，林彪、罗荣桓一行换乘吉普车，途经义县、朝阳、平泉、承德，从喜峰口入关，至遵化、蓟县一带。

次日上午，林彪命令白天开进。东北野战军机关和直属部队分乘70余辆大中小各型汽车在冀东的大地上奔驰，蔚为壮观。

第二天下午，东北野战军指挥机关超过其先头部队，抵达河北蓟县孟家楼村。此处离县城有十公里，距北平、天津、唐山三大城市各90公里，是一个比较适合作战指挥的中间地带。野战军指挥所就设在村中一家大院内。

林彪、罗荣桓下车后，顾不上休息，马上进入刘亚楼刚刚铺开摊子的作战室，了解情况。

林彪走向东墙上挂着的地图，问道："各纵队今天都到达了什么位置？"

刘亚楼道："五纵进蓟县，三纵至丰润，十纵抵迁安，九纵到达建昌营，六纵入喜峰口，特种兵纵队至绥中，七纵到锦州，一纵、二纵和十二纵分别到达朝阳、黑山、新民。”

林彪稍作考虑，用手指着地图说：“随后跟进的第一、二、十二纵不必再绕行冷口，可以取捷径走山海关，争取时间，直插天津、塘沽。”

一听这话，刘亚楼怔了一下：“林总，军委可是要求我们隐蔽企图，秘密入关！”

“山海关以北山地及平泉到遵化的路上，人烟稀少，连日来我们这么多的部队长途行军南下，敌人日夜派出飞机侦察，我先头部队正在敌前展开，现在已无什么秘密可言。”说完，林彪用征询的目光瞧着罗荣桓。

罗荣桓表示同意：“我看可以，现在的关键是争取以最快的速度入关，将傅作义部东逃的希望堵死。不过，此事需要向军委报告一下。”

接到东北野战军总部迅速开进的电报后，各纵队放弃隐蔽企图，昼夜疾进。在古老而逶迤的长城沿线上，沿喜峰口、冷口和山海关，三路大军汹涌前进。汽车、马车牵引着数不清的山炮、野炮、榴弹炮，还有威武雄壮的坦克部队，烟尘滚滚，遮天蔽日，径直往关内开来。

在东北野战军马不停蹄地向关内进军的同时，华北野战军根据中央军委的命令，打响了平津战役的第一枪。

11 月 29 日，华北野战军第三兵团突然向张家口外围发起攻击，先后在数天内占领了张家口与宣化之间的沙岭子、怀安、柴沟堡等地，形成了对张家口的包围态势。

张家口地处北平西北，是平津地区通往绥远的咽喉，为傅作义西窜绥远的唯一通道。毛泽东的目的是截断傅作义部西逃退路，转移平津国民党军注意力，掩护东北野战军迅速入关，隔断平津守敌东逃之路。

东北国民党军覆灭之后，蒋介石考虑放弃平津，将华北“剿总”的 60 万人马调往东南。11 月上旬召开的南京最高紧急军事会议上，蒋介石以封傅作义为东南军政长官为诱饵，建议傅率部南下。

傅作义心怀戒心，不肯就范。

几经协商，南京方面同意了傅作义“暂守平津、保持海口、扩充实力，以观时变”的方针。从 11 月中旬开始，傅作义将全部兵力 60 万收缩于北平、天津、张家口、唐山、塘沽等地，在长达 1200 余里的交通线上摆成了个一字长蛇阵。

傅作义做了最坏的打算。他以北平为分界点，将嫡系部队部署在北平以西的平绥线上；将蒋系部队部署在北平以东的北宁线上。守则合，败则分。一旦时局不测，蒋的军队可东出塘沽，海运南下；自己则可经张家口退回绥远，偏安一隅。

张家口被围，傅作义急令最精锐嫡系三十五军驰援。临行前，傅作义对军长郭景云说：

“三十五军是我30年积储的精英，里边的一兵一卒，一枪一弹都凝聚有我的心血，甚至印有我的手迹。它是我的机动部队，我费了好大的劲才从美国盟邦那里弄来400多辆大道奇，全装备了你，你的武器也是最新式的。这支部队在我这里的地位，你是明白的。此次驰援张家口，速去速回，勿因小事滞留。祝你成功！”

12月9日，傅作义的第三十五军被华北野战军第二兵团包围于新保安。傅急调第十六军和一〇四军大部前往救援，结果，这两个军也被东北野战军歼灭于康庄、怀来地区。

直到此时，傅作义方大梦初醒：东北野战军入关了？！

12月17日，第二、五和十一纵队包围北平，第六、十、一和华北第七纵队隔断了北平与天津间的联系；

12月20日，第八、九、七、十二纵和特种兵纵队主力，完成了对天津的包围。

傅作义集团的一字长蛇阵被人民解放军腰斩成张家口、新保安、北平、天津、塘沽五段，已经陷入了首尾不能相顾，欲收收不拢，欲逃逃无路的困境。

四面被围，傅作义考虑谈判，于12月中旬派《平明日报》社社长崔载之，前往平津前线司令部。

这是一次纯属试探性的“谈判”，傅作义的代表提出“组织华北联合政府”“保留傅作义部军队”的价码。

平津前线司令部的代表刘亚楼明确表示：“中国共产党对于和平解决平津的基本原则以放下武器、解除武装为前提，绝不允许保存任何反动武装，更不允许建立什么华北联合政府。希望转告傅作义先生，拿出诚意来，及早作出起义决定。”

12月22日，华北野战军第二兵团攻克新保安，全歼三十五军，军长郭景云兵败自杀。

12月23日，华北野战军第三兵团拿下张家口，全歼傅作义嫡系五个步兵师、二个骑兵旅，共 5.6 万人。

在西线得手的同时，平津前线司令部将下一个攻击目标选在了天津。

12 月下旬，中央军委致电东北野战军领导，同意打天津方案。刘亚楼请缨，亲率五个纵队、22 个师及两个炮兵师 34 万余人，转兵包围天津。

天津位于海河岸边，是华北第一大商埠，此时已经变成了一个不折不扣的大碉堡。国民党在此驻有两个整军 10 余个师共 13 万人，由傅作义亲信陈长捷任天津警备司令，总揽天津防务。陈长捷曾当面向傅作义夸下海口，天津的城防不比长春差，起码能守半年。

1949 年 1 月 10 日，刘亚楼赶往北平附近的通县宋庄，向总前委汇报作战部署和攻城准备情况。此时，平津前线司令部已由孟家楼移此，并根据中央的指示，组成了以林彪、罗荣桓、聂荣臻为成员的平津战役总前委，林彪任书记，统一领导平津作战及战后一个时期的工作。

当天林彪、罗荣桓、聂荣臻听了汇报后十分满意，决定于 1 月 14 日上午 10 时向天津守敌发起总攻。

“好！就按这个方案上报军委。”林彪说。

罗荣桓关切地询问道：“军委可是限令我们三天拿下天津，你说说看，需要用几天？”

刘亚楼狡黠地眨了一下眼，略带微笑地回答：“我不好讲，请在座的三位首长定夺。”

“给他 48 个小时怎么样？”林彪说着以目光征询罗荣桓、聂荣臻的意见。两人表示同意。

然而，刘亚楼却满有把握地伸出三个手指说：“要我说，30 个小时的时间就够了！”

刘亚楼此语，令在座的三位方面大员都吃了一惊，聂荣臻说：“军中无戏言喽！”

刘亚楼这时才露出了他手中的底牌：“我与他陈长捷相比，兵力是三比一。另外，我手里还有他的最详细的布防图，可以说手到擒来！”

“那好噢，我们就按 30 个小时上报军委。”在一旁的林彪不紧不慢地说道。

一听此言，刘亚楼急了：“别、别、别，还是按 3 天报上去，我满打满算，按 30 个小时使用就是了。这叫留有余地。牛皮要等拿下天津再吹！”

东北野战军参谋长刘亚楼（右）用电话指挥作战，下达总攻击命令

第二天，返回天津西南杨柳青指挥部后，刘亚楼精心设计了一个“骗局”。

刘亚楼回来的当天下午，天津警备司令陈长捷派出四名代表打着白旗来到杨柳青，要求谈判。其实，陈谈判是假，刺探军情、拖延时间是真。

刘亚楼让联络参谋通知对方：“刘总指挥正在路上，大约半个小时才能赶到。”

刘亚楼却在处理完军务后从后门乘吉普车往天津以北发电厂方向绕了一圈，又在“谈判代表”的视线范围内，“风尘仆仆”地赶来。

一下车，刘亚楼连声道歉：

“对不起，对不起！我紧赶慢赶，还是未按时赶到，让诸位久等了。”

谈判桌上，刘亚楼斩钉截铁地说：

“我们的条件是：所有地区一律解放区化，所有军队一律解放军化，并不得迟于1月13日12时前放下武器，这是前提。否则，我军将于1月14日开始攻城！”

送走陈长捷的“谈判代表”后，刘亚楼又将数十门重炮调到天津北面，对城北防御工事实施破坏性射击。

天津城内陈长捷决心死战到底。他召集部下宣布：“近几天来，根据我谈判代表实地侦察和共军炮击征候，刘亚楼的指挥部设在天津以北的杨村或宜兴埠，共军的主攻方向在城北。”

六十二军军长林伟俦提醒陈长捷:“许多迹象表明，刘亚楼的指挥部在杨柳青，共军的主攻方向可能在西南面。”

陈长捷满有把握地说:“侦察有误，侦察有误！我们可不能中了共军声东击西的诡计。”

就这样，陈长捷将手中“王牌”一五一师，从金汤桥核心地区调往城北，加强北部防御。他万万没有料到，这正中刘亚楼下怀。

北平方面也派出少将民事处长周北峰和燕京大学教授张东荪，第二次与解放军谈判。

双方数度交锋，于1月上旬形成一个谈判纪要。纪要规定：傅作义所管辖的军队一律解放军化,所管辖的地区一律解放区化。在此前提下,起义人员一律不咎既往，所有被俘军官一律释放，傅作义及其总部和高级将领一律予以适当安排。

上述条件同意与否，人民解放军平津前线司令部规定:1月14日24时前为答复的最后期限。

1949年1月14日上午，东北野战军发动了对天津的攻击，迫使傅作义及早迈出和平的一步。

上午10时，对天津的总攻开始。上千门火炮同时开火，陈长捷这才领教了“共军”炮火的威力。

上午11时，东北野战军5个纵队、22个师，从东、西、南三个方向，在40多辆坦克的引导下，从11个突破口杀入城内。

一纵是东北野战军一支劲旅。辽沈战役中担任预备队。此次争得由西向东突击的任务，战士们奋不顾身，直插市中心。

由东向西实施突击的是八纵，总攻一小时后，便突破了天津守敌号称“永久性工事”的民权门。

1月15日2时，即发起总攻14个小时后，担任主攻、实施东西对进的部队，胜利会师于金汤桥，“堡垒化”的天津被拦腰斩断。

攻克天津之战，历时29个小时，歼敌13万，俘虏陈长捷以下国民党高级将领26名。

天津解放！捷报传至西柏坡，毛泽东对这次战役给予了高度评价，称之为创造了夺取新民主主义革命彻底胜利的一种斗争方式——“天津方式”。

毛泽东说：

> “今后解决这一百多万国民党军队的方式，不外天津、北平、绥远三种。用战斗去解决敌人，例如解决天津的敌人那样，仍然是我们首先必须注意和必须准备的。”

“天津方式”，对促成北平的和平解放起了直接、关键的作用。

就在发起天津战役的前一天，傅作义派出副总司令邓宝珊和周北峰第三次与中共谈判。在通县宋庄平津前线司令部里，林彪、罗荣桓、聂荣臻会见了傅作义的代表。

会谈一开始，邓宝珊就问：“你们要打天津了？”

林彪面无表情，不紧不慢地说：“我们已经下达了命令！”

罗荣桓接着说：“鉴于部队已开始行动，这次谈判就不包括天津喽。”

邓宝珊又问：“打天津，你们准备用多长时间？”

林彪不屑一顾地从嘴里哼出两个字：“三天！”

邓宝珊一怔，十分不服气地表示：“你们恐怕30天也打不下来。”

聂荣臻则说：“30天打不下来就打半年，半年打不下来就打一年，非打下来不可！”

15日下午，天津战役胜利结束。傅作义、邓宝珊目瞪口呆，谁能想，不到30个小时陈长捷就完了。

次日，遵照毛泽东的意思，刘亚楼将被俘的陈长捷送到北平城郊，与邓宝珊相见。

在凛冽的北风中，陈长捷凄楚地说道：“副总司令，回去告诉傅总司令，不要守了，天津的味道不好受啊！”

1月21日，傅作义终于痛下决心，接受共产党方面提出的一切条件，宣布脱离国民党反动营垒，接受人民解放军和平整编。

1月31日，东北野战军第四纵队开进北平，接受城防任务，北平宣告和平解放。平津战役就此落下帷幕。

平津战役的胜利，使蒋介石集团丧失了在华北的最后一个战略集团，其覆灭的日子，已经不远了。

1949年1月31日，东北野战军第四纵队在司令员吴克华、政治委员莫文骅的率领下，作为人民解放军卫戍部队进入北平。时至正午，四纵哨兵登上景山制高点，接管了傅作义部队的最后一个哨位。这座千年文化古城终于避免了战火。

2月3日，在市民倾城夹道的欢呼声中，林彪、罗荣桓、聂荣臻等野战军高级领导人健步走上前门箭楼，检阅入城部队。

入城式结束后，按照总部的命令，东北野战军转入整训。林彪、罗荣桓合计着：为了庆祝平津解放，开阔干部的眼界，决定组织营以上干部轮流进城参观。内容是：游一次故宫、颐和园，看一场著名演员演出的京剧和一场电影，会一次餐。

游皇家园林、看名角演戏，大家非常开心。会餐那天，气氛尤为热烈。开饭前，有人提议：是否可以喝点酒助兴？请示罗荣桓。罗荣桓回答："今天可以喝一点。不过，有言在先，可不许喝醉。我还要给大家讲个故事。"

酒过三巡之后，罗荣桓向部下讲了明末李自成进京的故事。他告诫部下，李自成失败的教训，值得我们借鉴。

罗荣桓在北平讲李自成，毛泽东在西柏坡讲李自成。

3月25日，刘亚楼前往涿县迎接来自西柏坡的中央领导机关和毛泽东一行。

一见面，毛泽东便握着刘亚楼的手，说："呵，10年未见的刘亚楼来接我们进京赶考喽！"

刘亚楼一时未明白毛泽东"进京赶考"的意思，在一旁的周恩来副主席向刘亚楼解释道："主席在离开西柏坡时说，我们进北平，是去接受考试的，共产党将要领导全国政权，这是一种新的考验，我们不能学李自成。"

毛泽东的战略眼光，在淮海和平津战役结束之前就已在扫视江南。淮海战役一结束，2月11日，中央军委便作出决定：由指挥淮海战役的刘伯承、陈毅、邓小平、粟裕、谭震林五人组成的总前委，在渡江作战中，照旧行使领导军事及作战的职权。

3月上旬，在西柏坡召开的中央全会上，毛泽东向到会的中央委员们宣布：

> 我们将要向长江以南进军，用战斗去解决敌人，仍然是我们首先必须注意和必须准备的。

为了适应协调作战和统一指挥的需要，按照中央军委1949年1月25日关于各野战军番号改由序数排列的决定，3月11日，东北野战军改称中国人民解放军第四野战军。

第四野战军下辖第十二、十三、十四、十五兵团。

第十二兵团下辖由原第三纵队改称的第四十军、第八纵队改称的第四十五军和第九纵队改称的第四十六军；

第十三兵团下辖由原第一纵队改称的第三十八军、第十纵队改称的第四十七军和第十二纵队改称的第四十九军；

第十四兵团下辖由原第二纵队改称的第三十九军、第四纵队改称的第四十一军和第五纵队改称的第四十二军；

第十五兵团下辖由原第六纵队改称的第四十三军、第七纵队改称的第四十四军和第十一纵队改称的第四十八军。

在东北野战军统一整编的同时，西北野战军、中原野战军和华东野战军也分别改编为中国人民解放军第一、第二和第三野战军。

全军统一整编之后，第四野战军奉命沿平汉路南下，进抵河南、湖北，于长江北岸，配合第二、第三野战军的渡江作战行动。

此时，国民党政府放出“和谈”烟幕，准备通过谈判争取一个划江而治的结局。中国共产党则在北平同国民党政府代表进行谈判的同时，加紧了渡江作战的准备。

3月底，全权指挥渡江作战的总前委制订了《京沪杭作战纲要》，决心采取宽正面、有重点的多路突击战法，分东、中、西三个突击集团，于4月15日18时在江苏靖江至安徽望江之间实施渡江作战，首先突破国民党军的长江防线，然后向纵深发展，占领苏南、皖南及浙江全省，夺取南京、上海、杭州等城市，彻底摧毁国民党反动政府的政治、经济中心。

由于渡江作战的主要目标是进攻和消灭位于长江下游南岸的汤恩伯集团，解放南京、上海等国民党统治的中心城市，因此，位于湖北、河南境内的第四野战军部队，主要担负佯动任务，占领武汉以北及其以东地区，以积极的行动牵制华中白崇禧集团，配合第二、第三野战军的渡江作战。

第二野战军司令员刘伯承在作战室里指挥渡江战役

随后，考虑到国共北平和平谈判国民党政府方面的最后签字时间，中央军委将渡江战役发起时间改为4月20日。

4月20日20时，即南京国民党政府拒绝签字的当天，中国人民解放军第二、第三野战军百万雄师发起了渡江作战。顿时，长江北岸，万炮齐发；长江江面上，千帆竞渡，国民党军苦心经营的所谓“立体防线”顷刻瓦解。

4月21日，毛泽东主席、朱德总司令向中国人民解放军发布向全国进军的命令，号召全军将士：

“奋勇前进，坚决、彻底、干净、全部地歼灭中国境内一切敢于抵抗的国民党反动派，解放全国人民，保卫中国领土主权的独立和完整……”

本来，蒋介石将最后希望寄托于苦心经营的长江江防上。然而，在解放军百万大军牵其头，挟其尾，攻其中间的猛烈打击之下，自汉口以下长达2000余里的长江防线，同时崩溃。

居于国民党长江防线之首的，是盘踞在武汉的白崇禧集团。

按照渡江作战的统一部署，第四野战军之第十二兵团，在萧劲光率领下，于渡江作战发起之日，向白崇禧部在江北的汉川、孝感、黄陂、新洲地区展开了一系列的攻击作战，使白崇禧根本不敢有半点轻举妄动的念头。

4 月 27 日，萧劲光率四野十二兵团进抵长江北岸。此时，陈赓率二野四兵团兼程前进，向赣东北追歼逃敌，威胁白崇禧的侧后安全。鉴于这种形势，白崇禧惧怕被歼，遂采取避免与解放军作战的办法，于 5 月初开始收缩武汉外围的防务，俟机撤退。

5 月 15 日，国民党“华中军政长官公署”副长官、河南省“政府主席”、第十九兵团司令张轸率部在武昌以南的贺胜桥、金口一带起义，迫使白崇禧慌忙南撤。

同日，四野十五兵团第四十三军在军长李作鹏率领下，于湖北团风与田家镇之间约200余里宽的江面上发起渡江作战。南岸守敌临阵举义，四十三军顺利渡过长江。16 日，该军激战一天，攻占了黄石、鄂城、大冶、阳新，有力地配合了第二野战军在九江、南昌方面的战斗。

5 月 17 日，四野十二兵团第四十军在军长罗舜初的率领下，顺利解放了汉口、汉阳和武昌。

华中重镇武汉解放后，中央军委任命谭政、陶铸为武汉军管会正、副主任，萧劲光任警备司令。

5 月下旬，已经就任四野第十四兵团司令员的刘亚楼，在北平办完了原职务移交工作，正准备南下率部作战之际，突然接到中央军委的通知，让他去毛泽东主席的住地，领受新的任务。

“是什么重要任务，主席亲自交代？”

在急驰而去的吉普车里，刘亚楼闷不作声。吉普车出西直门，过颐和园，奔香山而去。

一个小时后，车至幽静的皇家园林——静宜园内。在毛泽东主席的住地双清别墅，刘亚楼见到了毛泽东。

毛泽东开门见山地说：“刘亚楼，你仗打得不错，又在苏联吃了几年‘面包’，要你从陆地上天，负责组建空军怎么样？”

刘亚楼怔了片刻，略带吃惊地回答："主席，我在苏联是学陆军的，虽然在东北兼过航校校长，但那是瞎凑合。要动真家伙，去搞空军，怕是做不了。"

毛泽东微笑着说："好嘛，我就是要你这个自认为做不了的人去干空军，怎么样啊？"

刘亚楼知毛泽东决心已下，慎重地说："那我就只有边干边学，边学边干了。"

毛泽东笑了。

从此，刘亚楼离开了第四野战军，开始肩负起新的使命，承担起了组建空军的重任，成为共和国人民军队第一任的空军司令员。

渡江战役后，中国人民解放军各路劲旅挥戈南下，势如破竹。

在长江中下游，第二、第三野战军联合作战，予防守京沪杭地区的国民党军汤恩伯集团以沉重打击。4月23日，南京解放，伪国民政府逃往广州。5月3日，杭州解放。5月22日，南昌解放。5月27日，攻克上海。

华中方面，第四野战军继5月中旬解放武汉三镇后，分兵南下，于7月至8月发起宜沙、湘赣边、赣西南等战役，穷追白崇禧集团进入湖南地界。

下野"隐居"奉化溪口的蒋介石再也坐不住了，他急忙出面指挥调度退守在华南、西南、西北的残余国民党军队。

蒋介石坐着"美龄"号专机，忽而海口、广州，忽而成都、重庆，妄图把退集华南、西南和西北的部队组织起来，以尚存一些实力的白崇禧、胡宗南集团为骨干，建立防御体系。华南方向，以白崇禧集团和粤系余汉谋部，组织"湘粤联防"，阻止解放军向广东、广西进军；西南方向，以宋希濂、孙元良兵团布防川湘鄂边，防守川东门户；以胡宗南集团扼守秦岭、大巴山一线，防止解放军由陕西入川。打算以川西平原为核心，以川、康、云、贵为后方，割据西南，建"都"重庆，静候国际事变，期待卷土重来。

5月下旬，毛泽东为中央军委起草电报，做出了渡江作战之后向全国进军的部署，明示其麾下的各位大将：

我军实施战略追击时，对敌应采取大迂回、大包围动作，断其退路，先完成包围，然后再回打。为此，确定：首先以第四野战军配属第二野战军一部，进军两广，歼灭白崇禧集团，后西出云南；令第二野战军主力，于四野在广西作战的同时，直出贵州，进占川东、川南，切断胡宗南集团逃往云南的退路；以第一野战军之第十八兵团，在二野断敌退路之后，由秦岭入川追击胡宗南集团，会同二野主力聚歼敌人于四川盆地。

按照这一战略意图，南下两广，当务之急就是围歼白崇禧集团于湖南境内。7月16日，毛泽东又专门致电第四野战军：

白部本钱小，极机灵，非万不得已，决不会和我作战。……因此，和白部作战方法，无论在衡州以南什么地方，在全州、桂林等地，或在他处，均不要采取近距离包围迂回方法，而应采取远距离包围迂回方法，方能掌握主动，即完全不理白部的临时部署而远远地超过他，占领他的后方，迫其最后不得不和我作战。

8月初，根据这一战略意图，第四野战军决定兵分三路，直捣湘西、湘南及广东敌人的巢穴。

西路，由程子华、萧华率十三兵团主力，沿芷江、黔阳方向前进，直插广西柳州，切断白崇禧集团西退入滇或入黔之路；

中路，由第十二兵团司令萧劲光率兵团主力及第二野战军第五兵团一部，待西路军行动后，在衡阳、宝庆地区展开攻击，寻歼白崇禧集团主力，尔后进入广西，解放广西全境；

东路，由第十五兵团司令邓华、政委赖传珠率兵团主力，在二野第四兵团的配合下，南下广东，解放广东，而后西进广西，与西路军达成规模巨大的“钳形包围”。

8月4日，第四野战军部队兵临长沙城下。

在中共地下党长期策动和解放军强大压力下，国民党长沙绥靖公署主任、湖南省主席程潜及第一兵团司令、长沙警备司令陈明仁率部起义。

程潜、陈明仁的起义，使白崇禧仓促构筑的“湘赣边防线”迅速瓦解，为第四野战军南下，创造了有利条件。

9月13日，程子华、萧华率四野第十三兵团由常德出发，担任野战军进攻的左翼，分两路沿湘川公路和资水前进。将士们不顾饥劳路险，在湘西南的崇山峻岭中急速前进，一路逢山开路、遇水架桥，连克湘西南重镇沅陵、溆浦、辰溪，直逼芷江。

芷江，是白崇禧新构筑的“湘粤联合防线”的左翼主要支点，是湘、桂、黔三省门户。程潜、陈明仁起义后，白崇禧在该处成立了伪湖南流亡政府，并以第十七兵团驻防。

10月1日，正值中华人民共和国举行开国大典时，第四野战军之十三兵团开始向芷江外围展开攻击战斗。10月5日，十三兵团解放湘西南重镇芷江。

四野西路大军直取芷江的同时，担任东路左翼进攻的第十五兵团和二野第四兵团亦在湘粤边境突破敌人防线，分数路进军广东。

9月30日，在东西两路顺利出击之后，担任中路进攻的第十五兵团和二野五兵团一部也开始行动。十余万解放军将士以排山倒海之势直趋衡阳、宝庆。在不到两天的时间中，敌军外围据点被扫荡殆尽，衡阳、宝庆的敌军主力全线动摇。10月3日，四野十五兵团和二野五兵团各军齐头并进，与在衡宝公路以北进行防御的国民党军形成对峙局面。

“共军要与我在衡阳、宝庆间决战？”

白崇禧一看解放军摆出的这个阵式，知道利害，情急之中，号称“小诸葛”的他亮了一手不凡功夫，让林彪见识了一下他的“障眼法”。

10月4日，在第四野战军前线指挥所里，关于白崇禧部兵力频繁调动的情报不断传来：

“3日，位于衡阳的白部第七军，位于耒阳的第四十六军沿衡宝公路西进。4日，位于广东乐昌的第四十六军、郴县的第九十七军陆续北上。这样，至目前为止，加上原在衡宝线上的敌五十八、一〇七、七十一和十四军，白崇禧在衡宝公路百余公里的地段上猬集了近七个军的兵力。”

“白崇禧要干什么？”

按照野战军的原定方案，东、西两路率先出击，在广西对湘南的白崇禧部达成合围，然后，以中路军予敌主力以大量歼灭。可是，眼下，东、西两路正在攻击前进，战役上的合围态势并未形成，而白崇禧又在四野中路军的当面集中了七个军，摆出了一副决战的架势。

假如白崇禧是以进为退，那么，四野部队按原计划行动，中路军迅速出击，乘敌调整部署的时机，一举插向白崇禧部署纵深，将其包围分割，即使无法将其一口吃掉，也可以拖住，为东、西两路合围赢得时间。如此一来，在湘南一战解决白崇禧集团，可收事半功倍之效。

如果白崇禧不是虚晃一枪，真要与解放军决战，那么，当四野部队发起攻击时，国民党军队决不会轻易后退，其在广东、广西的援军也会北上。于是，在局部战场上便会出现白部兵力占绝对优势的情况，而第四野战军中路的四个军没有必胜的把握。

还有一个比较稳妥的办法。让中路军暂时停止前进，以现有之兵力再加上增援而来的第二野战军第五兵团，再待西路军第十三兵团进至衡宝侧后之时，同时展开攻击，这样便可以万无一失，稳操胜券。可是，这一方案也有风险。假如白崇禧真是以攻为退的话，那么，解放军部队将会坐失歼敌良机，无法实现在湘南歼灭白崇禧集团的任务。

各种可能都有，各种理由都成立，当失败与成功的概率难分伯仲时，充满风险的决策就成为最痛苦的事情。

林彪沉默良久，权衡再三，终于作出决定："为稳妥起见，准备与白崇禧集团主力在衡宝地区决战。"

10月5日，两份特急电报从武汉第四野战军司令部传到了位于长沙的十二兵团司令员萧劲光手中：

各部即在原地停止待命，严整战备以待我兵力之集中。

如敌向我大举进攻时，各部可采取诱敌深入的方法，以一部抗击敌人，主力后移。

担任西路作战任务的第十三兵团亦接到电报，命令程子华、萧华率部停止南进，由芷江、会同转向宝庆、祁阳，准备于衡宝地区寻敌主力决战。

林彪此举的意图是：以西路军之一部，达成对衡宝地区的东西合围；以中路军四个军，会同二野五兵团主力，从正面展开攻击，与白崇禧决战衡宝。

正当双方调动兵力，调整部署之时，一个纯属偶然的事件，导致了战局出现戏剧性变化。

10 月 5 日，当林彪命令中路和西路各军停止前进，转入决战准备时。担负中路军先头部队的第四十五军一三五师，由于没有接到停止前进的命令，仍大踏步挺进，并于 5 日夜在衡阳西北越过衡宝公路插入敌人侧后，进至宝庆东南地区。6 日，该师楔入敌后，在灵宫殿地区与白崇禧部四个师激战一天，站稳了脚跟。

此时，白崇禧已开始向第四野战军的东、西两线展开反击。正当反击不利、出师未捷之际，解放军一三五师当胸插了一刀。中路军按兵不动，西路军疾速东进，防线正中又被捅了一刀，白崇禧一时对林彪的“部署”大感疑惑。于是，在腹背受敌的情况下，白崇禧于 7 日凌晨下令全线南撤。顿时，决战的“底气”全无，数十万大军一路逃奔向两广。

针对白崇禧的全线突然撤退，林彪当即命令中路正面四个军全线出击，分别沿衡阳、耒阳、零陵方向加速前进；令西路军抢占武冈一线，堵截白崇禧的西退之路。一场大规模追歼战在湘南地区展开。

10 月 8 日，第四野战军解放湘南重镇衡阳。

当第十二兵团司令员萧劲光正率领部队南进歼敌时，他接到了新的任命，有幸成为年轻的共和国第一任海军司令员。

衡宝战役后，第四野战军主力以雷霆万钧之势，直下广西，横扫退居广西的白崇禧残部。至 12 月 10 日，共歼灭国民党军白崇禧部 28.2 万余人，胜利地解放了广西全境。

1949 年 12 月中旬，横扫粤桂的两广战役还未结束，中央军委便将解放海南岛的任务赋予第四野战军。

12 月 14 日，第十五兵团司令员邓华收到了林彪签署的命令：

根据中央军委部署，野战军司令部决定：由邓华率十五兵团机关，统一指挥第四十军和第四十三军，并配属加农炮二十八团、高射炮兵一团及其保障分队，在琼崖纵队配合下，准备解放海南岛。

解放海南岛可能是第四野战军在中南地区追歼国民党军的最后一仗。

然而，渡海作战对陆战娴熟的指挥员邓华来说，确实是个新问题。水文潮汐、越海航渡、突击上陆等，这些在陆上作战根本无需考虑的因素，在渡海作战中必须认真加以考虑和解决。10月24日，第三野战军之第十兵团，在未进行充分准备的情况下仓促渡海作战，招致了金门岛登陆战的失利。眼下，自己要指挥攻占的海南岛，无论从哪个方面讲，都要较金门作战复杂得多，因此，海南岛登陆作战也就比金门岛登陆作战困难得多。

早在一个多月前广东战役正紧张激烈进行之际，邓华就已经得知自己的部队将担负解放海南岛的任务。10月14日，中央军委在发给第二野战军第四兵团司令员陈赓的电报中，就已经明确指出：

> “四兵团应乘胜向粤西南追击，占领并歼灭逃至高要、新兴等县之敌，使第十五兵团易于攻取海南岛。”

海南岛又名琼崖，是中国的第二大岛，位于南海北部，与雷州半岛隔海相望，海峡宽11至27海里，全岛面积3.4万平方公里，是南海北部通向北部湾的咽喉和华南地区的海上屏障，战略地位十分重要。

从军事地理角度来看，这个素有“南中国海门户”之称的中国第二大岛，是比较便利于长期防守的。岛的中部为五指山和黎母岭，山脉绵亘，丛林茂密，易守难攻。岛上濒海地区，多为丘陵与平原，便于部队机动防御、调遣兵力。特别是那旖旎的热带风光与气候，足以为人们提供丰富的生活资料，便于大部队长期生存。还有那一日数变的海峡潮流，流向无定，经常变换，更增添了渡海作战的困难。

两广战役结束后，原国民党琼崖保安司令薛岳，便将撤到岛上的余汉谋部和陈济棠部收集在一起，拼凑了一个海南防卫总司令部。下属计有陆军5个军19个师、特种兵一部；海军舰队一个，各型舰船50余艘；空军4个大队，各型飞机42架。其总兵力达10万余人。保安司令薛岳依仗着海空军优势，组成了环岛立体防御，并以其字命名为“伯陵防线”，准备长期固守，屏障台湾。

夺取海南岛牵动着最高统帅的心。1949年12月18日，远在苏联首都莫斯科参加中苏最高级会谈的毛泽东，电示四野司令员林彪：

> 渡海作战完全与过去我军所有作战的经验不相同，即必须注意潮水与风向，必须集中能一次运载至少一个军（4万至5万人）的全部兵力，携带三天以上粮食，于敌前登陆，建立稳固滩头阵地，随即独立攻进而不要依靠后援。因为潮水需12小时后第一次载运船只方能返回运第二次，而敌可用海空军切断我之运输，故非选择时机一次载运一个军渡海登陆，并能独立攻进，建立基地，取得粮食，便有后援不继，遭受重大损失之危险。

邓华看着野战军司令部转来的上述电报，思考着如何展开各项筹备工作。最使他感到困难的，是无法解决渡海工具。毛泽东在电令中说，至少要集中运载一个军（4万至5万人）的兵力，并携带三天以上的粮食，在敌前登陆。可是，眼下，既没有海军的舰艇运送，又没有空军的飞机实施空降，就连最原始的渡海工具——木船，也寥寥无几。几万人连同他们的装备弹药粮食，何以为渡呢?

1950年1月10日，毛泽东再次电示林彪：

> 请令邓（华）赖（传珠）洪（学智）不依靠北风而依靠改装机器的船这个方向去准备，由华南分局与广东军区用大力于几个月内装备几百艘大海船的机器，争取于春夏两季内解决海南岛问题。

然而，改装机帆船谈何容易!

首先是数百艘船的发动机如何筹措?大陆刚刚结束战乱，百废待兴，已遭严重破坏的中国机械制造工业，根本无法提供几百台船用发动机，到毗连广东的香港去买，一是没有那么多钱；二是即使有钱，港英当局能够允许将那么多发动机运往内地吗?

其次，就算有了发动机，凭现有的技术力量，要想在短时间内改装那么多的机帆船也并非易事。

显然，这个方案不现实。

在各种方案的酝酿中，十二兵团副司令兼四十军军长韩先楚，提出了利用木帆船渡海，打敌立足未稳的方案，并上报军委。

几天后，中央军委和毛泽东，同意用木帆船渡海作战的方案。

1950 年 1 月下旬，为配合第四野战军渡海作战，海南琼崖纵队参谋长符振中从海南岛偷渡前往广州，联系配合解放大军渡海作战的事宜。

1 月 25 日，中共中央华南分局第一书记、华南军区司令员叶剑英、十五兵团司令员邓华等听取了符振中的汇报。符振中介绍了琼崖纵队的兵力和国民党军的布防情况，敦促大军尽快渡海。他还特别转达了琼崖纵队司令员兼政治委员冯白驹的建议，即乘敌人防线不严密、军心混乱之机，先将一部兵力偷渡上岛，以加强琼崖纵队的接应力量。

叶剑英、邓华等认真倾听着来自海南岛的第一手情况，仔细询问了符振中偷渡海峡到达雷州半岛的经过。终于，两个多月来关于渡海作战的最佳方案在最高指挥员心目中逐步明朗起来。

2 月 1 日，第四野战军十五兵团渡海作战会议，在广州市繁华的东山区绿荫丛中一幢漂亮的别墅里举行。一个多月前，这幢别致的小洋楼还是国民党政府行政院副院长吴铁城的公馆。现在这里已成为中国人民解放军第四野战军十五兵团的司令部。

参加会议的，除华南军区司令员叶剑英、十五兵团司令员邓华及兵团其他领导外，还有担任作战任务的四十军军长韩先楚、四十三军军长李作鹏和琼崖纵队副司令员马白山、参谋长符振中等。

会议上，邓华以敏捷的思维干练的语言，向诸位将领介绍了敌情、决心和方案。邓华说：

“薛岳，是国民党将领中的死硬派，曾长期与我军作战，双手沾满了人民的鲜血。此人指挥能力较强，对海南岛守敌有相当的控制能力，而且，奉了蒋介石的死命令，准备凭借海南岛顽抗到底。因此，海南岛不存在和平解决的条件，只有以战斗方式来解决。”

参加会议的华南军区司令员叶剑英插话：

“渡海作战，不同于陆地作战。在陆地上进行攻防作战，打不好可以调整部队重来。可是，在渡海作战中，成败与否，只能有一次机会。搞得不好，不但不能解放海南岛，部队还会葬身鱼腹，历史将不会给我们改正错误的机会。当然，渡海作战，对你邓华和在座的诸位来说，对于整个人民解放军来说，是一个全新的课题。希望你们发扬敢打必胜的精神，战胜滔滔大海！”接着，邓华向参加会议者宣布了渡海作战的方针：

“海南岛登陆作战，采取分批偷渡与大规模强渡相结合的方针，奇正用兵，双管齐下。为此，要求第四十三军和第四十军，迅速完成渡海准备，先期实施小规模分批偷渡。”

邓华着重就先期偷渡问题作了说明：

“小规模偷渡，是乘木帆船，可以伪装成渔船，利用夜晚顺风顺潮顺流的机会，一个晚上的航程即可到达。上岛后，有琼崖纵队接应，从岛上敌人防御薄弱的两侧楔入，坚信是可以成功的。”

叶剑英最后说：“根据琼崖纵队司令员冯白驹同志的建议，我们拟派小部队先期偷渡上岛的方案是正确而稳妥的选择。先期实施偷渡，对于琼崖纵队来说，是增强了接应大军上岛的实力；而对于战役的发起者来说，则是为渡海作战解放海南岛打开了一个突破口。”

2月12日，仍在苏联访问的毛泽东发回电报，同意四野十五兵团的先期偷渡方案。

3月5日黄昏，阵阵东北风扫过琼州海峡，落日的余晖染红了海水。在雷州半岛徐闻县西南的灯楼角海岸边，四十军军长韩先楚率领他的军、师指挥员们聚集在海边，为先期偷渡的部队送行。

下午7时，当天色微微转暗后，实施先期偷渡的四十军一个加强营共800人，分乘14只木帆船，开始拔锚起航。

午夜12点，该营发回第一个电报，称：

“风向好，船速快，一切顺利！”

凌晨3点多，该营又发回第二个电报，内容是：

“已航行近二十海里，但风已停，船行很慢，全力划桨前行。”

此时，韩先楚和正在海图上测量距离的参谋们，等待着下一步的消息。

3月6日上午11时，偷渡营再次通报：

“海上发现敌人军舰，正准备战斗。”

随后，电台联系即告中断。

一天过去了，没有音讯。两天过去了，仍然没有消息。兵团和军部几次电询琼崖纵队，得到的均是“情况不明”的答复。指挥部里有的参谋甚至将电台的收讯机频律调到了国民党的广播电台，希望从这里能得到一丁点消息。

作为此次行动的前线指挥员韩先楚和渡海作战最高指挥官邓华，真是度日如年，寝食不安。

3 月 8 日，兵团司令部收到琼崖纵队急电，告知：偷渡部队已于 6 日 14 时在白马井登陆，并已同琼崖纵队会合。先遣部队失去联络的原因是电台被水浸泡，没能及时联络。

邓华、韩先楚终于长出一口气。四十军先遣营偷渡成功，说明偷渡计划可行，于是，四十军、四十三军开始组织多批次的偷渡，将整营整团的部队送过琼州海峡。

偷渡的成功，极大地鼓舞了广大指战员解放海南岛的信心。可是，作为主力部队渡海的乘载工具仍未解决。3 月中旬，根据可靠情报，四十军以一个团的兵力，奇袭了国民党军踞守的涠洲岛，消灭守岛敌军 500 余人，缴获大型渔船 400 多艘，为主力部队大规模渡海奠定了基础。

一个多月来，经过四批先遣偷渡，十五兵团已经将一万多人的兵力先期送往海南岛，加之琼崖纵队，已形成一支实力强大的接应力量。与此同时，大批渡船的获得，解决了渡海工具。这一切，都预示着解放海南岛的战役就要开始了。

1950 年 4 月 16 日，是报经中央军委批准的渡海作战发起日，也是邓华及兵团司令部参谋们根据水文资料所确定的最理想航渡时间。

一大早，十五兵团和两个军的各级指挥员们就密切地关注着天气的变化，准备进攻时刻的到来。

16 日上午，东风阵阵，正是渡海作战所需要的风向。可是到了中午，风向变为东南。下午 2 时，乌云密布，雷声隆隆，随即刮起了猛烈的西南风。从预定起渡点到预定登陆点，正是顶头风！在这样的天象条件下渡海，即使敌人不出一兵一卒，自己也会全军覆没。

站在岸边的韩先楚急了，转过身问身旁的船工：“天黑以后，西南风会不会停？”

身旁的船工知道这句话的分量，沉默不语。

一个沙哑的声音说："天黑以后，风向要转，西南风转东风。"

韩先楚循声音望去，说话的人是个白发银须的老艄公。

韩先楚将信将疑，再次询问道："风向真的会转吗？"

老艄公凭着几十年风浪颠簸的经验，沉稳地回答：

"军中无戏言，天黑以后不起东风杀我的头！"

果然，下午 6 时 30 分左右，风向转为东风！各级指挥员紧绷的脸有了一丝笑意，参加渡海作战的各部队迅速登船、升帆，做好出发前的各种准备。

晚 7 时 30 分，第四野战军十五兵团参加海南岛进攻作战的登陆部队起锚了。四十军军长韩先楚率所部六个团，四十三军副军长龙书金率所部二个团，共计 2.5 万余人，分乘 500 多艘船只，从雷州半岛南端各港湾起航。

这是中国人民解放军历史上最大规模的渡海作战。横渡海峡的船队采取横宽纵短的编队形式，实行一个波次宽大正面登陆的战法。由于部队乘坐的都是木帆船和数量不多的机帆船，可以直接抢滩上陆，不需程序复杂的换乘，从而可以节省时间。在既无制空权、又无制海权的条件下，以木帆船编队实施两栖登陆作战，堪称现代战争史上的奇迹。

按照兵团的统一部署，先遣渡海的部队和琼崖纵队主力，向海南岛北部海岸运动，准备接应主力部队登陆。

国民党军海南岛防卫总司令薛岳，在解放军多批偷渡成功后，立即停止了对琼崖纵队的"围剿"，重新部署兵力，全力加强正面防线。他一面将大批作战部队调往加积、海口两侧，一面从台湾调来军舰，加强对海峡的巡逻和封锁。

4 月 16 日夜，狡猾而富有经验的薛岳，从频繁而密集的空中电台信号中，嗅出了味道。他即刻电令各部队："今晚北面共军电台活动频繁，各据点务必注意，不可轻心。"

时近午夜，解放军渡海编队已跨过琼州海峡中线，进入薛岳的海军巡防警戒线内。

突然，海面上空亮起了耀眼的照明弹，把水面照得如同白昼。敌人发现了！顿时，海面上炮声四起。按照预定方案，解放军经过改装的"土炮艇"立即迎战，以三艘土炮艇打一艘国民党军舰的编队，迅速向敌人靠拢。船上安装的各种口径火炮一齐开火，与敌海军彻夜海战。

在解放军掩护编队与敌舰艇展开炮战时，担负登陆任务的主力编队继续破浪前进，于17日凌晨突破国民党军的立体防线，分别在海南岛正面临高角、博铺港、雷公岛、玉抱港、才芳岭一线强行登陆。

与此同时，掩护编队的土炮艇在海战中击沉敌舰一艘，击伤敌舰二艘，并在与敌旗舰“太平号”的战斗中，击毙了国民党海军第二舰队司令王恩华。木船打军舰，算得上是四野部队的一手绝活。

十五兵团主力部队突击上陆后，迅速摧毁了敌人沿岸防线，并与接应部队会合，向海南岛纵深发展。

4月18日，薛岳倾其所有机动部队共5个多师的兵力，自海口、加积地区乘500余辆汽车驰援澄迈，企图乘解放军立足未稳，一举歼灭于临海地区。

面对着来势汹汹的敌主力部队，十五兵团司令邓华果断地命令四十军和四十三军迅速靠拢，准备与敌军决战。

20日夜，四十三军主力在黄竹、美亭包围了敌人两个团，并吸附了前来解围的敌军五个师。在敌众我寡、两面作战的困难处境下，四十三军主力苦战一昼夜，为四十军的到来争取了时间。

21日下午，韩先楚率领四十军进至美亭东西两侧，与四十三军相互配合，形成对国民党军的合围态势。

22日，四十军与四十三军联手发起总攻，全歼美亭突围之敌。至此，薛岳的机动作战兵力丧失殆尽。

美亭决战后，薛岳见大势已去，便下达总撤退命令，自己则于22日乘飞机逃往台湾。

23日，十五兵团第二梯队登陆成功，海口解放。

30日，解放军分别夺取了榆林、三亚、八所、北黎等港口，将胜利的红旗插向了天涯海角。至此，中国的第二大岛——海南岛宣告解放。

在不到4年的时间里，中国人民解放军第四野战军及其前身东北野战军、东北民主联军、东北人民自治军，从出关时的十余万人发展为百万大军，为中国共产党问鼎天下立下了汗马功劳。它的战绩，遍布白山黑水、湘江两岸、天涯海角，构成中国人民英勇奋斗之光荣历史的一个重要组成部分。

华南地区及其沿海岛屿解放后，第四野战军转入剿匪及支援地方政权建设等工作，先后于湘、桂、粤境内歼灭土匪 100 余万，为建立和巩固新中国的民主秩序作出了重要贡献。

朝鲜战争爆发后，四野属下的几支部队，加入了中国人民志愿军序列。在与美帝国主义为首的“联合国”军作战中，再次显示出了无敌军威。有关内容在下篇中将要叙述。

1950 年 4 月，第四野战军番号撤销，隶属各部队分别改编和划归中国人民解放军诸军兵种和各军区指挥。四野作为一支中国共产党武装夺取政权的战略力量，终于光荣完成了它的历史使命。

下　篇

劲旅威名天下知

四野各纵队（军）写真

第七章 “万岁军”传奇

——东野一纵（第三十八军）

彭德怀、“徐老虎”的老班底。从秀水河子到四平，三十八军威震黑土地。克津门，走马擒住陈长捷。彭总激将，梁兴初把火全发到美国人头上。战朝鲜，“万岁军”美名天下扬。

在中国人民解放军众多野战军中，号称“万岁军”的独此一家。在东北辽阔的黑土地上，这支部队三下江南，喋血四平，辽西会战，主攻沈阳，以其打不垮、拖不烂的顽强战斗力，成为了第四野战军众多野战部队中的主力。平津战役中，它如同一把无坚不摧的钢刀，担当起主攻重任，第一个将红旗插上了天津城垣，率先突入到东西对攻会师点——金汤桥，并与兄弟部队一起，29小时即拿下号称“固若金汤”的整个天津城。特别是在抗美援朝第二次战役中，该军战绩出众，被彭老总授予“万岁军”殊荣。

它就是由原东北野战军第一纵队改称的——中国人民解放军第三十八军！

第三十八军，从编制序列上讲，是中国人民解放军第四野战军的第一军。就战斗力而论，也当列四野首位。该军下辖第一一二、第一一三、第一一四三个师。历任军、师首长全是久经沙场的红军时期的猛将。

第三十八军是一支以中国工农红军为骨干发展起来的部队。究其历史，乃是彭德怀元帅和徐海东大将麾下的红军劲旅。

早在第二次国内革命战争时期，第三十八军的前身就已经诞生了。其一一二师之三三四团乃彭德怀、滕代远、黄公略领导的红五军之一部，长征到达陕北时，其番号为红一军团第四师第十团（团长李天佑、团政治委员杨勇）。其一一三师之第三三八团乃徐海东红二十五军之一部，长征到达陕北时其番号为红十五军团第七十五师第二二三团（团政治委员刘震）。全国抗日战争初期，这两个团被分别改编为八路军一一五师第三四三旅第六八六团第一营、第三四四旅第六八八团第一营。该军一一二师之三三五团和一一三师之三三七团也是在抗战初期，由红军干部和骨干组成的部队。其番号分别为八路军一一五师第三四三旅第六八五团新二营和第三四三旅补充团。

由于部队的各级指挥员及骨干，均是来自中央苏区和鄂豫皖苏区的老红军，使得他们既经受过历次反“围剿”作战的锤炼，又饱尝了万里长征的磨难，从而使得这支部队不仅骁勇善战，而且具备了一支铁军所必需的吃苦精神和强烈荣誉感。

八路军一一五师整编后即东渡黄河，迎着兵败如山倒的国民党逃兵的洪流，开赴抗日前线。在一一五师首战平型关战役中，三十八军前身部队均作为师主力投入战斗。平型关大捷是抗战以来中国军队痛歼日寇的第一个歼灭战。从此八路军声威大震，令中外人士刮目相看。

随后，三十八军前身部队在晋冀鲁豫地区艰苦转战。1939 年后，先后进入山东和苏北地区。随后便长期战斗在苏北、鲁南、滨海战场，发展成为山东军区第四、第六、第十三、第二十三团。在整个抗日战争期间，三十八军的这些前身部队共经历了大小战斗 700 余次，歼灭和俘虏日、伪军总计 4 万余人；并协同兄弟部队创建与巩固了晋西、晋西北、晋冀豫、冀鲁豫、苏鲁豫、鲁西、鲁南、鲁中、滨海等抗日根据地。不仅战功卓著，而且也进一步锻炼了部队和改善了自己的装备。

抗日战争胜利前夕，即 1945 年 8 月，为适应大反攻的需要和粉碎国民党军事进攻，山东军区奉中央军委命令组建野战军。将第六、第十三团与滨海军区独立第三团合编为山东解放军第一师（即三十八军第一一二师前身），师长梁兴初，政治委员梁必业，下辖一、二、三团，约 7500 余人。同时又将第四、第二十三团与滨海军区独立第一团合编为山东解放军第二师（即三十八军第一一三师前身），师长罗华生、政治委员刘兴元，下辖四、五、六团，全师约 7500 余人。整编后的一师、二师，即在山东军区司令员兼政治委员罗荣桓的指挥下，以风卷残云之势向日伪军诸据点发起猛攻，兵威所及，攻无不克。仅月余时间，即扫除沿海日伪据点百余处，歼敌万余，收复大片失地。

为配合苏联红军解放东北，山东军区滨海支队奉命组成东北挺进纵队，下辖两个支队，共计 3500 余人，在纵队司令员万毅、副政委周赤萍的率领下，跨海远征。该纵队 9 月底抵达东北后改称东北民主联军第七纵队（即三十八军第一一四师前身）。

9 月 19 日，中共中央确定“全国的战略方针是向北发展，向南防御”。遵照中央指示，山东解放军第一师和第二师，于 10 月底和 11 月下旬，由海陆两途开抵东北，并分别改称为东北民主联军直属第一师、第二师。

三十八军一一二师的前身是东北民主联军直属一师，进入东北后打的第一个漂亮仗，就是自卫战争期间的秀水河子歼灭战。

1946年2月上旬，东北国民党军以三个美械装备师，从北宁路（北平至沈阳）沟帮子至新民一线，向南侧辽中、北侧法库方向发动进攻，企图驱逐驻守这一带的东北民主联军，维持北宁路运输线，并为下一步攻占沈阳创造条件。其中北路第十三军第八十九师一个加强团，远离主力，于2月11日进占了秀水河子。

秀水河子是辽宁西部锦州以北的一个小镇。它位于北南流向的秀水河与彰（武）法（库）公路的交界处，是个只有百余户人家的小镇，镇东南地势平坦，西北地形起伏，有点小山。

开始，东北民主联军因要遵守国共停战协议没有打，还派人送去退兵信，好言好语劝他们遵守协议撤回去。哪想该敌自恃是美械装备，不但不撤，竟然继续向东北民主联军总部所在地法库进犯。在遭到三师七旅痛击后缩回秀水河子，仍赖着不走。

于是，东北民主联军总司令林彪决定，集中一师、三师第七旅以及保一团部队，消灭秀水河子之敌，给狂妄的国民党军一点教训。战场正、副指挥，由七旅旅长彭明治和一师师长梁兴初分别担任。

具体部署是：一师二团和七旅十九团担任主攻，一师二团由北向南，七旅十九团由西南向东北；七旅二十一团一部和一师一团由东南和西北两个方向对进，作为辅助攻击；七旅二十团和保一旅担任阻援；一师三团为预备队，并担负阻彰武之敌增援和截击秀水河子之敌向西突围的任务。

林彪对于一师和七旅的战斗力是有信心的。这两支部队都是原八路军第一一五师老底子。半个多月来，两支部队针对与美械装备的敌人作战，已在此进行了多次战术演练。

林彪对于眼下的这一仗极为重视。部队完成包围后，他亲自到前线视察，并再次要求彭明治和梁兴初，一定要坚决贯彻“一点两面”战术思想。

2月13日黄昏，一师首先发起进攻。担任主攻的二团打得极为勇猛。英勇的战士们不顾敌人集中火力封锁突击道路，前仆后继，鲜血染红了白雪铺盖的沟沟坎坎。

二团八连连长张文祥身先士卒，率领部队向北山制高点冲击。当他登上山岭时，看见敌人的机枪打得正凶，他便如同猛虎扑食一般打倒了敌人机枪手，一把握住了已经打得通红的枪管，把机枪夺了过来。但当他正要指挥部队继续前进时，不幸中弹牺牲。张文祥是山东军区最著名的战斗英雄之一。他在战斗中先后13次负伤，身上有40多处伤痕。英雄的牺牲激怒了全连战士，他们高喊着“为连长报仇”的口号勇猛冲杀，压向敌人。

战至凌晨1时，敌五十二军二师的一个团已由大虎山赶来，距离秀水河子只有十里路了，情况非常紧急。林彪一面命令阻援部队坚决堵住敌军，一面命令攻击部队加紧攻击，最迟于拂晓前解决战斗。

梁兴初和彭明治立即严令各部队加紧攻击。此时战士们早已杀红了眼，与守敌进行着反复冲杀，逐屋争夺。经过整夜奋战，一师和七旅两支部队，终于在第二天拂晓在敌人指挥所会师。秀水河子之敌大部被歼，部分拼死突围侥幸逃出的敌人，也在向西逃窜途中，被守候多时的一师三团截住并吃掉。

这一仗打得干脆、快速。干净彻底地全歼了敌八十九师第二六六团全部、第二六五团一个营，共计四个整营、一个师属山炮连、一个汽车运输连。胜利地实现了预期的歼灭战目的。其中一师部队毙伤敌200余名，俘敌500余人。二团团长江拥辉两次负伤仍坚持指挥，充分显示出这支铁军勇猛顽强的战斗作风。战斗结束后，一师受到了东北民主联军总司令部的通令嘉奖。

秀水河子战斗，是我军在东北战场上的第一个歼灭战。其重要意义不仅在于极大地鼓舞了东北民主联军的斗志和必胜的信念，而且也为今后的无数歼灭战作出了示范。这一点可以从林彪署名颁发的嘉奖令中得到证实：

通　令

此次歼灭敌八十九师之战，我军各部队皆为英勇，尤以梁兴初、梁必业师全体指战员士气极高，战斗中甚为英勇，在指挥上能掌握一点两面战术的精神，彻底集中兵力，该师在战斗中进展迅速，连克敌数村庄。此种作战精神与作战指挥方式，殊值得仿效。望我军各部今后必须发扬勇敢精神与集中兵力猛攻一点，并对该点采取局部性的迂回包围（决不可分散兵力同时进攻数点）则所向无敌，获战果必然甚大，特此通令，以资学习。

此　令

总司令　林　彪

1946 年 4 月 16 日

秀水河子战斗后，中央军委发来了贺电。

当时的国民党东北“剿总”总司令杜聿明，也不得不承认秀水河子战斗非同小可，称：“以秀水河子战斗经验来看，共军日益强大，战略战术非常机动神速，势非增加兵力不可。”

秀水河子一仗，使东北民主联军一师扬名黑土地，并为其成为四野之主力师写下了重重的一笔。东北全境解放后，东北军区司令部对该师的评价是：“一一二师历史长，战斗锻炼多，有内战时红军时代之作风与传统，英勇顽强，执行命令坚决，战斗经验丰富，猛打猛冲的精神很好，不怕牺牲，经得起伤亡，有连续战斗反复冲锋的精神，有顽强性，战斗士气旺盛，防御、进攻、野战、攻坚均备，为东北部队中之头等主力师。”

1946 年 6 月下旬，全国内战爆发。8 月，为适应解放战争作战需要，东北民主联军直属第一、第二师全部以及第七纵队部分部队，在吉林敦化地区合编组成东北民主联军第一纵队。万毅任司令员，李作鹏任副司令员兼参谋长，梁兴初任副司令员，周赤萍任副政治委员兼政治部主任。下辖第一师，师长梁兴初，政治委员梁必业，副师长兼参谋长江拥辉，政治部主任吴岱；第二师，师长贺东生，政治委员刘兴元，参谋长叶健民，政治部主任王树君；第三师，师长彭景文，政治委员黄一平。

一纵组建后，继秀水河子歼灭战，部队又先后参加了四平保卫战，新站、拉法战斗，三下江南、公怀路歼灭敌七十一军战斗、第一次和第二次四平攻坚战等数十次著名的战役和战斗，且战功卓著，成为了名副其实的东野第一主力部队。

1948 年 3 月，四平解放后，东野总部的文艺工作者曾下到第一纵深入生活，并被这支部队的英雄事迹和勇猛战斗作风所深深感动，于是奋笔为一纵指战员们创作了一首战歌——《钢铁部队进行曲》。

歌词这样写道：

钢铁的部队，钢铁的英雄，
钢铁的意志，钢铁的心。
秀水河子歼灭战，队伍打成钢。
大小千百仗，仗仗有名堂，
三下江南，杀得敌人胆破心又慌。
四战四平街，威名天下扬！
我们越打越硬，越战越强，
跟着伟大领袖毛主席，
嘿，勇猛地向前进！

这首歌不仅词写得好，概括了一纵成立初期的主要战绩和这支部队最大的特点——钢铁般的意志，而且曲也谱得好，威武雄壮、铿锵有力、朗朗上口。因此，很快就被一纵全体指战员学会，并且从东北唱到海南岛，再唱过鸭绿江，又一直传唱到今天！现在，三十八军指战员们自豪地称这首歌是三十八军的“军歌”。

中国人民解放军有自己的军歌——《中国人民解放军进行曲》。三十八军除此之外，还有自己本军的“军歌”——《钢铁部队进行曲》。在中国人民解放军的70个军中，有自己“军歌”的，恐怕也只有三十八军。

1948年1月，东北民主联军改称东北人民解放军，第一纵队番号不变。11月，根据中央军委关于统一全军编制及部队番号的命令，东北人民解放军改称中国人民解放军第四野战军。原东北人民解放军第一纵队改称中国人民解放军第三十八军，属四野第十三兵团建制。李天佑任军长，梁必业任政治委员，曹里怀任副军长兼参谋长。原所辖第一师改称第一一二师（师长江拥辉，政治委员黄玉昆）；第二师改称第一一三师（师长贺东生，政治委员王树君）；第三师改称第一一四师（师长刘贤权，政治委员方国安）。同时将辽北军区独立第十师拨归第三十八军建制，改称第一五一师（师长赵东寰，副政治委员蔡明）。全军近5万人。

三十八军在四野中的主力地位，完全是靠打出来的，并且得到了普遍认可。当年的东北军区司令部对其评价是:“三十八军部队老基础多，战斗力顽强，能攻能守，为东北野战部队中之主力军。”

四平攻坚战后，三十八军虽然也相继参加了围困长春、辽西围歼廖耀湘兵团和攻克沈阳等重大战役，但更多的情况下却是被东野作为预备队使用。

对于一支部队来说，这既是一种殊荣，同时也是一种遗憾，因为这就使得它失去了许多建立新功伟业的机会。三十八军上至虎将军长、师长，下至普通战士，眼睁睁地看着头功都被兄弟部队拿去，早已按捺不住了。

但机会总是有的，仗是有的打的。东野百万大军入关后，天津攻坚在即，林、罗、刘首长决定放虎出山。

此时，党中央、毛主席决定发起天津攻坚战，促使傅作义采纳和平解放北平的提议；傅作义也想以对天津城的持久坚守，来作为与三十八军进行和平谈判的筹码。傅作义显然对天津的防御充满了信心。就在三十八军即将对天津发起攻击的几小时前，他派出的谈判代表邓宝珊还表现了强烈的自信。

邓宝珊将军在会谈中，向林彪、聂荣臻、刘亚楼等建议道：“天津嘛，最好不要打！”接着又问道：“要打，你们计划打多久？”

林彪答：“计划打 3 天。”这显然已留有了充分余地。

“3 天？恐怕 30 天也打不下来！”邓宝珊颇不以为然地说。

我方代表决定让事实说话。

根据天津的地形与敌情，天津前线总指挥刘亚楼决定采取“东西对攻，拦腰切断，先南后北，先分割、后围歼”的战法。其中三十八军与三十九军并肩由西向东实施主要突击，并统由三十八军军长李天佑、政委梁必业指挥；而四十四军和四十五军则由东向西担任辅攻。约定东、西两路大军对进，会师于金汤桥（今解放桥）。

天津战役是自解放战争开始以来，人民解放军面临的最大的一次城市攻坚战。三十八军全军指战员为能在这次硬仗中担任主攻感到由衷的自豪。军部决定让一一二师和一一三师并肩突破，一一四师随后跟进。军党委还向全军部队发出了“一仗、二胜、三好”的战斗号召。具体点儿讲，就是要打好入关第一仗；取得军事、政治两胜利；创造更多的“完成任务打得好，遵守政策纪律好，互相礼让团结好”的三好连队。

1949 年 1 月 14 日上午 10 时，总攻开始。三十八军数百门大炮向预定目标一齐开火，顿时火光四起，浓烟翻滚，整个城垣都被黑烟灰尘所笼罩。很快，一一三师突破正面轰开了40多米的缺口，一一二师的正面也炸出了20米的缺口。

10时15分，三十八军副军长兼参谋长曹里怀在指挥所里，接到三十八军左翼主攻师一一三师报告：突击连三三七团三连已经把第一面红旗插在天津城上，小西营门的突破口已被打开了。接着右翼主攻师一一二师也报告打开了突破口。

发起总攻仅15分钟，按预定计划我炮火射击尚未完毕，但突击连就已经冲了上去。如此神速的进展，使曹里怀既感到高兴，又感到担忧。他怕炮火误伤了手下的战士。但很快他就解除了忧虑：三十八军炮兵发现红旗插上城垣后，便主动停止了破坏射击，发出了延伸射击的信号，而且打得又准又狠，虽然敌人组织了五次疯狂的反冲击，但都被打退了。随后，两个师的先头部队并肩突进城内，战斗进行得非常顺利，在忠庙大街和西关外大街，又突破了敌人的第二道防线。

三十八军的各级指挥员们打起仗来，均喜欢靠前指挥。此刻曹里怀早憋不住了，他向军长李天佑、政委梁必业请示并得到批准后，立即带了两个警卫员和一个参谋，冒着敌军的炮火，沿着一一三师突击的路线向城内奔去。

进城不远，就在花园大街找到了一一三师指挥所。副师长唐青山和参谋长李忠信早已到前边指挥去了，指挥所里只剩下了师长贺东生和政委王树君。由于部队进展神速，电话兵架线已跟不上部队的前进，贺东生也正为前线的情况不明而着急。

于是曹里怀就邀贺东生一块儿到前面去指挥。贺东生也是一位听到枪响就往前冲的烈性子。在山东当团长时，他指挥打仗就不离前沿阵地。一见冲锋受阻，他总是把棉袄一甩，拎起驳壳枪就往前冲，有时警卫员拉都拉不住。两人钻进一辆刚缴获的装甲车，直奔市区开去。

此时，天已经黑下来，坐在铁甲车里更是什么也看不清。周围枪声不断，子弹不时地打在铁甲上“叮当”作响。两人都是第一次乘坐装甲车，曹里怀对贺东生说道：“老贺，这玩艺还真有点用，比你光膀子上前线强多了。”

贺师长一边从观察口向外张望着，一边答道：“好是好，就是太闷人，哪有我在下面跑着痛快。”说着，打开车门就想下车。正在这时，恰巧一颗流弹“当”的一声打在车门上，警卫员连忙把车门关上了。曹里怀笑着说道：“对不起，老伙计，还是委屈一会儿吧。”

两人驱车来到永明街一带后，曹里怀立刻把一一三师的和一一二师的几个团长找来，重新调整了部队，并强调首先是要突破到金汤桥，将守敌拦腰斩断，而后再谈扩张战果。随后，两人又开着装甲车向前面赶去。

当装甲车进入老城后，他们发现一群战士正被敌人的火力堵在一条胡同里出不来。原来敌人在丁字街头修了个大地堡，重机枪严密地封锁着街道。而街上光秃秃的找不到任何障碍物，炸药包也送不上去，直急得战士们团团转。

曹里怀看清了地形，对战士们说道："我们来给你们开路。"说罢驱车朝前冲去。战士们在装甲车和机枪的掩护下，一拥而出，喊声震天，很快就解决了当面之敌。落在后面的几个战士，还调皮地用枪托敲打着装甲车，嘴里不住地喊着："同志，该请你们指导员给你们记个功。"

贺东生的警卫员小张跳下车，冲他们喊道："什么指导员？车里坐的是'二〇三'和'三〇一'（首长代号）。"

那几个战士一愣，"啊"的一声，跑向部队，边跑边喊："同志们，刚才坐'坦克'的是咱们的副军长和师长。快冲呀！"指战员们的情绪更高了。

在战斗中，三三四团二连大胆迅速，插向海光寺，在坦克的配合下勇猛冲锋，为后续部队扫清了障碍，开辟了前进道路；三三八团八连大胆穿插，发展神速，于15日凌晨2时30分便首先攻占了会师地点金汤桥，第一个将五星红旗插在了桥上；三三九团一连大胆插入敌阵，发扬战场喊话的威力，创造了一个连俘敌1845名俘虏的最高纪录……

早晨5时，当三三七团打到警察署时，与东面突入友军部队会师。我军即乘势大胆穿插，分散追敌，向敌核心阵地发起攻击。

三十八军三三四团首先打到天津警备司令部，与守敌展开激烈拼杀，逐屋争夺。该团二营六连副排长率领战士傅泽国、王凤义冲入地下室，活捉了城防司令陈长捷。战至下午4时，敌残部全部被我歼灭。战斗遂告结束。

国民党号称"固若金汤"，并自信能守一个月的天津城，从冲击发起到整个战斗结束，只用了不到30个小时！

天津攻坚战以雄辩的事实，证明了人民解放军攻无不克、战无不胜的作战能力，促使傅作义下了最后的决心。北平终于得到了和平解放，千年古都终于完整地回到了人民的手中。天津攻坚战也是解放战争期间，人民解放军发起的最大攻坚作战，并且创下了攻打坚固大城市时间最短的纪录，从而极大地撼动了国民党的军心和斗志。

在天津攻坚战中，三十八军在各路大军中，第一个突破城垣，攻到金汤桥，又率先冲进天津警备司令部，并且活捉了敌酋陈长捷，为解放天津立下了大功。

平津战役结束后，三十八军随第四野战军南下，投入了解放全中国的战斗。在整个四年解放战争期间，第三十八军从祖国最北方的松花江边，转战黑、吉、辽、热、冀、津、鲁、豫、鄂、湘、桂、黔、滇 13 省市，最后一直打到西南中越边境的红河桥头。它先后进行主要战斗 170 余次，总计歼敌 14.3 万余名，解放大小城市 100 余座。

四年中，三十八军共计缴获敌步枪、冲锋枪 7754 支，各种火炮 1342 门，轻重机枪 3567 挺，各种车辆 1746 辆。从而使得这支初建时武器装备低劣且只有 2 万人的部队，发展成为拥有 6 万之众，步兵武器基本划一且装备有炮兵和运输部队的具有坚强战斗力的正规步兵军。

四年解放战争中，三十八军共牺牲团以下干部、战士 6500 余人，负伤 2.4 万余人。涌现出 195 个英雄模范单位和近 3.2 万名人民功臣。

三十八军的战斗力得到了中央军委的重视。1950 年 2 月，三十八军作为全国战略预备队，奉命进驻河南信阳地区。

1950 年 6 月 25 日，朝鲜内战爆发。

10 月 19 日夜，中国人民志愿军司令员彭德怀，奉命率领第一批参战部队秘密入朝作战。三十八军在军长梁兴初、政委刘西元的指挥下，投入了抗美援朝的战斗中。

10 月 25 日，志愿军在云山东侧的玉女峰、两水洞及温井地区与美伪军展开激战，从此揭开了抗美援朝战争的序幕。11 月 2 日，攻克云山，重创美军骑一师。与此同时，东线四十二军与朝鲜人民军一部，也成功地阻击了敌军的北进，有力地保证了西线作战的顺利进行。此时，第三十八军已前出院里地区。西线之敌感到侧翼受到严重威胁，遂于 11 月 3 日，被迫全线撤退，志愿军各部队乘胜追击，将进犯之敌驱赶到清川江以南地区。11 月 5 日，志愿军停止进攻，第一次战役宣告结束。整个战役共歼灭美伪军 1.5 万余人，对初步稳定朝鲜战局起到了重要作用。

在此次战役中，担任侧翼迂回的三十八军共计歼敌4600余人（俘虏1300余人），缴获各种枪支1300余支（挺）。志愿军司令部在通报的开头，首先表扬了三十八军："11月1日晚，我三十八军以迅猛之势歼灭球场之敌，从敌右翼沿清川江左岸向院里、军隅里、新安州方向实施战役迂回，切断了清川江南北敌之联系，并歼灭美二师北援兵力一部。"

可梁兴初心里并不踏实：一一二师在攻打熙川时因情报不准，误将伪八师当成了美军黑人团。他为了慎重初战，没敢命令去打，结果放跑了该敌。彭总会不会因此而批评三十八军畏敌怯战呢……他不敢往下想了。

果然，彭德怀在总结会上在充分肯定了各军的成绩之后，话锋一转，便点到了梁兴初头上："可是，有的部队出现的问题不是由于没有作战经验，而是拖拖拉拉，执行命令不坚决。我要批评三十八军了，梁兴初到了没有？"

"到！"梁兴初起立回答道。众人的目光一下子就转向了梁兴初。

"你梁兴初胆大包天！"彭总显然发火了，巴掌拍得桌子山响，"让你们打熙川，你们说熙川有黑人团，什么鸟黑人团，纯属自己吓唬自己！"

梁兴初脑袋"嗡"的一下就大了。他梁兴初自打参加红军以来，前后不知打过多少险仗恶仗。在四野提起他梁兴初，谁不承认他是员难得的虎将。现在彭总居然当着这么多兄弟部队军长、政委的面骂他，真是窝火透了。

彭德怀却仍在毫不留情地骂着："……都说你梁大牙是铁匠出身，是一员虎将，我彭德怀还没领教过。什么虎将！我看你是鼠将！一个黑人团就把你给吓住了！临战怯阵！"

志愿军第一副司令员邓华看不下去了，站起来打圆场："三十八军还是主力嘛，来日方长，这一仗没打好，下一仗……"

彭德怀气恼地一挥手，不屑地说道："什么主力？主力个鸟！"

梁兴初再也按捺不住了。如果这是单骂他梁兴初，他也认了，谁让自己放跑了伪八师呢。但现在骂到了三十八军的头上，长期以来形成的部队荣誉感促使他想要辩解。

彭总一看梁兴初不服，如同火上添油："看来你梁兴初还不服气？你贻误战机，按律当斩！骂你算是客气喽，我彭德怀别的本事没有，斩马谡的本事还是有的！"

骂过之后，彭德怀余怒渐渐消了，接着说道：“命令就是命令，军令如山倒！下次战役马上就要开始，我们决定依然是诱敌深入，然后穿插分割，运动歼敌。这个方案，毛主席已经批准了。各军都要力争打得比上一次更好。”

彭总的激将法果然有效。梁兴初憋了一肚子火，非要在第二次战役中打出个样子来，给三十八军争口气。

在第一次战役中挨了顿狠敲的麦克阿瑟，仍没把志愿军放在眼里，认为中国不过是象征性地出兵，参战兵力不会超过5万人，1950年11月24日，麦克阿瑟指挥美伪军十余万人，发动了所谓的“圣诞节前结束朝鲜战争的总攻势”。志愿军总部决定诱敌深入，同时令三十八军和四十二军从左翼实施迂回，而后西线参战的几个军突然实施战役反击，打一场漂亮的歼灭战。

为保证战略迂回穿插的顺利实施，志愿军副司令员韩先楚亲随三十八军和四十二军的行动，并担任整个左翼作战的指挥。

梁兴初回到军部，立刻就将彭总对三十八军的批评传达到全军。三十八军上上下下憋足了劲，非要在第二次战役中打他个大胜仗，让美国佬知道三十八军的厉害，也叫兄弟部队看看三十八军到底是不是主力。

担任穿插的三十八军，首先是要拿下德川。梁兴初的具体部署是：一一三师经德川以东插至德川南面的遮日岭，切断敌人后路，而后由南面向北进攻德川；一一二师经德川以西插至云松里，而后由西向德川攻击；一一四师担任正面攻击。解决德川之敌后的任务，视情况再定下一步穿插的路线和任务。

梁兴初用一句三十八军特有的歇后语结束了会议：“这次可得来痛快的，鸡蛋壳擦屁股——嘁里咔嚓！”

会后，他又向军侦察科副科长张魁印布置了一项特殊任务：

“你带领军侦察连、一一三师侦察连和两个工兵排，先行插到敌后，炸毁大同江上的武陵桥。注意！时间最迟不得晚于26号早晨8点。”

24日夜晚，这支精悍的小分队出发了，他们化装成伪军，巧妙地插过敌军的层层关卡，终于在26日早晨7点50分炸毁了武陵桥。众所周知的《奇袭》这部电影，就是以这次行动作为素材而拍成的。

25日下午4时，三个师几乎同时向德川之敌发起进攻。战至26日下午7时，仅用一天一夜的时间，彻底解决了德川守敌伪七师。

攻占德川的第二天早晨，韩先楚从四十二军打来电话。他告诉梁兴初，四十二军也已经拿下宁远城。德川和宁远的胜利，已在敌阵地上撕开了一个很大的缺口。毛主席指示下一步主要以打美军为主。为保证不使美军机械部队逃掉，三十八军必须迅速向军隅里攻击前进，同时派一师取捷径直插三所里，阻敌南逃北援。

最后，韩先楚强调道："三十八军下一步的任务是非常艰巨的。你们在今晚和明晨，一是要插向三所里，二是要攻占戛日岭！坚决堵住南撤的敌人！"

三所里是被包围后的美军三个师撤退的必经之路。三十八军部队能否按时插到并且坚守住三所里，就将成为第二次战役能否取得全胜的关键。

梁兴初决定派一一三师首先插向三所里。他很清楚，这是步险棋。且不说到时必会前来北援解围的敌军，单是南逃的这三个美军师就够一一三师受的。当时美军一团的火炮比我们一个军的还多，更何况每个师还配备有百余辆坦克，以及强大空军的支援了。孤军深入的一一三师将面临数倍于己的美军的南北夹击，搞不好就会全师覆没……情况险恶，任务艰巨啊！

但是梁兴初就是梁兴初，越是恶仗越要打！更何况三十八军能够得到彭总的信任，再次被赋予了最艰巨的穿插任务。他立即向各师下达了命令：

第一一三师立即出发，由德川西南插到价川以南的三所里；

第一一二师沿德川至价川的公路走乡间小道，从北面向价川攻击前进；

第一一四师沿德川至价川的公路攻击前进，迅速占领戛日岭。

28 日深夜，当一一四师三四二团到达戛日岭山下时，机械化行军的土耳其旅已用一个步兵营和一战斗工兵连抢先占领了主峰。戛日岭位于军主力增援一一三师的必经之路上，关系到穿插部队及整个战役的命运，团长孙洪道和团政委王丕礼，立即亲率突击营赤脚在雪地攀行，用偷袭办法，一举夺回阵地。一一四师部队为三十八军的迂回包抄，立下了首功。

此刻，一一三师的前卫团在副师长刘海清的率领下，正披着白被单在雪地中快步疾行。部队已连续行军作战两天两夜，极度疲惫的战士们边走边打晃，不少人行进中就睡着了。天放亮时，距离三所里只有三十多里了。

突然，空中出现了敌机。刘副师长大胆决定去掉伪装，上公路大摇大摆地向三所里前进。敌机果然上了当，误把这支部队当成了后撤的南朝鲜伪军。公路行军加快了速度，部队很快就赶到了三所里。

几天来，彭德怀等都在焦急地等待着一一三师的消息。但疾行赶路的一一三师却根本无暇架设电台，与军部和志司联络。此时，在正面部队三十九军、四十军、五十军和六十六军猛烈攻击下，美军三个师已全面溃退。能否关上“闸门”，堵住潮水般溃逃的敌人，就看三十八军，首先是一一三师的了。

焦急中的彭德怀，在大榆洞作战室里不停地转圈踱步，口中不时地唠叨着：“急死人！”

28 日上午 8 时许，报务员突然大叫起来：

“有了，有了，一一三师的讯号！”

彭德怀、邓华等人一下都围到了电台前。报务员正聚精会神地收着一一三师的电报，一面将内容译给志司首长：

“我部已于上午 7 时到达三所里，先敌五分钟……大批敌人正企图经三所里向南撤退，我部决心死守……”

彭德怀紧锁数日的眉头，也终于舒展开来。他对报务员说道：

“立即给一一三师回电，务必不惜一切代价和牺牲，坚决堵住经三所里南逃之敌！……给三十八军发报，命令其主力迅速向一一三师靠拢，从东向西侧击三所里！”

当天上午 10 时，先机占领了三所里东西高地的一一三师三三八团，与最先逃至的美骑一师第五团展开激战。至下午 4 时，已经粉碎了敌军十余次冲击，并且击退了南来接援的敌一个营的进攻。

到达三所里地区后，一一三师指挥员发现在三所里以西，还有一条地图上没有标出的南北向公路，认为敌在三所里受阻后，很可能改由此路南逃。于是决定除留下三三八团继续扼守三所里外，命令三三七团向位于该公路旁的龙源里镇急进，以彻底切断敌人的所有退路。这是关键的一步，充分体现了三十八军指挥员的全局观念和主动精神。

当三三七团的先头部队一连和三连，于当日晚 10 时左右刚刚赶到岭西里、龙源里时，在三所里南逃受阻的美骑一师五团以及伪一师一部也已调头窜到这里，一连和三连迅速占领了公路两旁的高地，在来不及构筑任何工事的情况下，与敌展开激战。将逃敌死死堵住。三连还同时抗击住了敌北上解围先头部队一个营的进攻。为主力部队的赶到赢得了宝贵的时间。

在这一天的战斗里，一连二排在排长郭忠田和副排长孙陵涛的率领下，以灵活的战术和勇猛的动作，创造出歼敌200余名，缴获火炮6门、汽车58辆，而自己无一伤亡的光辉战例。

之后，企图逃出重围的美九军，每天都在大量飞机、坦克和炮兵的掩护下向三十八军一一三师三所里、龙源里一线阵地猛攻。30日，敌曾调用飞机百余架、坦克百余辆支援，拼命地反复地进行突围。但是担负着“关闸”任务的一一三师部队顽强阻击，坚守阵地，使敌突围和北援之敌相隔不到一公里，却可望不可即。从而彻底粉碎了敌军从该地突围的企图。

与此同时，一一二师三三五团三连，也在松骨峰下堵住了美二师一个团。敌人动用了数十辆坦克、几十门榴弹炮和32架飞机向三连阵地猛轰，妄图凭借所谓的“炮犁火耕”，彻底毁灭三连官兵。在敌人发起的无数次猛攻中，最多的一次冲锋竟出动了2000名步兵！三连战士们的子弹打光了，他们就用枪托、刺刀、石头，甚至牙齿与敌人展开搏斗。魏巍的名篇通讯《谁是最可爱的人》，写的就是三十八军三三五团三连的松骨峰战斗。

12月1日午后，彭德怀接到了韩先楚从前线打来的电话：

“彭总，三十八军打得好啊！……从29日晚，占领三所里、龙源里的三十八军各部已先后将敌分割，并与南逃之美二师、二十五师及伪一师展开激战。其中尤以三三七团龙源里战斗和三三五团松骨峰、双龙里地区的战斗最为壮烈。两个连基本都打光了，但是完成了任务，堵住了敌军。……30日下午5时前后，三十八军在兄弟部队的配合下，向各被分割包围之敌发起猛烈反冲击。到第二天上午，美二师主力和二十五师、伪一师及土耳其旅已大部被我所歼。据初步统计，仅三十八军就击毙、伤、俘敌1万余人，缴获各种火炮近390门，坦克14辆，电台51部……”

听着听着，彭总脸上现出了激动的神色和满意的笑容。放下电话后，他沉默了许久，然后大步走到桌前，大笔一挥亲自起草了一份通报，传令嘉奖三十八军。审视片刻,仍感意犹未尽,再次提笔,在最后又加上了一句口号——“第三十八军万岁！”

随后签上了自己的名字。

邓华和洪学智审阅后也都签了字。

于是，一封彭德怀亲自签发的嘉奖三十八军的电报，便飞向了朝鲜前线的各个部队。“万岁军”的美称迅速传遍了前线阵地。

20 世纪 50 年代末编写的《第三十八军军史》中，载有这封电报：

> 此次战役我三十八军发挥了优良的战斗作风，尤其是一一三师行动迅速先机占领了三所里、龙源里，阻敌南逃北援。敌虽在百余架飞机与几百坦克终日轰炸掩护下，反复突围终未得逞，致战果辉煌：计缴坦克汽车即近千辆，被围之敌尚多，望克服困难，鼓起勇气，继续全歼被围之敌，并注意阻敌北援，特通令嘉奖，并祝你们重大胜利！
>
> 中国人民志愿军万岁！
>
> 第三十八军万岁！
>
> 志愿军　司令部
>
> 政治部

抗美援朝第二次战役，是志愿军打得最好的一次运动歼灭战役。战役历时 40 天，共计歼灭“联合国军”3.6 万余人，并一举收复了三八线以北地区，迫使以美国为首的“联合国军”转入防御，从根本上扭转了朝鲜战局。

美建军 160 年的开国元勋师——美骑一师的被歼以及全线的惨败，使得美国的国际地位大大下降。美国称此次战役是美国军事史上的“黑暗时代”。

在美国出版的《用兵之道》一书中，作者德米鲁·米德尔顿从经历了两次世界大战的 20 世纪全部战役中，选出了 16 个被称作“改变了历史进程”的重大战役，其中就有志愿军的抗美援朝第二次战役。当时任中国人民解放军代总参谋长聂荣臻元帅，则称其为“志愿军震惊世界的第二次战役”。

三十八军成功的战役迂回和顽强固守，则为此次战役奠定了胜利的基础，起到了具有决定意义的关键作用。第二次战役结束后，三十八军有三个连队被志愿军总部授予“二级战斗英雄连”称号并记特等功。在整个抗美援朝战争中，三十八军先后共有 1 万多名指战员荣立战功。全军指战员们再次以自己的鲜血和生命，为三十八军的军史添写出新的篇章。

英雄的陆军第三十八军！一把永不卷刃的钢刀，一支闻名世界的劲旅！

第八章　强将手下无弱兵

——东野二纵（第三十九军）

徐海东带出来的老红军。黄克诚培育的新四军劲旅。三下江南，钟伟胆大包天指挥林彪。打天津率先攻击。抗美援朝，打烂美军“开国第一师”。

中国人民解放军第三十九军原是东北野战军主力之一的第二纵队。二纵的前身是由苏北进入东北的新四军第三师。如果再往前追溯，新四军三师又是由中国工农红军十五军团的主力部队发展而来的。

红十五军团是由来自鄂豫皖的红二十五军长征到达陕北后，与当地的红二十六、红二十七军合编组成的。

徐海东是鄂豫皖红军的创始人之一。窑工出身的徐海东，一向以骁勇善战而著称。1933 年 5 月在围困七里坪的战斗中，身为红二十五军副军长兼七十四师师长的徐海东，听说敌两个师夹击过来，便命令身边的两个团从侧翼包抄。他自己随手脱下军装，只穿一条短裤头，手执一把大刀，带领军直属队从正面迎敌冲杀上去，直冲得敌人落荒而逃，还抓回来近 500 名俘虏。他先后经历过百余次战斗，仅在鄂豫皖的十年中就负伤八次，身上留有十几处伤痕。其中一次战斗中，一颗子弹从他左眼下射进脑袋，又从颈后穿出。但他大难不死，并且因此而更有了名气。

徐海东平时由于身体不好常常躺倒，但打起仗来虎虎有生气。指战员们亲昵地称他为“徐老虎”“中国的夏伯阳”。他不仅在鄂豫皖苏区出了名，就连中央苏区的领导人也知道鄂豫皖有一个“徐老虎”。毛泽东称赞他是“红军的领袖”“群众的领袖”和“对中国革命有大功的人”。

不久，徐海东出任红二十五军军长。后与程子华、吴焕先一起，率领红二十五军突围长征到达陕北，与陕北红军胜利会师。红二十五军是全国红军战略大转移中第一支到达陕北的队伍，为后续到达的红一、二、四方面军会师陕北奠定了基础。

红二十五军与陕北红军会师后，合编为中国工农红军第十五军团。徐海东任军团长，程子华任军团政委，刘志丹任副军团长。红二十五军和红二十六、二十七军分别改编为红十五军团第七十五、第七十八、第八十一师。

随后，徐海东等率领十五军团投入到陕北苏区第三次反“围剿”作战之中，先后成功地组织了劳山战役和榆林桥战役，歼敌 5000 余人，为迎接党中央和中央红军的到来和扎根陕北，作出了重要贡献。

俗话说：兵熊熊一个，将熊熊一窝。就是说，有什么样的指挥员就带出什么样的部队。像徐海东这样的红军勇将所带出来的部队，自然是一支能征善战的虎军。

1935 年 10 月，在党中央、毛主席的率领下单独北上的红一、三军团（此时已改称陕甘支队）到达陕北，与红十五军团胜利会师。中央军委决定恢复红一方面军番号，新组建的红一方面军下辖红一军团和红十五军团。红十五军团的三个师改称第七十三、第七十五、第七十八师。在方面军司令员彭德怀的统一指挥下，徐海东又率红十五军团参加了被称作“奠基礼”的直罗镇战役。

1937 年 8 月 25 日，红十五军团在陕北三原县桥底镇改编为国民革命军八路军一一五师第三四四旅，旅长徐海东，政治委员兼政治部主任黄克诚。原第七十三师改为六八七团，七十五师改为六八八团，七十八师改为六八九团。改编后的三四四旅乘火车北上，参加了一一五师的平型关战斗，并取得了震惊中外的平型关大捷。

平型关战斗后，六八七和六八九两个团即转战于晋、冀、鲁、豫边区。歼灭大量日伪军，并且迅速地扩大了队伍。至 1939 年 9 月，三四四旅扩编为八路军第二纵队。司令员左权（后为杨得志），政治委员黄克诚。下辖三四四旅、新编第一旅、新编第二旅、新编第三旅。

1940 年 5 月，奉中央军委和八路军总部的命令，黄克诚率第二纵队部分主力南下华中，增援新四军。6 月底进至淮北地区，与新四军第六支队彭雪枫部会合，并整编为八路军第四纵队，司令员彭雪枫，政治委员黄克诚。7 月，在加入另两支地方部队后，改称八路军第五纵队。

皖南事变后，1941 年 2 月，为重建新四军，八路军第五纵队改编为新四军第三师。师长兼政委黄克诚，副师长张爱萍，参谋长彭雄，政治部主任吴法宪，副参谋长洪学智。下辖第七、第八、第九旅。7 月，第三师即参加了以江苏盐城为中心的反“扫荡”。9 月，三师第九旅与四师第十旅对调建制。

1942 年至 1944 年，黄克诚率领新四军第三师先后参加了淮海区的反“扫荡”作战、盐阜区的反“扫荡”作战和高沟杨口战役等，历经大小战斗战役百余次。1945 年春，抗日战争进入战略反攻阶段后，三师在师长黄克诚、参谋长洪学智的率领指挥下，一举攻克阜宁县城。9 月 6 日攻克淮阴，歼敌 8600 余人，22 日再克淮安，歼敌 4600 余人。

经过八年的艰苦奋斗，在抗战初期只有几千人的第三四四旅，在黄克诚、张爱萍、洪学智等领导下，已发展成为拥有三个旅、一个独立旅和三个特务团的第三师。全师共 3.2 万余人。

1945 年 8 月 15 日，日本投降。抗战胜利后的国共两党面临着“战”与“和”的两种可能性。当时，在刚被苏联红军解放的东北地区，并无国民党的一兵一卒，实为一真空地带。黄克诚虽然只是新四军三师的领导人，但具有通观全国战局的战略眼光。他认为或“战”或“和”无论哪种前途，占领东北都是至关重要的一步棋。

9 月 13 日，刚刚得知苏联红军已全部解放东北消息的黄克诚，马上致电党中央：“建议中央立即派大部队到东北去，不管苏联红军同意与否，要下大决心进军东北”，“并派有威望的军队领导人去主持工作，迅速创造总根据地，支援关内战争”。

黄克诚的战略建议，与党中央不谋而合。为了迅速抢占东北并建立巩固的东北根据地，党中央、中央军委自 8 月 20 日起，就先后向各中央局和各军区发出指示，要求派出组建 100 个团所需要的干部及大批主力部队，陆续挺进东北。作为新四军主力之一的三师，也奉中央军委之命，在黄克诚、刘震（第一副师长）、洪学智（第二副师长兼参谋长）等人的率领下，由陆路星夜兼程赶往东北。

前面已经讲过，在各路闯关东的大军中，新四军三师要算是最苦的了。

1945 年 9 月下旬，三师所属四个旅和三个团，分成左右两路纵队，陆续从盐阜、淮海地区出发。在跨越了江苏、山东、河北、热河四省，历时两个多月，行程 3000 里后，总算到达了东北锦州地区。

然而，11 月下旬的东北早已是寒风刺骨的雪地冰天。三师这支唯一来自南方的部队的指战员们，不但没有棉鞋，棉帽和手套，而且从苏北带来的一套薄棉衣，根本无法抵御东北零下几十度的严寒。八旅及先遣人员则更惨，由于出发仓促，来不及准备，仍然身着单衣！另外部队给养也成了大问题。

新四军第三师一到东北，立刻就被东北民主自治军总司令林彪作为主力而看中。11 月 18 日，洪学智率领的三师北上先遣队到达绥中。听说林彪已带领一个骑兵排和一支山东部队前来迎接，洪学智即前往喇嘛洞与林彪接头。

听完洪学智的汇报后，林彪高兴地说：“好，你们的任务完成得很好，现在东北就是需要部队。”

1946 年 1 月，东北民主自治军改称为东北民主联军。第三师番号不变。黄克诚仍任师长兼政委，刘震任副师长，洪学智任副师长兼参谋长，政治部主任吴法宪。下辖第七旅（旅长彭明治，政委郭成柱）、第八旅（旅长张天云，政委李雪三）、第十旅（旅长钟伟，政委王凤梧）、独立旅（旅长兼政委吴信泉）和三个师直属特务团。全师 3.7 万余人，在当时各师中也算得上是兵多将广。名曰一个师，实际上它的一个旅就快相当于人家一个师了。

1946 年春，苏军从东北各大城市撤出回国。黄克诚趁集中在沈阳的国民党军一时无力去接管其他各大城市之机，立即把活动于彰武地区的十旅调到四平附近待命，相机夺取四平。3 月 14 日苏军一撤出四平，十旅及兄弟部队就趁势攻下四平，俘虏几千伪军，并缴获了大量武器装备。随后，黄克诚将十旅部署在开原一线，阻止国民党军北上。

4 月中旬、下旬，苏军开始从长春、哈尔滨撤退，刘震即率三师八旅一部和特务团，在东满部队的配合下，于 4 月 18 日攻下了长春，消灭国民党“铁石部队”1 万余人，缴获作战物资甚多。夺取长春后，又用火车运送特务团北上，于 4 月 20 日攻下了齐齐哈尔，歼灭伪军数千名。

与此同时，在北满的山东部队七师和三五九旅之一部，也于 4 月 28 日攻占了哈尔滨，歼敌近万名。三师与兄弟部队在这一阶段中连续攻城作战，共毙俘伪军近 3 万人，缴获的军用物资堆积如山。使刚出关时窘困不堪的三师，彻底解决了部队的给养和装备问题。

1946 年 8 月，以新四军第三师机关的一部分干部人员组成西满军区。黄克诚改任西满军区司令员（政委由中共西满分局书记李富春兼任）。

9 月，三师主力被改编为东北民主联军第二纵队，刘震任司令员，吴法宪任政委兼政治部主任，吴信泉任副司令员兼参谋长。原三师的第八旅则改称第四师，师长陈金玉，政委李雪三；第十旅改称第五师，师长钟伟，政委王凤梧；独立旅改称第六师，师长兼政委吴信泉。第二纵队共计 3 万余人。

而原三师的七旅则被调出，与山东部队的七师合编为第六纵队（即后来的东北野战军第四十三军，七旅亦改称第十七师）。1947 年 8 月，又以三师的三个特务团为骨干，加上西满军区地方部队一部，组建了东北民主联军第七纵队（即后来东北野战军第四十四军）。

如果说在东北民主联军几个纵队中，一纵排老大的话，那么在各主力纵队的所有师里，二纵第五师则为第一主力师。

五师师长钟伟最能打硬仗恶仗，又最爱骂人、最能抢东西。这在东北部队中都是出了名的。

他在苏北当团长时就是如此。一次，他命令两个连分头去打日军的两个炮楼。一个炮楼很快打下来了。另一个连的连长是新调来的，不了解钟伟的脾气，指挥作战犹犹豫豫，半天也没打下来。钟伟知道后，派警卫连连长去传话：一小时后再打不下来，让他提着脑袋来见我！结果那个连长一咬牙，很快就把炮楼打了下来。

1947 年秋天，“东总”两辆弹药车路过郑家屯五师的驻地。正在为部队弹药发愁的钟伟看到后，心中大喜。他立刻招手叫车停下，上去一个连就把弹药全给卸了。

总部押车的干部感到十分为难，求他：“钟师长，你让我回去怎么向上面交待呀？”

钟伟满不在乎地回答说：“我给你打个收条。都是八路，都为打国民党，还分什么你的我的！”

据五师的老人说，像这样的事情，钟伟可没少干过。因此有人说五师才是真正的“野”战军，野得很！

最能体现钟伟打仗个性的，要算是三下江南中的靠山屯战斗了。

1946 年底至 1947 年初，是东北民主联军南满根据地最困难的时期了。杜聿明企图首先集中东北国民党军主力，消灭位于南满的共军主力三纵和四纵，然后再回过头来围剿北满、西满的我军。为粉碎敌人“先南满后北满”的阴谋，东北民主联军确定了“南拉北打”的战略方针。1947 年 1 月至 3 月，北满主力一纵、二纵和六纵，冒着零下 40 度的严寒，三次南过松花江，进入敌占区主动出击，有利地配合了三纵、四纵巩固南满根据地的斗争。这便是有名的“三下江南”作战。

前两次过江作战，二纵均担负钳制敌军，策应一纵、六纵作战的任务。二纵主力五师则作为全军之预备队，待机打援。因此二纵只有眼睁睁地看着兄弟部队大开杀戒，而自己却与立功建业无缘。直到三下江南战役，二纵才总算捞到了硬仗打。

其中尤以钟伟的五师最为突出，而且一仗立威扬名。

二下江南后，北满主力主动回撤松花江北后，国民党东北“剿总”司令杜聿明为挽回面子，令其第七十一军三个师（第八十七、第七、第八十八师）和新一军两个师（第三十、第三十八师）渡过松花江，企图与五师决战。但过江的敌军发现有被围歼的危险后，遂慌忙向南逃窜。北满主力一纵、二纵和三纵则跟踪追击，于3月8日开始了三下江南战役。

东总司令林彪给二纵五师的任务是，进至长春路东，配合一纵包围消灭位于大房身的敌人一个团。3月9日，五师到达靠山屯西南。他们白天睡觉，夜晚行军。黄昏起来正准备赶路时，就听见西南方向的姜家屯和王奎店那边乱哄哄的，像是有情况。钟伟派人去侦察，果然是驻有敌人的两个营。他当即拍板，先吃掉这股敌人再说。

有人提醒他，咱们的任务可是去打大房身啊。钟伟大喊：“什么大房身，送上门的敌人给我打！”

十四团一个冲锋就拿下了姜家屯，俘虏敌人200多名。但王奎店那边不顺利。这时林彪命令下来，催促五师立即赶往大房身。钟伟回话说，等把这股敌人吃掉马上就去，接着命令部队继续猛攻。

没想到王奎店敌人拼死突围成功，跑到靠山屯与那里的一个团会合。敌人前脚跑，钟伟率五师后脚追到。

经过一夜的激战后，五师扫清了外围之敌，将残敌压缩到东南角烧锅（烧酒作坊）大院内的核心据点里，烧锅大院四周大围墙有丈余高，沿墙筑有大小地堡百余个。院内也遍布地堡,每座屋子的墙上都有枪眼两三排,每个屋角屋顶又都筑有工事。守敌配有8挺重机枪、40多挺轻机枪、两门82迫击炮和数十门60迫击炮。各种火力交叉，构成了一片找不出一个掩蔽死角的火力网。使得大院成了易守难攻的据点。敌军仗着火力强盛，企图凭险固守待援。

这时，林彪又来催五师执行总部意图。钟伟派人回话说，我这里都快吃掉敌人一个团了，再说押着一大堆俘虏也抽不开身啦！

天亮后，钟伟命令部队向烧锅大院发起攻击。但由于没有炮火保障，只能靠人送炸药包爆破围墙，所以连冲四次也未能攻进院内。此时，敌八十八师又派出一个团回援。援军的到来，如同给院内守敌服下了兴奋剂，一时间回光返照，抵抗更加顽强，并妄图里应外合，一举逃掉。对于这块好容易捞到口的大肥肉，钟伟可不会让它轻易地溜掉。

就在这会儿，林彪的第三次催促令也到了。有人说，这回不走也得走了。钟伟一拍桌子，骂道："谁再说走，老子就枪毙了他！"

他一面派出部分部队阻敌援军，一面命令攻坚部队重新部署，做好从两个方向同时攻击的准备。同时向林彪汇报："我现在可抓住了条大鱼，五师就在这打了，快让一纵他们来配合我们吧！"

二纵五师在靠山屯捉住敌八十八师一部后，吸引了敌八十八师由德惠，八十七师由农安赶来增援，结果造成了北满主力大量歼敌的有利机会。于是林彪命令一纵向西急进，插至农安以东、德惠以西地区，截断敌军之退路；二纵四师、六师则西出阻击援敌，以保障五师歼灭靠山屯之敌。

五师激战到深夜零时，终于将靠山屯守敌全歼，共计歼敌 1330 余人，缴步枪近 800 支，轻重机枪 94 挺，各种火炮 19 门，汽车 8 辆，战马 107 匹。随后二纵五师和四师又配合一纵等部队，将敌八十七师主力包围在农安与惠德之间的郭家屯、王家车铺和凤家屯等地。结果使得企图北犯松花江的敌八十八师全部被歼，敌八十七师损失近半。

就这样，由于钟伟的主动求战，整个三下江南作战来了个本末倒置，不仅调来了一纵和二纵，而且把林彪都指挥了。据说林彪后来曾说过：要敢于打违抗命令的胜仗，像钟伟靠山屯那样，三次违抗命令。

三下江南战役，北满主力共毙伤敌军 2500 余人，生俘敌人 5000 余名。实为三次南下作战中，战果最辉煌的一次，二纵尤其是五师，则为此辉煌战果立下了头功。从此，更加巩固了其在东北野战军中的主力地位。

东北军区司令部评价二纵五师是："该部队系东北部队中最有朝气的一个师，突击力最强，进步快，战斗经验丰富，攻、防兼备，以猛打、猛冲、猛追，三猛著称，善于运动野战，攻坚力亦很强，为东北部队中之头等主力师。"在东北野战军 12 个主力纵队的 36 个师中，五师能得到如此之高的评价，实为二纵之光荣。

三下江南之后，1947 年 4 月，独立第一师编入第二纵队。

1948年1月，东北民主联军改称东北人民解放军，第二纵队番号仍不变。当年8月,东北军区前方第二指挥所改称东北野战军第二兵团后,二纵隶属第二兵团建制。之后，二纵先后参加了攻克锦州，围歼廖耀湘兵团和解放沈阳的一系列重大战役。

1948年底至1949年初，中央军委进行了统一全军编制及番号的工作。1948年11月1日，第二纵队改称为中国人民解放军第三十九军，军长刘震，政治委员吴法宪，副军长谭友林、孙子仁，参谋长王良太，政治部主任李雪三。原二纵第四师改称第一一五师，师长胡继成，政委李世安；第五师改称第一一六师，师长吴国璋，政委石瑛；第六师改称第一一七师，师长张竭诚，政委李少元；独立第一师改称第一五二师，师长罗华生、政委邱子明。

东北军区司令部对该军的评价是："三十九军部队历史较老，战斗力有基础，攻击力强，其中尤以一一六师战斗力为最强，一一五师及一一七师次之，各部队均善于野战，为东北部队中之主力军。"

辽沈战役结束后，蒋介石估计大战过后的东北人民解放军，至少要进行三个月的休整，即到1949年2月之后才可能入关作战。此刻，傅作义指挥的华北60万军队正如同惊弓之鸟，随时可能向西边的绥远或向东从海路逃跑。为了稳住华北敌人，达到就地歼灭的目的，1948年11月中旬，中央军委指示东北野战军以最快的速度秘密入关，与华北野战军的两个兵团发起平津战役。

12月1日，第三十九军挥师入关，并立刻投入了攻克天津的战前准备。

天津战役由四野参谋长刘亚楼指挥。野司集中了5个军22个师的绝对优势兵力，围歼天津守敌。三十九军与三十八军并肩由津西向东实施主要突击。为保障这一主要突击方向得手，四野特种兵司令部将三分之二的炮兵及20辆坦克，都用来配属三十八、三十九军方面的攻坚作战。

三十九军担负和平门段的主攻任务。其中一一五师在左，一一七师在右，战斗一旦打响后，它们将像两把锋利的尖刀，攻破城垣，插向市中心。突入后的三十八、三十九军，将与由东面对进的四十四、四十五军会师，将天津守敌拦腰切断，然后再分割包围歼灭敌人。三十八军紧贴三十九军之右，负责从西营门段实施突破。两支主力都憋足了劲，势在天津攻坚战中决一高低，看谁能最先把红旗插上天津城头。

1949年1月14日上午10时,对天津城区总攻开始。首先是40分钟的炮火急袭。数百门大炮如同愤怒的响雷，向预定目标开始了猛烈的齐射轰击，在三十九军攻击方向上，敌军的明碉暗堡纷纷被端上了天，坚固的城垣也被三十九军强大的炮火轰开了几十公尺宽的缺口。

三十九军一一七师求战心切，其突击部队不等炮火急袭完毕，即在炮火尚未向市内延伸时，就已冒着被自己炮火击伤的危险向前跃进，开始了排除突破地段地堡群的战斗。透过前沿阵地上滚滚浓烟，依稀可看见一一七师突击尖兵的红旗已插上了一个个地堡群。

紧贴其右的三十八军突击部队，也不甘落后，不等发出冲击命令便开始了爆破、架桥、攻击等进攻作业。炮兵部队观察哨见状，气得直骂步兵都不要命了，但为了不伤自己人，也只好通知炮群提前实施炮火延伸。于是，三十九军和三十八军的突击部队，几乎是紧随着延伸的炮火同时前进，使得被炮火炸蒙了的敌前沿官兵，还没等醒过神来，便已做了俘虏。

由于个别突击部队提前冒死冲击，使少数人遭到自己炮火的杀伤，而且导致炮火未能充分发挥出破坏作用。为突破敌军防线造成了一定的困难。但这一违纪行为，从一个侧面反映出了三十九军官兵不甘示弱，敢打敢冲的勇猛作风。

三十九军以有徐海东、钟伟这样天不怕地不怕的虎将而感到自豪。同时，众虎将也以其言传身教，培养出了三十九军敢打敢拼的战斗作风。

在整个天津战役中，三十九军共计歼敌2.3万余名，生俘敌六十二军第六十七师少将师长李学玉，一五一师少将师长陈置等将级军官5名，缴获各种炮290门，长短枪985支以及大量其他军用物资和器材。

1949年4月，原东北军区整训司令部组建成第四野战军第十四兵团部，第三十九军改归第十四兵团建制。4月底，第三十九军由河北武清地区出发，向华中、华南进军。7月初，进至湖北武昌、沙市、江陵地区。之后又渡过长江，改归第十三兵团建制。三十九军在十三兵团的指挥下，先是进军湘西，参加了围歼白崇禧部的衡宝战役,后又直下柳州,解放南宁,并最后于年底解放了中越边界的镇南关(今友谊关)。

在四年人民解放战争中，第三十九军及其前身部队共计作战434次，其中进攻战占76%。总计歼敌19.6万余人（俘敌15.4万余人，投诚1.3万余人，毙伤敌2.8万余人），并且生俘国民党新五军军长陈林达、第八兵团中将司令周福成、第七十一军中将军长熊新民等将级军官25名。缴获各种口径火炮2193门，重机枪1307挺，轻机枪4629挺，各种长短枪、自动步枪近7.9万支，大小汽车1521辆，坦克14辆，战马6994匹，电台189部，电话机2227部，各种炮弹27.25万余发。

三十九军以其赫赫战功和顽强的战斗意志，赢得了四野党委及兄弟部队的好评和信任。1950年4月28日，四野党委评价它“是一个很好的部队，在野战军中有良好的声誉”。三十九军不仅在拼死的厮杀中锻炼了部队的战斗作风，提高了自己的战术水平，而且也用缴获敌人的装备武装了自己，使之从解放战争初期的单一步兵，发展成为炮兵、骑兵、工兵、通讯兵和装备汽车的辎重兵齐全的现代化军。

1950年1月2日，第三十九军奉命北上。当时的第四野战军兼中南军区司令员林彪，亲自为凯旋北上的三十九军送行，并亲书赠言：“永远胜利，永远光荣！”7月4日，三十九军开赴东北，在辽宁省辽阳、海城地区驻防。

1950年10月，第三十九军改编为中国人民志愿军第三十九军，军长吴信泉，政治委员徐斌洲，副军长谭友林，副政委兼政治部主任李雪三，参谋长沈启贤。下辖第一一五师（师长王良太，政委沈铁兵），第一一六师（师长汪洋，政委石瑛），第一一七师（师长张竭诚，政委李少元），全军共4.5万余人。

10月21日，第三十九军作为志愿军第一批参战部队开赴朝鲜。

第一次战役开始后，三十九军的友邻部队四十军，首先打响了抗美援朝作战第一枪，并在此次战役的第一阶段作战中，全歼伪六师一个加强营，受到了毛主席的表扬和“志司”的通令嘉奖。对于兄弟部队的卓越表现，从来不甘落后的三十九军官兵既感到高兴，又感到手痒。

第一次战役的第二阶段作战开始了。“志司”交给三十九军的任务是：11月1日晚，攻歼云山之敌伪军第一师第十二团；得手后，再协同四十军围歼进至龙山洞地区的美骑兵第一师。全军上下憋足了劲，誓死也要在第一次战役结束前打出个像样的漂亮仗，为军旗再添光辉和异彩！

云山位于朝鲜平安北道，周围群山连绵，是一个仅有千户人家的小城。吴信泉军长率领部队迅速赶至云山城外。三十九军部队原定于1日晚7时30分向云山之敌发起进攻。但当部队下午3时进入攻击地域后，发现云山敌军车来人往，频繁运动，似有撤退迹象（实为美骑兵第一师第八团三营与伪一师第十二团换防）。关键时刻，三十九军军长吴信泉当机立断，决定趁敌混乱之机提前发起攻击。

下午3时30分，八个步兵团在炮兵火力的支援下，同时向云山城外围的美伪军阵地发起猛攻。

担负攻城任务的一一六师（即东野五师）再显神威。该师第三四七团与敌激烈争夺龙浦洞和262.8高地。激战至黄昏，终于夺下了城外的几个关键制高点，为攻打云山立下了头功。而第三四六团第四连则更有绝的。全连在胆大包天、心细如发的连长率领下，从敌军间隙中直插向云山城下。当他们到达公路大桥时，守桥的美军看他们大模大样地走来，竟把他们当成了前来增援的南朝鲜伪军，不仅给他们让路，还一边握手，一边高呼着“OK！”

全连沉着机智，大摇大摆地通过了大桥，插入城内，来到了美军第三营指挥所。连长一声令下，战士们一齐开火。直打得美军猝不及防，晕头转向。美营长罗伯特·奥蒙德少校，当场被手榴弹炸成致命重伤。转眼间四连指战员拦截汽车十余辆，毙敌70余名，俘敌8名，击毁坦克1辆，使城内敌人陷入一片混乱之中。

与此同时，一一五师第三四五团部队也抢占了诸仁桥，切断了城内敌军的退路。美骑八团直属队及其第三营共740余人和大批伪军，被压堵在诸仁桥以北的开阔地带。11月2日和3日白天，城内美伪军在飞机、坦克的支援下拼命突围，并先后发起了十余次猛攻，但均被三十九军将士们死死堵住，均未得逞。

美骑一师为解骑八团之围，急令其第五团从博川方向前来增援，但行至途中即被一一五师第三四三团顽强地阻止在成龙洞、龙头洞地区而不得前进。在两天两夜的激战中，骑五团虽出动了55吨的重型坦克打头阵，在飞机大炮的掩护下发起多次猛攻，却始终未能越过三十九军的阻击防线一步。骑五团团长被我军击伤后，眼见得云山同胞已难逃被歼厄运，深恐自己再被我军围歼，丢下大批尸体和云山的骑八团部队于不顾，率领该团落荒逃去。

美军骑兵第一师建军已有160年的历史，号称是“开国元勋师”。虽然至今名称未变，但高头大马早已换成了坦克、大炮和装甲输送车，已是一支彻头彻尾的机械化部队。该师一直以其不败的战绩而被视作美国陆军的“王牌军”。

但是历来以善打硬仗、恶仗著称的三十九军，却偏偏不信这个邪。你越是硬骨头我越要啃！围歼云山美伪军的三十九军部队愈战愈勇，并且针对美军装备的优势，决定充分发挥近战夜战的特长，实施夜间突击。激战至3日夜晚，终于将该敌全歼。

云山战斗，三十九军首次以劣势装备，歼灭了具有现代化装备的美骑兵第一师第八团之大部及伪一师第十二团一部，共计毙伤俘敌2000余名（其中歼灭美军1800余名）；缴获敌机四架，击落敌机3架，击毁与缴获坦克28辆，汽车170余辆，各种火炮119门，沉重地打击了美骑一师的嚣张气焰。

美军在云山的惨败，震动了白宫，也震惊了美国舆论界。美国总统杜鲁门的女儿后来写道："在朝鲜开始发生惊人事件，第八骑兵团几乎溃不成军。"第二任侵朝美军总司令李奇微也不得不承认："中国人对云山西面第八骑兵团第三营的进攻，也许达成了最令人震惊的突然性。"

云山之战，三十九军一炮打响。为军旗再添光辉！

在此之后，三十九军又先后参加了抗美援朝第二、第三、第五次战役，临津江两岸防御作战以及西海岸抗登陆备战等作战。

在三年抗美援朝战争中，三十九军打遍了"联合国军"19个师取得了歼敌4万余人，生擒美、英、土、加和南朝鲜伪军4629名，缴获坦克65辆，各种火炮321门，击落敌机106架，击毁坦克90余辆的卓著战功，并涌现出大批的战斗英雄和英雄集体。1953年6月，第三十九军离朝回国。

第九章　能攻善守的主力军

——东野三纵（第四十军）

来自鲁中、冀东的老八路。四保临江显神威。奔袭威远，首克义县，主攻锦州，一代名将韩先楚。战辽西，擒敌酋，直下海角天涯。战美军，打响胜利第一枪。

中国人民解放军第四十军是东北野战军又一支主力部队。它在四年解放战争中屡建战功，从东北一直打到海南岛。新中国成立后不久，它作为第一批志愿军部队入朝参战。在抗美援朝第一次战役中，四十军部队在云山地区，打响了与“联合国军”交火的第一枪。初战连战皆胜，受到了毛泽东主席和志愿军总司令彭德怀的嘉奖。

四十军前身是东北野战军第三纵队，而三纵又是由 1945 年秋进入东北的山东鲁中军区和冀热辽军区部分部队合编组建成的。

1937 年 7 月抗日战争全面爆发后，日军沿津浦路全力南下，使山东很快沦陷于敌手。1938 年底至 1939 年初，党领导山东人民先后在十个地区，发动了有两万余人参加的抗日民众大起义。起义组建后的部分部队，便成为了第四十军一支的前身。

1942 年 8 月 1 日，以八路军山东纵队机关为主组成鲁中军区，罗舜初任司令员兼政治委员，石潇江任参谋处长，周赤萍任政治部主任。辖第一（第四旅兼）、第二、第三军分区和军区直属团。1943 年 9 月，增编第四、第五军分区。1945 年 8 月，鲁中军区主力改编为山东军区第三、第四师和警备第一、第二、第三、第四旅。1945 年 11 月、12 月间，鲁中军区政治委员罗舜初，奉命率领山东解放军第三师，山东军区警备第三旅共 9000 余人，先后进至辽宁沈阳、鞍山地区。

而在此之前，即在八九月间，李运昌率领的冀热辽军区的 1.3 万多人的部队，已分东、中、西三路向热河、辽宁、吉林等省，率先进军。其中由冀热辽军区第十六军分区司令员曾克林、政治委员唐凯率领的十六军分区部队为东路纵队（又称挺进东北的前梯队），经山海关向锦州、沈阳方向前进，并于 9 月先期到达了辽宁沈阳、本溪地区。部队一面接管工厂、矿山、受降、剿匪，安定社会秩序等工作；一面收编各股抗日武装和踊跃参军的工人和学生。从而使得这支部队得到迅速发展，由出关时的两个多团，扩编为拥有第二十一、第二十三、第二十四旅的一支主力部队。

1946 年 1 月，根据中共中央东北局的决定，山东军区解放军第三师、山东军区警备第三旅与冀热辽十六军分区辖之第二十一、第二十三旅，在辽宁本溪合编为东北民主联军第三纵队。

第三纵队部由东北民主联军辽东（南满）军区领导机构兼任。程世清任纵队司令员，罗舜初任政治委员，曾克林任副司令员，唐凯任副政治委员。下辖第七旅（由原山东解放军第三师改编），旅长曾国华，政治委员李伯秋；第八旅（由原第十六军分区第二十一旅改编），旅长左叶，政治委员刘光涛；第九旅（由山东军区警备第三旅与第十六军分区第二十三旅改编），旅长宁贤文，政治委员谭开云。全纵队共 2.6 万余人。7 月，东北民主联军的旅改称师。三纵第七、第八、第九旅，分别改称为第七师、第八师和第九师。

1946 年 11 月，纵队部与辽东军区领导机构分开后，曾克林任第三纵队司令员，罗舜初任政治委员，解方任副司令员兼参谋长，唐凯任副政治委员兼政治部主任。

三纵成立后，先后参加了辽阳保卫战、本溪保卫战、四平保卫战、西丰战斗、通化保卫战等战役。其中西丰战斗，是三纵成立以来第一次规模较大的攻坚作战，不仅收复了西丰和附近的煤矿区，还毙伤俘敌 1300 余人。因而受到了“东总”的专电嘉奖。

三纵通过这一系列实战的锻炼和考验，很快成为了东北民主联军的主力部队。若论资历，比起以红军老底子建立起的一纵、二纵、六纵来说，三纵的历史较短。可是话又说回来，如果一支历史并不久远的部队，其战斗力能够与老部队比肩相称的话，那么它成长进步的速度，岂不更为可观!

1946 年 12 月至 1947 年 4 月初，国民党先后集中了五至七个师的兵力，向南满根据地临江地区发动了四次进攻，企图占领南满根据地后，再全力进攻北满根据地。为粉碎敌人“先南后北”的阴谋，三纵与四纵及南满地方部队密切配合，通过运动战大量歼敌，胜利地粉碎了国民党军的四次进犯，这便是东北解放战争历史上有名的“四保临江”作战。

1946 年底至 1947 年初，是南满部队最困难的时期。在国民党军强大主力的进逼下，南满根据地只剩下长白、抚松、蒙江几县之狭小地区。嚣张的敌人企图将我三纵、四纵等主力，一举消灭在长白山区。

1946 年 12 月 17 日，郑洞国纠集了五个师的兵力，一犯临江。南满军区司令员萧劲光为了减轻根据地的压力，命令四纵主力第十、第十一师跳出敌人的包围圈，杀向敌后。三纵全部加上四纵第十二师及军区地方部队则坚持内线作战。

时值滴水成冰的隆冬季节，长白山区的气温已达零下三四十度。三纵的指战员们不少人还没有棉衣棉裤和棉鞋，只好将草绑在身上御寒。三纵的老人们都说，那会儿在黑土地上最苦的要算南满了，南满部队中最苦的又属三纵。四纵当时在敌后打游击，多少能活动活动身子骨；而三纵的部队则在寒冬中露宿山头。为防止战士冻伤，班长每隔 10 分钟 8 分钟就得喊上一阵：起来，都起来！跺跺脚，搓搓手。吕效荣老人说，他那个连有个新兵，站岗时睡着了，结果冻死了。在山下做好的窝窝头送上来后已冻成了冰砣砣，战士们不得不用枪托砸碎，才能吃进嘴里。

让严寒冻坏了的三纵部队，就盼着能早点打仗。枪一响，冷、饿、困就都顾不上了。可没承想，真的一打起来，枪栓冻得都拉不开了。等好不容易拉开枪栓，却又打不响，原来撞针也因热胀冷缩给冻得不够长了。战士们也真能想辙，冲着枪机上撒泡尿，趁着热乎劲儿赶快打，不然结了冰就更没法打了。

三纵部队就是在这样艰苦的条件下进行的一保临江作战。严寒没有冻垮三纵指战员，反而将他们的意志磨炼得比钢还硬。在历时 19 天的一保临江战役中，三纵大小战斗打了 43 次，战胜了优势之敌，取得了歼敌 1700 余名的战绩。

1947 年 1 月底，敌人又纠集了四个师的兵力，在赵公武的率领下二犯临江。为再次打退敌军的进攻，军区萧劲光司令员、萧华副政委亲临三纵指挥作战。不久，号称“常胜军”的敌五十二军第一九五师，孤军深入到高丽城子地区。萧劲光决定抓住此敌侧后暴露，而位于其南面的新编第二十二师即使增援，也尚需三五天才能赶到的有利时机，集中三纵全部主力一举将其歼灭。

2 月 5 日拂晓，战斗打响。经过一天的激战，三纵将敌第一九五师包围在高丽城子地区。晚 10 时，被困之敌拼命冲出重围，企图逃回通化城。但很快被三纵追上，又吃掉了 2000 余人。

随后，三纵乘胜连续作战。七师和九师挥师三源浦，直指前来增援敌军第二〇七师第三团及保安团一部，并采取大胆迂回穿插，将该敌包围在三源浦。2 月 8 日，担任主攻的七师部队向敌阵地发起了勇猛冲锋，歼灭该敌近 2000 人。

在二保临江战役中，三纵连续作战九昼夜，在四纵的阻援配合下，取得了歼敌近4万人的辉煌战绩。

1947年2月17日，东北“剿总”司令杜聿明亲自出马，指挥五个师的兵力三犯临江。三纵在外线部队四纵的密切配合下，经过37天的战斗，歼敌近万人，并且收复了柳河、辉南等县城，扩大了南满根据地。

三、四月间，大地回春，南满最艰苦的冬季终于过去了。杜聿明趁松花江即将解冻，我北满部队被迫撤回江北之机，又拼凑了七个师的兵力，四犯临江。此次敌军出动兵力之多，也是前所未有的。

陈云和萧劲光号召南满部队要不怕牺牲，敢啃硬骨头，彻底粉碎敌人对南满根据地的进攻，从根本上转变战争形势。并且提出了积极争取主动，努力造成敌人的弱点，积极捕捉一切有利的战机，集中优势兵力各个歼灭敌人的作战方针，同时决定由三纵司令员曾克林和四纵副司令员韩先楚，担任前线正副指挥，组织部队粉碎敌人的大规模进攻。

在敌人此次进攻中，担当主攻的是刚由热河调来的第八十九师。该敌自解放战争以来尚未吃过败仗，又仗着装备精良，气焰十分嚣张。于是，萧劲光司令员决定集中三纵第七、第八师和四纵第十师，首先吃掉该敌，振我士气，灭敌威风。具体部署为：三纵七师以一部迂回敌后，断敌退路；三纵八师和七师主力以及四纵十师，三面围敌并担任主攻；三纵九师负责阻击敌新编第二十二师的增援，保证正面作战。

4月3日凌晨，各参战部队已全部悄悄占领预定位置，三面包围了敌人。6时，开始发起进攻。震天动地的炮声此起彼伏，炮弹暴雨般地倾泻到敌群中，刚刚集合好队伍正准备出发的敌军队伍，立时被打得溃不成军。战士们踏着没膝的积雪向敌人奋勇冲击，“缴枪不杀”的呼喊声响彻山谷。我军在以油家街为中心方圆60里的地域内，展开了纵深穿插，大胆分割和迂回包抄的围歼战。

不支的敌人纷纷向兰山方向溃逃。然而担任战役迂回的三纵七师十九团，早以迅猛的动作插向敌后，占领了兰山主峰，截断了敌军的退路。该团九连一面战斗，一面开展政治攻势。面临绝境的敌人在优待俘虏政策的感召下，纷纷放下了武器，从被困的各山沟里走了出来，边走还边互相召唤着“到三浦去集合！”“在三浦开饭啊！”于是，九连一个连就俘虏敌团长以下3000余人。并缴获各种炮50余门，枪支更是无数，战后被记予特等功。

战斗至当日下午4时结束。我军以1 ∶ 25的极小伤亡代价，全歼敌十三军第八十九师与第五十四师一六二团。计毙敌660余人，俘虏敌八十九师代师长张校堂以下7800余人，缴获各种炮96门，轻重机枪263挺，各种枪3000余支，军马613匹，电台10部。

第八十九师的全军覆没，极大地震动了敌军士气，四犯临江之敌纷纷仓皇退去。四保临江的胜利，彻底粉碎了东北"剿总"先南后北的企图，为东北我军转入战略反攻创造了条件。此后，南满我军便转入了战略反攻。

新华社播发的军事观察家评论中指出："此次南满民主联军在柳河南战役中，在十小时内歼灭美械嫡系一个师和一个团，并击溃一个师，粉碎了蒋介石、杜聿明第四次进攻，创造了我东北解放区军民爱国自卫战争的光辉战例"。

进入1947年夏季之后，东北战场转入战略反攻阶段。东北民主联军自1947年5月中旬至翌年3月中旬，先后发起了夏季攻势、秋季攻势和冬季攻势。三纵在这三次攻势作战中，转战千里，先后参加了攻打梅河口、奔袭威远堡、围歼"王牌军"新五军、四平攻坚战等大小战斗40余次，总计歼敌3.9万余人；缴获各种火炮318门，各种长短枪、轻重机枪1.4万余支（挺），汽车92辆，战马300余匹。可谓战果赫赫，军威大振。

其中秋季攻势中的奔袭威远堡歼灭敌五十三军一一六师，是共产党人在黑土地上最成功的战例之一。指挥这场战斗的则是刚由四纵副司令员升任三纵司令员的韩先楚。

韩先楚，湖北红安人氏，和二纵司令员刘震一样，同是"徐老虎"（徐海东）麾下的著名战将。据说，在所有敌对国家的情报部门里，为中国将军所建立的档案中，韩先楚的那一本是所有上将中最厚的。原因就在于仗打得多，也打得奇，因而值得记档立案的内容就最多。

据四纵老人说，全歼国民党"千里驹"第二十五师的新开岭战役，打到节骨眼时有人动摇了，要撤。副司令员韩先楚火了：要撤你们撤，把部队给我留下！结果仗打胜了，而且首创东北民主联军在一次作战中，全歼国民党军一个建制师的纪录。

眼下，围绕怎样打五十三军第一一六师的问题，韩先楚又与纵队政委罗舜初发生了分歧。敌一一六师位于威远堡地区，师部率一个营驻威远堡，三个团散布于周围拱卫着师部，并互为犄角之势。罗舜初认为，为避免两面受敌，应集中兵力，首先歼灭西丰之敌，而后再向纵深发展。这一想法符合“不打无把握之仗”的原则，因而得到了大多数领导的同意。

但韩先楚不愿意采取这种稳中求胜的打法。他主张以纵队主力长途奔袭威远堡，直插向敌纵深师部，乘敌不备，歼其首脑机关，打乱敌指挥体系。同时以部分兵力包围西丰之敌，相机歼其一部。敌各团必因师部受击回窜增援，则可顺势在运动中将敌歼灭，而后再扩大战果。显然，这是一个奇兵色彩极浓，而又相当冒险的方案。

纵队司令员和政委意见相左，争执不下。于是两个方案同时上报“东总”，由野司定夺。

林彪很快回电：按韩先楚意见办。

战事的发展果然与韩先楚预料的一样。三纵一举歼灭了第一一六师，生俘敌师长，共计毙伤俘敌 8174 人。

战后总结会上，罗舜初实事求是，襟胸坦荡地讲道：司令员指挥打仗，有正有奇，有独到之处。我们都应该好好向他学习！

1948 年 1 月，三纵改称为东北人民解放军第三纵队，属东北野战军领导。3 月至 8 月，进行了新式整军运动的三纵，部队的军政素质得到了全面的提高，以高昂的斗志，投入到战略大决战中去。

辽沈战役开始后，三纵奉命攻打义县。义县位于锦州以北，乃是拱卫锦州的重要外围据点。三纵欲图锦州，必须先取义县。打下义县后，主要从长春方向开来的大部队，特别是炮兵和坦克部队以及物资辎重，才能进入锦州外围。攻克了义县，就等于扼住了锦州的咽喉。

二纵五师及东野炮纵的 19 个榴弹炮连将配属三纵攻坚，并由三纵司令员韩先楚统一指挥攻城作战。此时，韩先楚已到了义县城外的攻城前线指挥所，正和政委罗舜初、炮纵司令员朱瑞，举着望远镜仔细地观察着对面的义县古城。

韩先楚打仗有这样的一个习惯：每当战斗要打响时，他都要到师里去看看；师部检查完部署好后，又要到团里看看；团里情况搞清楚后，还要到连里看看；最后便是亲临火线指挥战斗。兵团领导发现他这个脾气之后，一方面感到他作风很好，另一方面又为他的安全担心，恐有意外。于是决定给他多配个作战参谋。战斗打响后，由这位作战参谋带着电话兵到前线去代他观察，随时向他汇报下面的战况。韩先楚尽管不情愿。但上级也是出于好意，不情愿也得服从。

作为攻打义县的最高指挥员，韩先楚对于敌情早已了然于胸。义县守敌为国民党暂编第二十师。该师号称是九十三军之主力，全师百分之八十以上都是美械装备，堪称东北国民党军之精锐。师长王世高也算得上国民党军中的一员虎将。义县守敌除暂编第二十师外，还有若干个保安队等地方武装，守备总兵力 1.2 万余人。

义县城垣高达三丈，顶厚八尺，北临大凌河，东南西三面环绕着深宽各三米的外壕两道。城内城外遍布了工事暗堡，并有穿越城墙下的暗道相联结贯通。二十师主力第二十团的士兵，八年以上的老兵占了四分之三以上，各守备要点均交二十团把守。坚固的城防和精心的布置，使得敌酋王世高有恃无恐，故早已向坐镇锦州的东北“剿总”副总司令范汉杰，打下了固守半个月不成问题的包票。

然而，王世高似乎高兴得太早了。在韩先楚的指挥下，担任主攻的三纵九师、八师和二纵五师部队，只用了两天便全部清除了义县外围工事，三支部队一齐推至义县城垣下。10 月 1 日上午 9 时半，总攻打响。强大炮兵发出了神威，突击部队只用了四个小时便全歼了守敌，结束了整个战斗。敌军暂编第二十师正、副师长，也都做了三纵的阶下囚。

王世高被俘后还不服气，向负责登记的三纵司令部范参谋怒吼道：

“你们这是什么战术？哪一路打法？”

范参谋则诙谐地揶揄道：“师长大人，不管什么战术，哪路打法，结果是你被俘啦！”

“咱们一对一地试试！你们几个师打我一个师，算什么能耐？”

“王世高，你别吹牛！”范参谋也不客气了，“当初围剿红军时，你们是不是以多打少？你们不照样尽吃败仗！至于现在我们怎么打，用多少兵，那是我们的战术，你根本无权过问！你现在需要考虑的，倒是应该怎样向人民老实交待，重新做人！”说得不可一世的王世高低下头来，再也不敢吭声了。

义县的攻克，使锦州之敌完全暴露在三纵的铁拳之下。先遣部队不等清扫完战场，便又火速向锦州出发了。

"东总"总共投入了五个主力纵队攻打锦州：三纵（配属六纵第十七师）与二纵并肩由城北实施突破，七纵、九纵由城南，八纵由城东实施突破。五路大军向心攻击，一举全歼锦州十万守敌。

10月12日6时40分，肃清外围战斗开始。三纵七师、八师分别对城北的配水池、大疙瘩坚固据点发起攻击。战斗打得异常艰苦。

配水池位于城北约二里处的一个高地上，与东面的大疙瘩遥相呼应，控制着锦义公路，乃锦州城北之主要屏障。配水池有五间房子大小，高出地面六米左右，是伪满时代遗留下来的钢筋水泥建筑，将水放干，就是一座现成的堡垒。以配水池为核心，在不到半平方公里的阵地上，预先修筑了20多座永久或半永久性明碉暗堡，堡与堡之间有交通壕相通。坡下有宽深各三米的外壕，壕外雷场中还埋设有电发火引爆的航空炸弹。

配水池守敌为一个连，配属一个重机枪连和一个战防炮排。战斗开始后，敌兵力增加到一个加强营。敌人早已做好了死守准备。配水池的墙上赫然显现着用白灰书写的标语："配水池是第二凡尔登！""守配水池的都是铁打的汉！"

攻打配水池的是三纵七师二十团一营和三营。在这一个小小的配水池阵地上，敌我双方攻击和反击不下30次。最后二十团团长王振威亲自指挥冲击，并牺牲在阵地上。当一营长赵兴元发起最后一次冲锋，并最终夺下配水池时，600多人的一营，只剩下了26人！

而大疙瘩这个古烽火台，由于修有一条直通锦州城内的暗道，敌人源源不断地增兵固守，直到第二天凌晨才被二十四团三营攻克。

14日，锦州城总攻开始了。经过80分钟的炮火猛轰后，开始了攻城突击。并肩担任突击任务的十九团和二十三团，在炮火支援下，仅十余分钟便突破城墙，将两面红旗插在了城头突破口上。

城内攻坚战也打得异常激烈，敌人凭借坚固建筑物进行着拼死的抵抗。紧随突击队之后跟进的七师、八师主力，遂与敌展开逐屋逐巷的拼死争夺。伪省公署大楼、师范学校、铁北水塔等坚固据点，均被攻克。15日7时，八师与十七师将铁路管理局之敌围歼，并迫使敌暂编第五十五师2000余人缴械投降。第二十、第二十一、第二十三团歼灭交通大学守敌后，于铁路北继续肃清残敌。第二十四团则直插并攻下中央大街九十三军军部，俘敌参谋长以下800余人。第二十五团将车站守敌全部肃清后,又与第二十二团及兄弟部队向敌兵团司令部发起攻击,11时,全歼锦州守敌。

整个攻锦作战，三纵共计歼敌1.5万余人。

锦州的攻克,彻底切断了敌关内关外的联系。东北的大门“砰”地一声被关闭了。东北敌人的最后灭亡及东北的最后解放，已为时不远了。

攻克锦州后，东野总部又集中大部分主力，发起了围歼廖耀湘兵团的规模空前的辽西大会战。

廖耀湘兵团拥有国民党嫡系新一军、新三军、新六军、第四十九军、第五十二军、第七十一军及整编第二〇七师共计十万余人，其中新一军和新六军还是国民党所谓的“五大主力”中的两个。所以该兵团不仅是东北地区国民党军之主力，在全国诸兵团中也算得上是精锐。

东野总部的具体部署是：十纵拦头,六纵截尾。一纵、二纵、三纵（配属十七师）、十纵及炮纵主力，由黑山正面向东突击；七纵、八纵由大虎山以南向北突击；五纵、六纵跨越北宁线，由二道镜子、饶阳河以东向西突击。

这一部署是清楚的，因为已将廖耀湘兵团的十万大军团团围住；但又是模糊的，因为各部队只知道攻击方向，却并不清楚当面敌军的番号和准确位置。反正就在这一个大圈子里。

于是，各纵队也只是向各师区分一个大概的攻击方向，各师再向各团大致区分一下。命令一律是“搜索攻击前进！”

10月26日拂晓，辽沈战役中最后的决战打响了。

林彪也适时地将指挥权下放到各纵队和师：枪声就是命令，哪里有枪声就往哪里打！直到听不到枪声为止。

混战中，敌我部队交叉在一起，我军各部队也相互交叉。敌中有我，我中有敌。突击与反突击，包围与反包围。50多万大军在这不算大的方圆之地内，进行着殊死的纠缠和拼杀！

三纵乱中取胜，建立奇功。

25日晚，三纵三个师在黑山东北同时展开行动。其中七师以二十一团为先锋，十九团随后，二十团为二梯队跟进。七师前进的箭头，正好指向了一个叫作胡家窝棚的村落。

半夜时分，七师先头部队二十一团的三营进至胡家窝棚附近听到枪声后，立即朝枪声方向扑了上去，随后团主力也冲了上来。三营一个冲锋，占领了胡家窝棚北山，接下来又猛攻胡家窝棚西坡。但三营连续几次冲锋均未得手，恰巧十九团一营上来了，师炮兵营也上来了。于是，炮火掩护，两面猛攻，终于拿下了西坡。

天昏地暗，黑灯瞎火的，三纵的部队也搞不清楚打的这村子叫个啥名字，反正知道那里有敌人，有敌人就打，枪声紧就更要猛打。没想到这一打还真打了个正着。最后做了解放军俘虏的廖耀湘在《辽西会战纪实》中写道："解放军第三纵队及以北的友邻部队第一棒打碎了国民党辽西兵团的'脑袋'即兵团前进指挥所，同时打碎了新三军、新一军及新六军三军的司令部。"

敌兵团指挥机构被打碎，使得十万人的"西进兵团"，顿时陷入了群龙无首状态。廖耀湘本人逃到了新六军军部，立刻用新六军电台明语呼叫他的部下向新立屯集结，企图恢复指挥，重整建制。但可惜的是，不仅他的部下没去成，连他本人也没能去成新立屯。不久，一纵等部队便又端了新六军、新一军和新三军军部的老窝。兵团司令变成了光杆司令，只身逃到了饶阳河边的草丛中躲了起来，最终当了三纵的俘虏。

此后，敌人便溃不成军。战至10月28日，辽西围歼战役胜利结束。三纵在此次战役共歼敌3.9万余人，其中生俘敌第九兵团中将司令官廖耀湘以下官兵1.85万余人。缴获各种炮460余门，各种枪械2万余支，汽车200多台，军马1500余匹。

1948年11月，根据中央军委关于统一全军编制及部队番号的命令，东北人民解放军第三纵队在辽宁省锦州，改编为中国人民解放军第四十军。军长韩先楚，政治委员罗舜初，副军长沙克，副政治委员刘西元，政治部主任卓雄。

所辖之第七师改称第一一八师，师长邓岳，政治委员李伯秋；第八师改称第一一九师，师长宁贤文，政治委员刘光涛；九师改称第一二〇师，师长郑大林，政治委员李改。另外，东北人民解放军独立师调归四十军建制，并改称第一五三师，师长管松涛，没有任命政治委员，马毅之任副政治委员。全军共5.9万人。

1948年12月至1949年1月，第四十军作为东北野战军先遣部队，率先进至河北香河地区参加平津战役。四十军先攻占了北平（今北京）南苑机场，后又与兄弟部队共同完成了对北平国民党军的包围、分割任务。

1949年2月，四十军再次作为第四野战军先遣部队，率先向华中、华南进军。3月，四十军编入四野第十二兵团建制。罗舜初任军长（后由兵团副司令员韩先楚兼任四十军军长），卓雄任政治委员，蔡正国任副军长，何振亚任参谋长（后为宁贤文），李伯秋任政治部主任。

5月，与第四十三军一起参加汉浔间渡江作战，一举解放了华中重镇武汉等十余座城市。6月，第一五三师调归武汉警备司令部建制。

1949年7月，第四十军参加湘赣战役。9月至10月，参加衡宝战役，担任中路军正面突击任务，与兄弟部队共同歼灭国民党白崇禧集团主力第七军军部及四个精锐师。

11月至12月，在四野总部直接指挥下，参加了广西战役，连续追击国民党白崇禧集团21昼夜，全歼其第一二五军。而后，集结于钦州、防城、合浦地区。12月，转隶第四野战军十五兵团领导。

1950年3月至6月初，参加海南岛登陆作战。四十军先以第一一八师第三五二团一营首批偷渡成功。后又组织加强团强渡成功，最后与第四十三军、琼崖纵队等部队一起乘胜追击，解放了海南岛，将五星红旗插到了天涯海角。此役，第四十军歼灭国民党军第三舰队中将司令王恩华以下官兵1.4万人。

在四年解放战争中，四十军涌现出“登陆先锋营”等战斗英雄集体和“全功臣”赵兴元、“独胆英雄”陈树棠等一大批英雄人物。

东北军区对该军的评价是：

> 四十军为山东地方基干兵团基础，部队历史不算最老，但战斗力却很顽强，过去坚持南满单独局面的斗争，在最困难艰苦环境下的锻炼进步甚快，作风勇猛，能攻能守，其中战斗力以一一八师（原第七师）为最强，为东北部队中之主力军。

1950年7月8日，四十军奉命由广州乘火车北上至中原地区执行整训和生产任务。此时，朝鲜战争已经爆发。正乘坐着由南国开往中原列车上的第四十军，途中突然接到命令：火车改变原停车地点，立即赶至辽宁安东（今丹东）地区下车，并调归东北军区建制。

1950年10月8日，中国人民志愿军成立。第四十军作为首批入朝参战部队，番号改为中国人民志愿军第四十军。军长温玉成，政治委员袁升平，副军长蔡正国，参谋长宁贤文，政治部主任李伯秋。

10月19日，第四十军全军将士站在鸭绿江边，背靠祖国，面对朝鲜，举行了“抗美援朝，保家卫国”的庄严宣誓。

志愿军司令部决定抓住美伪军多路分兵冒进的有利战机，集中兵力于西线，首先歼灭充当此路先锋的南朝鲜伪军第六、第七、第八师一部，打好出国的第一仗，力争扭转朝鲜战局。

四十军奉“志司”命令集结于温井北镇地区，待机歼敌。军首长经研究认为，在各路冒进之敌中，以伪六师最为突出，当敌人尚未发觉之际，在具有重要战役价值的温井地区出其不意地予敌以突然打击，不仅可以控制有利地区，迟滞后续敌人前进，而且可以截断向楚山冒进之敌的退路，争取时间掩护兄弟部队迅速集结和展开。

温玉成军长当即命令：第一一八师迅速占领温井以西的两水洞沿公路之高地，以伏击手段拦腰截击，歼灭可能向北进犯之敌；一二〇师三六〇团在云山组织防御，坚决阻止伪一师前进，其余两个团向温井机动；第一一九师迅速向云山前进。

10月25日7时左右，伪一师先头部队，以坦克为先导，沿云山至温井公路北犯，当即遭到了三六〇团的迎头痛击。之后该敌在强大炮火和坦克的掩护下，虽发起多次冲击，也未能前进一步。

当日上午，另一路自誉为伪六师“精锐”的二团第三营，在一个炮兵中队的配属下，恃强骄矜冒进。该敌在不派出任何侦察人员搜索的情况下，乘坐汽车由温井向北镇放胆推进，渐渐进入了一一八师三五四团和三五三团的伏击阵地。上午9时50分左右，战斗打响。三五三团、三五四团立刻采用拦头、截尾、斩腰的战法，向敌发起突然而猛烈的进攻。遭此突然打击的敌“精锐营”，不到1个小时即被全歼。美军顾问赖勒斯亦被活捉。当夜，一一八师及一二〇师两个团，又乘胜进攻温井之敌，并于26日凌晨占领了温井，彻底截断了窜犯至楚山的伪七团之退路。

在整个西线战场，四十军围歼伪加强营的战斗最先打响，这一仗也就成为了志愿军出国后的第一仗，由于志愿军当时是秘密出国参战，出国日期不便公开。于是，经毛泽东批准，1950 年 10 月 25 日，便成为了志愿军出国纪念日。四十军也以打响了抗美援朝第一枪而载入史册。

10 月 28 日，毛泽东致电彭德怀、邓华，祝贺志愿军在两水洞、温井地区初战胜利。四十军首长立刻将这一喜讯通报全军。全军指战员无不欢欣鼓舞，感到莫大的荣幸。决心以更大的胜利向毛主席和祖国人民报喜。

继初战告捷之后，四十军又在云山地区与冒进的伪一师展开了三天两夜的激战，为志愿军主力在温井一带展开，争取了宝贵的时间。

一度进占了中朝边境楚山一带的伪六师第七团，当闻讯其退路已被志愿军截断后，又企图在伪六师和伪八师各一个营的援救下回撤。但温玉成早已为这三股敌人布下了天罗地网。第一一八师负责歼灭伪七团；一一九师和一二〇师则分头歼灭两支援军。

中国人民志愿军司令员彭德怀在朝鲜前线视察

打援部队首先告捷：一一九师和一二〇师激战至29日拂晓，将伪六师、伪八师前出援救的两个营大部歼灭在温井以东的龟头洞和立石洞。俘敌400余人，缴获榴弹炮20余门，汽车60余辆。

一一八师捷报再传：该师进至龙谷洞、柳良洞、古场地区后，不等担任主攻的五十军第一四八师赶到，即乘敌动摇之机于29日黄昏向伪七团发起进攻。经一夜激战，将该敌大部歼灭。

随后，四十军分两路继续向南攻击前进。左路一一九师于31日拂晓，在曲波院一带，将由球场增援云山的伪八师两个团击溃；右路一二〇师于下九洞，歼灭美军一个炮兵中队后，又连续攻占了美二十四师的数处阵地，直逼宁边。

在抗美援朝第一次战役中，四十军以在云山以南、两水洞、温井、温井以东、古场等地连战皆胜的突击表现，受到了彭德怀等志愿军领导人的通令嘉奖。

四十军乘第一次战役大胜之余威，又先后参加了第二、第三、第四、第五次战役，为阵地反击作战，以及西海岸反登陆作战准备。

在近三年的朝鲜作战中，四十军先后与伪六、伪八、伪十一、伪十二师，美陆军第一师、骑一师、第二、第二十四、第二十五师，英联邦师（含加拿大旅），土耳其旅等敌军部队进行了644次攻防战斗。总计歼敌4.3万余人（其中美军2.5万余人）；缴获各种炮684门，各种枪8414支，汽车1291辆，坦克41辆；击毁、击伤坦克193辆，击落、击伤敌机412架（其中击落128架），击毁汽车314辆。

1953年7月，第四十军离朝回国。

第十章 “塔山虎”传奇

——东野四纵（第四十一军）

谁要是叫胡奇才狠上了，不死也得扒层皮。在新开岭吃下“千里驹”。有“塔山虎”在，谁能逞威！

中国人民解放军第四十一军的前身是东北野战军第四纵队。该纵队是由山东胶东军区地方兵团扩大编成的。

1937年12月，中共胶东特委书记理琪等以坚持昆嵛山斗争的红军游击队为骨干，在山东文登县天福山发动抗日武装起义，成立了山东人民抗日救国第三军。1938年9月，第三军与掖县抗日游击第三支队合编为山东人民抗日游击第五支队，高锦纯任司令员，宋澄任政治委员，吴克华任副司令员，下辖六个团，共7000余人（12月，归八路军山东纵队建制）。1939年秋，第五支队整编为第十三、第十五团，又以黄县、掖县地方武装组成第十四团。1940年9月，第五支队改称第五旅（吴克华任旅长，高锦纯任政治委员）；同时成立新第五支队，下辖第一、第二、第三团。1942年7月，胶东军区成立，第五支队整编为第十六、第十七团，与第五旅同归胶东军区领导。1943年，胶东军区部队整编，取消第五旅番号，军区直辖五个军分区和第十三、第十四、第十六团三个主力团（第十五、第十七团分别编入各军分区）。1945年9月，胶东军区部队在对敌大反攻中扩编为山东解放军第五、第六师和警备第三、第四旅。

这便是四十一军的前身部队。四十一军前身部队在胶东地区坚持抗战，参加大小战斗数百次，不仅为胶东抗战立下了战功，而且锻炼了部队，并涌现出一大批善打硬仗恶仗的虎将。塔山阻击战时任四纵副司令员的胡奇才，便是其中的一个。

军委副主席兼总参谋长迟浩田在20世纪80年代任济南军区司令员时，曾在山东临朐听过一位老翁唱过一首抗战歌谣：

胡奇才，真勇敢，
带领八路军打冶源，
打死鬼子三十三，
活捉一个翻译官。

许多当年山东八路军的老人，每每谈到胡奇才死打硬拼的狠劲时，无不手翘大拇指称赞不已。他们都记得抗日战争时期打小张庄的战斗。那会儿部队连攻了几次也未能拿下敌人小张庄据点。胡奇才火了。他将各班排的共产党员和连排干部抽出来，组织起一支敢死队。随后集中起全团的号兵，吹响了震撼人心的冲锋号。他身先士卒，冲在最前面，一次冲锋就拿下了日军据点。

之后，胡奇才的狠劲儿就在胶东出了名。日本人怕跟胡奇才交火，伪军则只有望风而逃的份了，只恨爹娘给自己少生了两条腿。

山东的老人说，谁要是叫胡奇才狠上了，不死也得扒层皮。

山东八年抗战，四十一军前身部队得到了锻炼，打出了威风。

1945 年 10 月，根据中共中央关于向东北发展，并争取控制东北的战略部署，胶东军区副司令员吴克华、政治部主任彭嘉庆、副主任欧阳文率领山东解放军第六师、第五师一部及部分独立团，共 1 万余人（胶东军区其余部队后来发展为华东野战军第九纵队——中国人民解放军第二十七军），分批从海路挺进东北，11 月进至辽宁安东（今丹东）、庄河、营口等地区，编为东北人民自治军第二纵队（辖第一、第二支队，12 月支队改称旅）和第三纵队（辖第四、第五旅），归东北人民自治军辽东军区领导，担负剿匪、扩军和开辟根据地等任务。

1946 年 2 月，东北人民自治军第二、第三纵队，合编为东北民主联军第四纵队，吴克华任司令员，彭嘉庆任政治委员，胡奇才任副司令员，欧阳文任副政治委员兼政治部主任，蔡正国任参谋长。下辖由第二纵队第一旅改编的第十旅；由第二纵队第二旅改编的第十一旅；由第三纵队改编的第十二旅。全纵队共 2.3 万余人，属辽东（南满）军区领导。

当时的东北战局是，国民党军正处在战略进攻势头上，而兵力和装备均处于劣势的四纵，则被迫进行战略防御和退守。用东北老百姓的话说，“看那架势呀，共产党是不大行了。”部队中也普遍存在着程度不同的悲观情绪。

但是四纵却用一系列的胜仗，改变了人们对时局的看法：

——1946 年 4 月 6 日，国民党第五十二军军长赵公武，率其第二十五师及“五大主力”之一的新六军第十四师，再犯本溪。四纵十旅在金钟山阵地顽强阻击了敌第十四师的多次进攻，并趁敌溃败之机发起反击，将溃不成军的第十四师追至苏家屯东南的长岭子、二道沟子一带。12 日，四纵向喘息未定的长岭子守敌，再次发起猛攻。激战至下午，将国民党所谓的“王牌师”击溃。此次战役，四纵共计毙伤国民党军精锐十四师副师长以下 1300 余人，俘敌 600 余人。

——5 月中下旬，为配合东北民主联军的四平保卫战，四纵在辽南保安第一、第二团的配属下，发起了鞍（山）海（城）战役。24 日，部队扫清鞍山外围据点，25 日黄昏，攻克鞍山市，全歼国民党守军第一八四师第五三一团。随后四纵转兵进逼海城。29 日，四纵从东城突破海城后，向敌守军发起了政治攻势，迫使守敌第一八四师师长潘朔端率师直接和第五五二团宣布起义。解决海城后，四纵部分部队又挥师大石桥，向该地守敌第一八四师第五五〇团展开政治攻势。该团拒不投降，弃城向营口方向后撤。四纵部队奋起追击，于 6 月 2 日在大甸子、石灰窑将该团全歼。至此，国民党第一八四师全部被四纵解决。

鞍海战役，共计歼敌 3300 余人，争取国民党军起义 2700 余人。四纵首创了东北战场上，以军事打击和政治攻势相结合，歼灭国民党军一个整师的范例。鞍海战役的胜利，使沈阳之敌感到重大威胁，迫杜聿明从北线抽调四个主力师向南回援，从而打破了国民党军向北满解放区继续进攻的计划。

——鞍海战役后，杜聿明感到后院太不安全，于是决定先收拾掉南满的共军主力三纵、四纵后，再图北满。10 月，杜聿明调集了 8 个师 10 余万兵力，分三路向南满根据地大举进攻。在此之前，东北民主联军各纵队的旅已于 7 月改称为师。虎将胡奇才升任四纵司令员。

敌中路主力是参加过缅甸作战的五十二军第二十五师，自称为远征军“千里驹”师。该师在师长李正谊的率领下，跟在四纵屁股后头紧追不舍，直犯我辽东军区领导机关所在地安东。

此时，胡奇才手下只有两师（其中十师正在永陵、新宾地区配合三纵作战）。他决定集中这两个师五个团及纵队炮兵，首先歼灭各股敌军中自视最高又最轻敌的第二十五师，一举打痛敌人，从而改变整个战场的被动形势，同时要求第十师归建回援。

胡奇才在新开岭地区，为美式机械化装备的第二十五师布置下了口袋。

新开岭位于安东赛马县（今丹东市凤城县）境内。伏击阵地就选在了新开岭东面一条东西走向的袋形谷地。此处两边是高山，瑷阳河和宽（甸）赛（马）公路从谷底并行穿过。只要控制住周围的制高点，任凭你真是“千里驹”也休想通过。

战斗于10月31日10时打响。隐蔽集结在新开岭的四纵部队，经过一天一夜的激战，对进入山谷的敌二十五师形成袋形包围。

“千里驹”果非等闲之辈。在抗战中也算得上是一员勇将的师长李大麻子，立即捉住了战场的关键——老爷山。老爷山是战场的制高点，可以俯视和控制整个战区，由四纵十一师部分部队防守。但在美械化装备的第二十五师的猛烈炮轰和疯狂冲击下，老爷山阵地和404高地很快失守。敌人先是由一个连防守，后又增加到一个营。最后，又增加到一个团。

能不能歼灭“千里驹”，就看能不能拿下老爷山。胡奇才命令十师二十八团务必拿下。山是那样的陡，最陡的地段坡度竟达70度；坡又是那样的滑，一夜的雨雪已将泥土和腐叶泡成了水叽叽的滑梯。即使没有守敌的密集火力的威胁，爬上去也实属不易。

星夜兼程赶到了新开岭的第十师二十八团，气都没待喘匀，就开始投入战斗，向老爷山发起了数次猛攻。但二十八团九次攻击都未奏效，且伤亡惨重。到最后，全团算上炊事员，就只剩300多人了。而此时，各路敌军都纷纷向新开岭逼近，其中号称“虎师”的新二十二师距离已不到一天的路程。

胡奇才心急如焚。继续打下去，若一天之内再解决不了战斗，就会反被优势之敌所包围，后果将不堪设想；但如果撤，眼看就要打瘫的“千里驹”又会蹦起来，并且更加猖狂。

纵队几位领导一碰头，认为直到眼下主动权还在我们手中。我们困难，敌人更困难。能不能取胜，就在这最后的几小时。一咬牙，一横心：打！

预备队第三十团全部投入，纵队几位主要领导全部下到师，下到团。集中全部炮火掩护十师强攻，十一师和十二师则从侧后全力攻击。

“砂锅捣蒜，一锤子买卖”，胡奇才下了死命令，限时务必拿下老爷山，全歼二十五师！

团长、政委带突击连，参谋长带尖刀排，冒着雨点般的机枪扫射，一鼓作气，终于拿下了老爷山阵地。纵队炮火随后转向敌二十五师指挥所和山谷中的敌军。敌坦克、汽车和几百辆大车纷纷起火。失去了老爷山这个最后依托的敌第二十五师顿时乱了营，一批批地向赛马集方向突围逃窜，却被守候多时的四纵十一师、十二师部队堵截住了。

在四纵强大的政治攻势下，敌军纷纷举手投降。当胡奇才和纵队政委彭嘉庆来到黄家堡时，只见一个班就俘虏了几百名敌军。满眼所见的都是黄呼呼的敌军，简直都快看不见自己的部队了。

号称国民党军精锐的第五十二军第二十五师，就这样遭到了全军覆没的下场。此次战役，四纵共计歼敌8900余人，并生俘敌师长李正谊。加上前期运动防御作战，在这半个多月中，四纵总计歼敌1.1万余人。

新开岭战役，首创了东北民主联军在一次作战中，歼灭敌美械装备一个建制整师的最佳战果。因此在战后荣获毛泽东主席、中共中央、中央军委电令嘉奖。延安《解放日报》也于11月5日，发表题为《第二十五师的毁灭》的社论，予以热烈祝贺。

这一胜利沉重地打击了敌军的嚣张气焰，使其再也不敢小看我军。战役结束后，正向新开岭开进的所谓“虎师”新二十二师，闻讯后便止步不前，唯恐被歼。数天前的傲气再也不见了。国民党东北“剿总”司令杜聿明，也特意召集新一军新三十八师校级以上军官训话，声称“对共军战斗力不可再存轻视心理”。四纵的战斗力也算是得到了对手的承认。

半年来，四纵的连战连捷，不仅有力地扼制了国民党军的进攻势头，而且极大地鼓舞了东北军民的斗志。因此有人这样评价道：“共产党人在黑土地上陆续组建的十二个野战纵队中，作为主力纵队中历史并不算太长的四纵，在这一时期是有着出色的表演和特殊的贡献的。”

1946年12月至1947年4月，四纵又与三纵队一起参加了四保临江战役，击退国民党数次进犯，保卫了临江、长白山根据地。

1948年5月至1949年初，参加东北夏季、秋季、冬季三次攻势作战，先后攻克梅河口、辽阳、鞍山、营口等重要城镇。

1948年1月，东北民主联军第四纵队改称东北人民解放军第四纵队，属东北野战军领导。3月至8月，纵队通过五个多月的新式整军运动和军事练兵，军事素质和政治素质均得到大幅度提高后，迎来了东北战场上的战略大决战。在这一阶段，四纵最上乘的表现就是塔山阻击战。

1948 年 9 月 12 日，东北野战军主力部队开始云集锦州地区。伟大的辽沈战役开始了。

蒋介石也终于看出了我军的战略意图，立刻就“毛”了：如果一旦让共军卡住了东北咽喉——锦州，东北四五十万国军便将成为瓮中之鳖，在劫难逃！

10 月 2 日，蒋介石疾飞沈阳，召开了最高军事会议。会上确定：由华北傅作义部抽调 11 个师，组成东进兵团，在第十九兵团司令侯镜如指挥下，东进援锦；由沈阳地区抽调 11 个师、3 个骑兵旅组成西进兵团，在第九兵团司令廖耀湘的指挥下，西出援锦。蒋介石的如意算盘是：两个重兵集团东西对进，既解锦州之围，又可将投入攻锦的东北解放军主力，围歼在锦州地区。

因此，东野必须在一个星期内攻克锦州，否则后果将不堪设想。

“东总”将在塔山一线阻击东进兵团的任务，交给了四纵、十一纵及 3 个独立师。

“街亭虽小，干系重大”。锦州是东北的门户。塔山又是锦州的门户。只要东进兵团突破塔山，要不了半天就能涌到锦州。一个星期内能否攻克锦州，关键在于塔山一线的阵地能否坚守一个星期。

塔山村是辽东湾上一个百十户人家的小村庄，位于锦州城与锦西城之间，东临渤海，西接白台山、虹螺山，紧贴锦西高地。两锦公路穿村而过，北宁铁路和村东一公里处的公路平行北上，是锦、葫敌人北进的唯一通道。塔山阻击部队的防线就以塔山村为中心，东至海边，西至白台山、北山，正面宽 12 公里半。地形也都是缓坡丘陵，无险可恃。

塔山北距锦州外围不到 20 公里，南距锦西敌人的前沿阵地只 1、2 公里。而且塔山南面的大东山、小东山、影壁山一线高地，全被敌人所占据，使得我军阵地完全处于敌居高临下炮火射程之内。狭窄的地形也不允许四纵等部队开展运动防御战，只能作阵死守。兵力上敌众我寡，装备上敌强我弱，地势上敌高我低。四纵就是在这样困难的情况下，接受了塔山阻击的任务。总部要求他们必须像一颗坚硬的钉子一样，死死地钉在那里不能后退一步。

四纵政委莫文骅从四野总部开会回来后，传达了总部首长的动员令：塔山阻援战斗意义十分重大。要拿下锦州，又必须把近在咫尺的锦、葫援敌堵住。因此，能否把援敌阻于塔山以南，就成了锦州能否攻克的关键。一定要告诉指战员们，这次阻援绝不比攻城任务来得轻松，拿不出过硬的本领是经不起，熬不过的。

东野总部首长对四纵顽强的战斗作风是蛮有信心的。林彪、罗荣桓、刘亚楼在给四纵的电报中写道："你们必须利用东自海边西至虹螺山下一线约20余里的地区，作英勇顽强的攻势防御，利用工事大量杀伤敌人，使敌人在我阵地前横尸遍野……而使我军创造震动全国的光荣的防御战。"

10月10日，敌人不等烟台的第三十九军到达，便在飞机、大炮和海军舰炮的掩护下，以新六军暂六十二师、五十四军第八师、六十五军第一五一师向阵地扑来。

吴克华和莫文骅在纵队指挥所里，不断地接到前沿部队的报告：敌机低空投弹，炮弹密如蝗群，几十分钟落弹5000余发。工事全被摧毁，铁轨枕木漫天飞舞，平地犁松了几尺土。炮伤甚大，一部分人震昏，耳鼻出血。敌冲锋队形密集，连、营、团长带头，督战队押后，不顾地形条件，犹如一群疯狗，任凭怎样射击，还是毫无知觉似的"哇哇"叫着往上冲。前面的倒下了后面的踏尸而过，一梯队垮了，二梯队上；二梯队垮下去，三梯队、四梯队上。打也打不光，堵也堵不住。拼命死冲上来的敌人和我军战士绞在一起，抓头发、揪耳朵、摔跤、滚打，拼老命地干。我前沿阵地得而复失，失而复得，呈现拉锯状态。

吴克华称这种集团冲锋为"饭馆子"战术——大块肉猛往上端，叫你吃不光、喝不尽，最后活活撑死。看来要想不被撑死，就得中止敌人"上菜"。吴克华把纵队参谋长李福泽叫来，让他通知炮兵，集中火力轰击敌人后梯队集结地域，叫敌人的冲锋接不上茬；同时通知前沿部队加强阵地前反击和二梯队反冲击。敌人不让我们喘口气，我们也不能让他们舒舒服服。

在我军的顽强阻击下，第一天就打退了敌军九次集团冲锋。入夜后，战士们才吃上了一顿饭，接着顾不上休息片刻，又冒着敌人的炮击，开始重修工事的战前准备。

翌日清晨，敌军又投入了四个师的强大兵力，并改取中央突破的方法，即在两翼猛攻塔山桥和白台山的策应下，全力突击塔山。冲击开始前，先是一个小时的炮火急袭和飞机轰炸。呼啸而下的排炮和巨型炸弹，从前沿铺向纵深，又从纵深铺回前沿。整个塔山阵地霎时间化作了一片火海。接下来又是在连营团长率领下的整连整营整团的冲锋。被打退后，便再次炮火猛轰，待我军阵地被轰成焦土后，又发起集团冲锋。

这一天，从早晨7时至下午4时，连续九小时厮杀不断，战斗远比第一天激烈。三个主阵地都曾一度被敌突入，但四纵立即组织部队反冲击将敌歼灭，夺回了阵地……

林彪的眼睛盯着锦州，但余光从未离开过塔山。塔山恶战六昼夜，除去林彪主动询问和四纵主动报告，单是十二师每天就要向林彪报告四次战况。林彪在电话里对师长江燮元一字一句地说道："守住塔山，胜利就抓住了一半。告诉你：塔山必须守住！拿不下锦州，军委要我的脑袋；守不住塔山，我要你的脑袋！"

虎将江燮元则手指着指挥所，对手下的团长、营长说："我看着你们，你们看着我。是死是活咱们在一起，是死是活就在这里，是死是活也要守住阵地！"

塔山恶战六昼夜，纵队副司令员胡奇才在前线坐镇五天。四纵的老人回忆说："胡奇才往那儿一坐，不用吭气儿，那威势就来了，什么也不用想，许进不许退，你就往死里打吧。"

10月8日至13日，攻锦部队扫清锦州城垣外围据点直逼锦州城下。蒋介石眼见得锦州城防危险，而九个师的援军却被堵在近在锦州门口的塔山，两天时间里竟然未能前进一步。蒋介石一面派出他的随身参军前来督战，一面将两天来都没舍得用的华北"剿总"直辖独立第九十五师——所谓"没丢过一挺机枪"的"赵子龙师"也拉了上来，准备第二天大干。

蒋介石还不放心，又特意派九十五师的老师长罗奇为该部打气。罗奇一到锦西就狂妄叫嚣："没有赵子龙师拿不下的阵地！"他使出了软硬两手：一面在部队中建立了庞大的督战组织，规定逐级监督，怯阵者杀无赦；一面以每人50万金圆券的高价，收买组织起一支"宁死不退"的"敢死队"。

13日清晨，敌独立第九十五师投入战斗后，果然与众不同。第一冲锋队上来，全端着冲锋枪，再一冲锋队上来，全是机关枪，清一色的自动火器。那些头戴大盖帽的军官们，如同吃了"刀枪不入"的仙丹一般，远远地冲在队伍的前头，拼死卖命。冲击受阻后，便将同伴的尸体垒成活动工事，向我军阵地一步步推进。

在黑土地上也打了无数恶仗的四纵指战员们，还从没有见过如此凶猛的进攻。几个回合过后，刚刚换上来的十师第二十八团就伤亡百人以上。打到黄昏，伤亡竟达 800 余人。当夜，三十团换下了二十八团。而敌人的锐气，也在这一天基本上被打光了。

当天深夜，东野参谋长刘亚楼打来电话：锦州外围据点已全部扫清，14 日上午实施总攻。吴克华立即将这一消息传达到各师，阵地上立时爆发出震耳欲聋的欢呼声。而蒋介石也在这一天夜里，下达了“拂晓前攻下塔山，14 日进占高桥，黄昏到达锦州”的死命令。

于是，在蒋介石的严令逼促下，敌人四个师在凌晨就发起了猛攻。敌指挥官也如同疯了一般，既不讲战术，也不讲队形，驱赶着士兵以密集的队形，不顾死活地一波又一波地往上猛冲……

上午 10 时，惊天动地的轰鸣声从锦州方向传来。锦州总攻打响了。我军阵地上顿时一片欢腾。战士们从战壕里爬出来，在硝烟弥漫的阵地上狂喊着：“同志们，老大哥打锦州啦，加油干哪！”“范汉杰完蛋啦！”

随着 10 月 15 日锦州的最后解放，侯镜如兵团的攻势也被瓦解掉了。据说在华北从未吃过败仗的“赵子龙师”，临走时，三个团只能凑成三个营了。

在塔山阻击战中，四纵顽强地抗击住了敌五个师在海空军配合下连续六昼夜的轮番进攻，直至锦州解放，阵地屹然未动。从而为主力攻克锦州赢得了宝贵的时间。在整个防御作战中，四纵共毙伤俘敌 6117 人；而自己伤亡也高达 3145 人。

战后，第四纵队第十二师第三十四团荣获“塔山英雄团”光荣称号，第十师第二十八团荣获“守备英雄团”光荣称号，第十二师第三十六团荣获“白塔山英雄团”光荣称号，纵队炮团荣获“威震敌胆炮团”光荣称号。有 20 名指战员荣获“毛泽东奖章”，仅十二师就有 2026 人荣立战功。

在辽沈战役中，四纵被授予荣誉称号和荣立战功的集体和个人，无论数量还是质量，均为四野各纵队之冠。

1948 年 11 月，根据中央军委关于统一全军编制及部队番号的命令，第四纵队改称中国人民解放军第四十一军，归东北野战军建制。吴克华任军长，莫文骅任政治委员，胡奇才任副军长，欧阳文任副政治委员兼政治部主任，李福泽任参谋长。

所辖第十师改称第一二一师，蔡正国任师长，李丙令任政治委员；第十一师改称第一二二师，田维扬任师长，张秀川任政治委员。东北人民解放军独立第二师调归该军建制改称步兵第一五四师，左叶任师长，曹传赞任政治委员。全军共计 6.4 万余人。

1948 年 11 月，四十一军作为先遣兵团之一部秘密南下入关。12 月，第四十一军参加平津战役，配合华北野战军攻克康庄、怀来、张家口等县市，切断了国民党军傅作义集团西退绥远（今内蒙古自治区西南部）之道路。1949 年 1 月，参加包围北平（今北京）。和平解放北平后，担负北平市的警备任务。同时，奉命改编傅作义起义部队的第一〇四军第二〇九师。

1949 年 3 月 23 日，毛泽东、朱德、刘少奇、周恩来、任弼时等中央领导经唐县、保定、涿县，于 25 日到达北平。当天，由第四十一军第一二一师第三六一团、第一二二师第三六四团、第一二三师第三六七团及军炮兵团等组成的阅兵部队，在北平西苑机场接受毛泽东、朱德、刘少奇、周恩来、任弼时等中央领导同志检阅。

1949 年 4 月，四十一军由华北向华中、华南进军。5 月，编入第四野战军第十四兵团建制，并于河南新乡改编国民党军第四十军 2 万余人。8 月，四十一军改归第四野战军第十二兵团建制。9 月至 10 月，参加进军华南的中路，在衡宝战役中，担负正面突击任务，歼国民党军 5000 余人，俘虏国民党第七军副军长凌云上。11 月至 12 月，参加广西战役，先后攻克全州、兴安、桂林、灵川、荔浦、蒙山等县市，歼国民党军 8600 余人，俘敌第三兵团副司令官兼第七军军长李本一。

1950 年 1 月，第一五四师调归广西军区建制。2 月，该军又改归第四野战军第十五兵团建制。奉命由广西容县地区开赴广东省淡水、高要、惠阳、黄岗等地执行剿匪作战任务，并先后解放了南澳岛、南鹏岛。1951 年 1 月，进驻潮汕地区执行保卫海防的任务。

中国人民解放军第四十一军在全国解放战争中，从东北转战两广，经历主要战役、战斗 440 余次，解放县以上城市 30 余座，涌现出“塔山英雄团”等英雄部队和鲍仁川、程远茂等一批英模人物，为中国人民的解放事业立下汗马功劳。

第十一章　叶挺独立团的传人

——东野六纵（第四十三军）

野战军中的“老大哥”。“攻坚老虎”名不虚传。浴血顶住十万兵。跨海征战，猛虎化蛟龙。

中国人民解放军第四十三军是一支具有光荣革命历史的英雄部队，追根溯源，其部队的一支，乃是大革命时期“叶挺独立团”的传人。

中国共产党人独立地组建军队、拥有武装，始于红军时期。但是在第一次国共合作的大革命后期，北伐战争中以共产党员和共青团员为主的著名的叶挺独立团，实际上已经是由中国共产党人掌握的第一支武装力量。

大革命失败后，1927 年 8 月 1 日，叶挺独立团参加了南昌起义。南昌起义失败后，这支队伍由朱德、陈毅率领转战至井冈山，与毛泽东领导的秋收起义部队会师，组成工农革命军第四军（后改称红四军），朱德任军长，毛泽东任党代表。随后又经过几次改编，于 1933 年 6 月，编为中国工农红军第一方面军第一军团第二师，下辖第四、第五、第六团。

红二师成立后，先后参加了中央苏区的五次反“围剿”作战。红一方面军开始二万五千里长征时，红二师作为长征部队的前卫师之一，强渡乌江，智取遵义，飞夺泸定桥，突破天险腊子口，出色地完成了中央军委赋予的开路任务。

全国抗日战争全面爆发后，红二师改编为八路军第一一五师第三四三旅第六八五团，开赴华北抗日前线，首战平型关。1938 年底，挺进苏鲁豫边区，改称八路军苏鲁豫支队。1940 年 8 月编为八路军第五纵队第一支队，挺进苏北，增援新四军，实现了八路军与新四军的战略大会师。同年 10 月，改为八路军第一一五师教导第一旅。1941 年 1 月，皖南事变后，改为新四军第三师第七旅，担任华中机动作战任务，转战于苏北两淮地区。

日本投降后，新四军第三师奉命挺进东北。三师到达东北后，该师第七旅和来自山东的八路军第一师，就被东北人民自治军总司令林彪作为主力部队留在身边。这两支部队都是八路军一一五师的老底子，曾任一一五师师长的林彪自然很了解它们的实力。尤其是七旅，更是林彪的“娘家”，红军初始，他当连长时就是在这支部队。

不久，林彪指挥七旅和一师部队，发起进入东北后的第一个歼灭战——秀水河子战斗。通过实战的考验，林彪更坚信了自己的眼光。后来七旅和一师分别成为了东北野战军的主力军六纵和一纵的主力师。

四十三军另一部的前身为七七事变后中共领导的鲁东、冀鲁边的抗日武装，后分别发展为清河军区，冀鲁边军区部队（八路军第一一五师教导第六旅的基础）。1944 年这两个军区部队合编为渤海军区。抗战胜利后，以该军区直属团和第二军分区独立团、第四军分区两个营以及第五军分区一个营，编为山东解放军第七师。1945 年 10 月，在师长杨国夫、政治委员徐斌洲的率领下，向东北挺进；以渤海军区第一、第三、第四军分区各一部组成三个团，由渤海军区副政治委员刘其人率领先进至热河滦平（今属河北），编为热河纵队第一旅，参加平泉战斗后也进入北满。1946 年 3 月，山东解放军第七师、热河纵队第一旅和冀热辽军区第十九旅三支部队，在哈尔滨以西地区会合后，合编为东北民主联军第七师，原冀热辽第十九旅、山东解放军第七师、热河纵队第一旅，依次编为该师所辖之第十九、第二十、第二十一旅。

上述两部进入东北后不久，先后参加了山海关保卫战、秀水河子歼灭战和解放长春之战。1946 年 4 月参加四平保卫战，给国民党“五大主力”之一的新一军以重大打击。

1946 年 10 月，第三师第七旅与第七师合编为东北民主联军第六纵队，陈光任司令员（后洪学智、黄永胜），赖传珠任政治委员（1947 年 8 月到职），杨国夫任副司令员（后梁兴初、曹里怀、李作鹏），刘其人任副政治委员，阎捷三任参谋长（后黄炜华、曹里怀、黄一平），徐斌洲任政治部主任（后邓飞）。原第三师第七旅改为第十六师，王东保代师长（后由梁兴初、李作鹏兼师长），郭成柱任政治委员（后张池明）；原东北民主联军第七师第十九旅与第二十旅合并为第十七师，龙书金任师长，当时缺政治委员，1947 年 7 月徐斌洲调任；原东北民主联军第七师第二十一旅改为第十八师，王兆相任师长（后阎捷三），陈德任政治委员（后袁克服）。全纵队 2.3 万余人。

1947 年 1 月至 3 月中旬，北满部队一纵、二纵和六纵，为粉碎国民党东北“剿总”杜聿明的“先南满，后北满”战略企图，主动发起了三下江南（松花江以南）的作战，寻歼当面分散独立之敌，以配合南满三纵、四纵等部队的四保临江作战。在二下江南作战中，六纵在东北民主联军炮兵一团、二团的配属下，发起了围歼德惠城敌军的攻坚作战。此次作战，不仅是六纵的第一次攻坚作战，也是东北民主联军向国民党军据守的城市进行的第一次攻城作战。由于缺乏攻坚作战经验，这次攻坚战失败了。但是六纵有幸第一个亲身体验了城市攻坚战斗，并从中总结了在攻坚作战中，步炮、步坦协同等一系列宝贵的攻坚作战经验。

1947 年 5 月至翌年春，六纵先后参加了东北夏季、秋季、冬季三次攻势作战，其中在第一次四平攻坚战中，六纵十七师初显神威。

当时，主攻四平城是由第一、第三、第七纵队担任，六纵本是担负南面打援任务的。但东总鉴于六纵十七师打过德惠攻坚战，便将其单独调来，作为攻城预备队，并归攻城总指挥一纵司令李天佑直接指挥。6 月 14 日，四平攻坚战正式打响。两天后，由于一纵一师、二师伤亡较大，李天佑遂命令十七师投入战斗，接替一师和二师的进攻阵地。

龙书金接领任务后，便一改一纵的打法。一纵部队是以一个团打一条街，十七师则以一个营打一条街，并且充分利用地形地物，发扬大胆穿插和孤胆作战精神，展开火力与敌在巷战中拼搏争夺，逐房逐街地前进。各战斗分队都组建了火力组、突击组、爆破组和支援组。四个小组密切配合，将敌守军的钢筋水泥工事一个个拿下，后续部队则依次跟进。19 日便打到了敌核心阵地跟前，将敌第七十一军军部包围起来。

总攻发起前，李天佑总指挥来到十七师指挥所。12 时整，龙书金下达了攻击命令，北面的第五十一团从东北角向西南打，第四十九团从西北角向东南打。炸药一车车运上来，又一包包送到目标上——这便是十七师发明的重叠爆破。李天佑司令员看到敌工事被炸得满天飞，兴奋地说："你们部队好厉害呀！"不到两个小时，敌核心阵地即被十七师攻破，生俘敌七十一军特务团团长陈明信以下近 2000 人。

四平攻坚战是东北民主联军发起的第一次大规模城市攻坚战。后虽因援敌到来而未最终攻克，但锻炼了部队的攻坚能力。林彪也正是通过十七师攻打四平的作战经验，总结出了"四组一队"的攻坚战术。

六纵十七师通过德惠攻坚战和四平攻坚战的锻炼，成为了东北民主联军诸师中攻坚能力最强的部队，并且荣获了"攻坚老虎"的美称。

至今四野的老人们还常谈起“林彪三调十七师”的故事：一是四平，二是锦州，三是天津。都是作为攻坚预备队，即在最关键的时刻和最关键的部位，才把这只“攻坚老虎”放出去。

1948 年 1 月，六纵改称东北人民解放军第六纵队。

1948 年 5 月，六纵与十二纵和六个独立师，担负进攻和围困长春的任务。9 月 12 日，辽沈战役发起后，六纵十七师师长龙书金、政委徐斌洲，突然接到东野总部直接发来的电报，令十七师“迅速前进到锦州以北葛王碑地区，具体宿营位置由三纵指定，并归三纵指挥，参加攻锦”。于是，全师乘坐八列火车，浩浩荡荡地向辽西平原开进。

10 月上旬，十七师部队到达阜新。深知锦州对东北全局重要性的龙书金和徐斌洲，唯恐来晚了捞不到仗打，一下火车，便怀着急切的心情跑到野战军总部汇报情况，请求任务。林彪、罗荣桓、刘亚楼等首长一起接见了他们。

林彪首先向他们交待了任务：“你们十七师是‘攻坚老虎’，过去打四平时，搞了纵深爆破，打巷战有经验。这次你们攻打锦州市内，一定要搞掉范汉杰的指挥所和第六兵团指挥机关。”

随后，罗荣桓政委再次详细地讲解了攻打锦州的重要意义，刘亚楼参谋长则代表野战军总部命令十七师为攻锦总预备队，立即开往锦州，接受三纵司令员韩先楚指挥，准备投入东野有史以来最大的攻坚作战。

此时，三纵、七纵、八纵和九纵经过十余天的激战，已经彻底肃清了锦州外围据点。最后的总攻，已近在眼前。

在三纵指挥所里，经数夜指挥已熬红了双眼的韩先楚司令员，指着墙上的地图向龙、徐二人交待道：“敌东北‘剿总’锦州指挥所和第六兵团部之间的铁路局，是锦州的心脏。待攻城部队一打开突破口，你们这只‘攻坚老虎’就要不顾一切地猛扑进去，把它逮住！”

10 月 14 日清晨，总攻锦州的炮击开始了。整个锦州城立时陷入硝烟火海之中，大地在剧烈地颤动，敌人的一座座碉堡被轰得粉碎。这是东北野战军迄今为止规模最大的一次炮击，轰击了足足一个半小时。炮声刚停，嘹亮的冲锋号骤然而起，突击队的战士们从交通壕里一跃而出，向突破口冲去。

龙书金站在韩先楚身旁，同时手擎望远镜，观看着三纵的先头部队潮水般地拥进了城垣突破口。他焦急地请示道："韩司令，突破口撕开了，该我们的了！"

得到批准后，十七师先头部队四十九团在团长赵浩然的指挥下，如同离弦的箭、脱缰的马，飞速向锦州城里冲去。该团的先头突击队三营，乘敌混乱之机，猛打猛冲，向神社之东的大同街、康德街发展，并迅速逼近了铁路。铁路南边的敌人，凭借着几列火车车厢的掩护和铁路局守敌的火力支援，拼死顽抗。三营七连奋勇冲杀，与敌反复争夺，只用了20分钟即歼敌近500人，攻下20余个地堡。

为了迅速插向敌人纵深，四十九团又把下一步的尖刀任务交给了三营八连。赵团长严肃地对八连指战员们说道："上级把我们从吉林调到这里来，就是要我们勇猛地穿插分割敌人，我们可不能给'攻坚老虎'的脸上抹黑。"

八连马副连长斩钉截铁地回答道："团长，请放心吧！插不到铁路南边就不回来见你！"

说罢率领着部队就冲了上去。在九连的协助下，八连相继攻占了大楼10余座，在铁路南开辟出一条500余米宽的走廊，为团主力的继续攻击打开了通道。战后，八连以其突出的表现，荣获了"猛虎尖刀连"的光荣称号。

四十九团通过铁路后，发展异常迅速，战至下午6时40分，已将铁路警察署的守敌全部解决。随即又向锦州敌守备的心脏——铁路局发起进攻。

铁路局是一座钢筋水泥筑成的大楼，四周用沙包垒起一圈圈临时性的掩体工事，为铁路南敌人的一个大支撑点。夺取了它，就将直接威胁到敌东北"剿总"锦州指挥所和第六兵团部。担任主攻的二营部队，在机枪和六〇炮的掩护下，从四面向大楼发起冲击。六连爆破组摸黑从窗口推进一个几十斤重的炸药包，霎时间，火光四射，响声震天，吓得楼里的敌人四处乱窜。二营乘势发起冲击，仅用30分钟，就将600名守敌全部歼灭，并且缴获了大量的坦克、榴弹炮、汽车等军用物资。

当"东总"得知十七师已将铁路局这一战略要点拿下后，立即发来了电报嘉奖：

部队投入纵深，发展迅速。望发扬'攻坚老虎'的巷战威力，争取锦州战役全部胜利。

此时，十七师第五十一团也在团长赵月光、政委王奇的率领下，以风卷残云之势连续攻占了锦州车站，竞技场等地。随后，龙书金又命令五十团一营向东南发展，直插敌东北“剿总”锦州指挥所附近的纺纱厂和被服厂。经两小时激战，歼敌千余名，迫使敌东北“剿总”副司令范汉杰等，龟缩到锦州老城躲了起来。

四十九团在拔掉了神社和铁路局两颗钉子后，又乘胜扩大战果，与第五十一团一部继续向西南攻击，先后占领邮政管理局、锦州银行等重要敌据点，俘敌1500余人。战斗中，四十九团年仅20多岁的杨政委身先士卒，不幸壮烈牺牲。全团战士高喊着为政委报仇的口号，奋勇杀敌，在兄弟部队的配合下，最终将国民党暂编第五十师和第八十八师全歼。第五十一团也于早晨6时30分，与兄弟部队一起，攻占了国民党军第六兵团司令部。

在整个锦州攻坚战中，十七师共毙伤俘敌1万余人，缴获轻重机枪300多挺，各种火炮50多门，坦克3辆，以及大批军用物资。胜利地完成了总部首长交给的攻坚任务。

锦州攻坚战，六纵十七师再显神威。东北军区司令部对十七师的评价是：

> 该部队历史不算老，战斗作风顽强，进步快，善于夜战及村落战斗，战士勇猛，长于使用爆破，攻坚力最顽强……为东北野战部队中攻坚力量最顽强之部队。

就在十七师浴血锦州大打攻坚战之时，六纵的主力（十六师和十八师）则在不停地进行着运动战。它们先是在彰武西北地区，与企图援锦的廖耀湘兵团周旋，诱敌北进，使之不能西援；10月15日锦州攻克后，东野总部鉴于长春守敌有向沈阳突围的迹象，又令六纵即刻东返通江口（法库以东），协同北面我军歼灭突围之敌。当六纵正兼程向东江口急进时，长春因守敌之第六十军起义而获解放，东野总部又令六纵停止前进，原地待命。

接电后，六纵党委的五名常委（司令员黄永胜、政治委员赖传珠、副司令员杨国夫、参谋长黄一平、政治部主任邓飞）讨论了战局的发展，一致认为：锦州之攻克、长春之解放，使东北战场上的形势发生了急剧变化。我军攻克锦州的部队，必将回师歼灭廖耀湘兵团。但我军主力到达之前,廖兵团很有可能向营口或沈阳撤退。因此,六纵的任务，很可能由原来的拖住敌人变为阻击敌人。于是，他们主动令部队作好了充分的战斗准备。后来战局的发展，果然证实了他们的分析和判断。

攻锦战役即将结束时，林彪再次将目光转向了廖耀湘兵团。不过这次盯住廖耀湘，可不是怕它拼命援锦，而是怕它跑回沈阳。10月18日，林彪根据廖耀湘兵团继续西进的行动，向中央军委建议，决心诱敌深入，在辽西地区打大歼灭战，聚歼廖兵团!

廖耀湘兵团几乎汇聚了东北国民党军的全部精锐。歼灭了廖兵团，等于解决了东北作战问题的大半。19日，中央军委复电批准了东野的作战计划——就地聚歼廖耀湘兵团于野战之中，堵住廖耀湘兵团东逃沈阳的任务，就落到了正位于该兵团侧后的六纵身上。

东野总部随即发出了一系列命令：命令第六纵队以强行军从彰武方向迅速插到新民以西地区，坚决堵死廖耀湘东逃之路；命令原在正面阻击廖敌的五纵和十纵实施正面攻击，紧紧抓住廖兵团；命令刚刚结束攻锦的部队，不顾伤亡和疲劳，星夜兼程赶往作战地域，务必合围廖耀湘兵团。

一切布置就绪后，林彪最担心的就是六纵队能否截断廖耀湘的逃路了。因为这十几万国民党精锐部队，一旦逃回沈阳，要再想聚歼，这仗可就要难打得多了。

六纵指挥员们当即进行了认真研究。东野总部电报中指出的“全局的关键，在于能否彻底切断敌人的退路”这句话，尤使他们感到肩上担子的重大。能够领受这一关键任务，固然说明野司首长对六纵的充分信任。但以手头仅有的两个师，前后左右又没有友邻部队，要堵住包括两个“王牌军”在内的十几万敌军的拼死突围，又谈何容易。加之又是平原作战，有利于敌军充分发挥炮兵、装甲兵的优势，这一场阻击仗必将是空前地险恶。

但军令如山，容不得半点迟疑。更何况六纵是东野的主力，主力就要有主力的样子，就要为人所不能为之事。纵队首长决心：两个师由北向南并肩以强行军速度前进，并作好遭遇战的一切准备，一旦与敌遭遇，必须不顾一切抢占有利地形，坚决完成堵截敌人退路的任务。纵队政委赖传珠带领作战组随第十六师指挥所行进，以便及时指挥作战。

据当时给林彪当秘书的谭云鹏回忆说：

接到六纵已向指定位置出发的电报后，一天一夜过去了，但是担负关键重任的六纵却再无音讯。六纵究竟进至到何处？东逃的廖耀湘兵团到底截住没有？总部是一概不知。林彪和刘亚楼当时真火了。这是自己在林彪身边工作多年来，第一次见他发这么大的火。

林彪、刘亚楼不停地问我："有消息没有？"他们着急的心情可想而知。他们两个说着说着火了起来，林彪平素是很能沉得住气的，这时也生气了，吊下了脸子，说："这个黄永胜，简直是乱弹琴嘛，怎么一点消息也没有呢？要是让廖耀湘跑了，一定要严加处理！"刘亚楼同志火气更大，他瞪着眼睛，加大了嗓门说："要是让廖耀湘跑了，非枪毙不可！"

10 月 24 日凌晨，总部终于收到了黄永胜的电报，报告六纵先头部队第十六师已先期占领了新民以西的厉家窝铺车站。就在防御工事尚未构筑完毕之时，廖耀湘兵团的先头部队已蜂拥而至，拼命向沈阳方向逃窜。战斗打得异常残酷，十六师伤亡颇大。但此刻，后续部队第十八师也已赶到，并进入了防御阵地。黄永胜还表示，为了堵住廖兵团的退路，六纵将不惜一切代价和任何牺牲，坚守到最后一人，以保证兄弟部队到达后围歼廖耀湘兵团。

直到这时，林彪和刘亚楼才算松了口气。黄永胜在电报中还解释说，他们之所以未同总部联络，主要是怕把廖耀湘放跑了。在这一天一夜中，六纵全部强行军，并且为了加快行军速度，途中又干脆命令指战员把行李和干粮袋通通扔掉，只携带枪支弹药，实行超强度急行军，其间不少战士都累得吐了血。部队 20 多小时没敢休息片刻。埋锅造饭的时间都没有，因此根本没有时间架电台与总部联络！

东野总部，上至司令员和参谋长，下至普通工作人员，无不为六纵的全局观念和顽强作风，大加赞叹、拍手叫好。当天上午，刘亚楼来到林彪屋里，两人说说笑笑，兴奋之情，溢于言表。六纵为聚歼东北国民党军主力廖耀湘兵团立了大功，林彪和刘亚楼便再也不提要枪毙黄永胜的事了，转而讨论起廖兵团歼灭后，何时进入沈阳的问题。

10月25日下午，六纵接到东总电示：东野主力兵团已向黑山、大虎山东南地区及新立屯全面出击。在大部队到达之前，六纵必须坚决死守阵地，堵住逃敌。

面临被围歼厄运的廖兵团，为夺路而逃，发起了拼死的冲击。黄昏，第四十八团一连的张家窝棚阵地不幸失守。这一失守，直接威胁着通往台安公路要点的崔家岗子阵地，六纵防御全线即有被敌军突破的危险。在这万分危急的时刻，四十八团主力火速赶到并迅速占领了朱家窝棚、崔家窝棚一带。经整夜激战，粉碎了敌军无数次的冲击，毙敌无数，并生俘200余人，再次粉碎了敌人强行突围的企图。

六纵果敢迅速的行动和勇猛顽强的阻击，为最后全歼廖耀湘兵团，铺平了胜利的道路。

27日凌晨4时许，一直在远处轰鸣的枪炮声已越来越近。六纵首长判定，是各兄弟纵队正向廖耀湘兵团实施穿插分割，当即果断决定：两个师除留一部分兵力坚守阵地外，各师、团主力皆可视当面情况，不失时机地全线出击，以获取更大的战果。

各部接令后，立时全线出击，在炮火支援下，横冲直杀，打得敌人溃不成军，毙俘敌军无数。此时，参加锦州攻坚作战的六纵十七师也火速赶到，在朱家窝棚一带，又歼灭了一部分敌军。

辽西会战终于胜利结束。包括新一军、新六军两支“王牌军”在内的国民党东北主力廖耀湘兵团，终被全歼。六纵为此次会战立下了大功。其中十六师更为勇猛，战后受到了东北野战军司令部的通令嘉奖。

在辽西会战中，六纵共计歼敌3万余人，并生俘了廖耀湘兵团参谋长杨昆、新三军参谋长李定陆、第五十四师师长宋邦伟等将级军官若干名。再加上锦州战役，六纵在整个辽沈战役中共歼敌3.6万余人；缴获长短枪14647支，各种自动步枪2303支，轻重机枪1287挺，各类火炮444门。

六纵坚守的厉家窝棚一带，成为了辽西会战取胜的关键之地。六纵在此阵亡了2000余名指战员。新中国成立后，黑山县人民政府在厉家窝棚建立了一座辽西战役纪念塔，以纪念在战斗中英勇牺牲的烈士们。

1948 年 11 月 1 日，按照中央军委关于统一全军编制及部队番号的命令，六纵改称为中国人民解放军第四十三军，隶属第四野战军建制。洪学智任军长，赖传珠任政治委员，杨国夫、李作鹏任副军长，刘其人任副政委，雷震任参谋长，邓飞任政治部主任。下辖四个步兵师和一个炮兵团。第十六师改称为第一二七师，李作鹏兼师长，张池明任师政治委员；第十七师改称第一二八师，龙书金任师长，徐斌洲任政治委员；第十八师改称第一二九师，阎捷三任师长，袁克服任政治委员。原东北军区独立第六师调归第四十三军建制，改称第一五六师，邓克明任师长、钟人仿任政治委员。全军共 6.3 万人。

1948 年 11 月下旬，第四十三军入关参加平津战役。当时，四野决心集中 5 个军 22 个师共 34 万人，强攻天津。第四十三军的任务是位于香河、通县以西地区构筑工事，严防北平之敌南逃。

1949 年 1 月 1 日，四野首长再次电令"攻坚老虎"第一二八师赶赴天津，参加攻坚作战。8 日，又电令该师为天津攻坚战总预备队。

1 月 14 日 10 时，天津总攻打响。当各突击集团从东、西、南三路突进天津市区后，一二八师即奉命从西南，紧随担任主攻的第三十八军进入市区作战，该师以第三八二团及师属炮兵为前锋，第三八三、三八四团紧随其后，勇猛攻击。至当日下午 2 时，第一二八师共歼敌 8400 余人。"攻坚老虎"再显神威。

中国人民解放军第二、第三野战军结束淮海战役后，奉中央军委之命，即开始准备横渡长江天堑。但当时白崇禧集团在大别山地区尚有五六个军，位于计划从九江以东渡江的二野和三野部队侧后，构成重大威胁。2 月 4 日，二野政委邓小平、三野司令员兼政委陈毅，联名致电中央军委，建议第四野战军在休整期间，抽派一部兵力先行南下，进至武汉附近，钳制白崇禧兵团，以配合大军渡江作战。

中央军委批准了他们的建议。于是 1949 年 2 月下旬，四十三军和四十军奉命组成四野先遣兵团南下，并归第二野战军指挥。4 月初，先遣兵团进至武汉以北黄安（今红安）地区。4 月 21 日，四十三军又向武汉外围之敌展开进击，先后占领宋埠、广济、浠水、黄陂等地，直接威逼武汉，钳制了白崇禧集团，使之无暇东顾，从而有力地策应了第二、第三野战军渡江作战。

5 月 14 日，四十三军从团风至田家镇段渡过长江，解放了鄂南，赣北广大地区，歼敌 4000 余人，并为第四野战军主力南下开辟了前进道路。渡江战役结束后，第一五六师奉命调归江西军区建制，进驻南昌。

7 月，四十三军又参加了湘赣战役，随后在江西宜春地区进行两个月的休整。9 月中旬，四十三军继续南进，翻越梅岭关，进军广东。10 月 14 日，会同兄弟部队解放华南最大的城市广州。

11 月中旬，四十三军奉命由广州隐蔽西进，参加广西追击战。为坚决贯彻毛泽东制定的大迂回、大包围，将白崇禧集团歼灭在广西境内的作战计划，第四十三军在历时 36 天、行程 2000 余公里的连续作战中，发扬勇猛顽强的战斗作风，先在北流将敌第十一兵团部歼灭，毙敌兵团副司令官胡若愚，继又以迅速果敢的动作急袭博白，歼敌第三兵团指挥所，俘敌华中军政长官公署副长官兼第三兵团司令官张淦，打乱了敌军的指挥系统，截断了敌军的退路，为全歼白崇禧集团造成了有利的态势。在整个战役中，四十三军共歼敌 3.4 万余人，受到了第四野军首长的嘉奖。

1949 年 12 月 9 日，在广西战役即将结束前夕，四十三军接到四野首长的电令：除以一个师参加追击敌人外，其余两个师开赴雷州半岛，与四十军一起参加解放海南岛的作战。

华中、华南大陆解放后，在湘粤桂战役中漏网的部分残敌逃往海南岛，加上岛上原有的陈济棠部共有 5 个军，海军舰艇 50 余艘，空军飞机 55 架，特种兵及地方团各一部，共约 10 万人，统由琼崖保安司令兼防卫总司令薛岳指挥。守岛敌军仰仗海峡宽阔及海空军组成的立体防线，企图长期固守，并与台湾、舟山、金门、万山等岛屿，构成一条封锁大陆的锁链，并期望将海南岛作为日后反攻大陆的跳板。

此时，四十三军和四十军已调归四野第十五兵团建制。兵团司令员邓华正式接受了指挥解放海南岛的任务。四十三军军长洪学智已升任第十五兵团副司令员兼参谋长，政委赖传珠升任兵团政委，李作鹏升任四十三军军长，政治委员张池明，副军长龙书金。

军首长们均深感渡海作战任务的艰巨。但全军指战员们认定了一条：天底下没有四十三军克服不了的困难。不会水战可以学习。陆上猛虎一定要变成海中蛟龙！

1950 年 2 月 1 日至 2 日，由中共华南分局第一书记、广东军区司令员兼政治委员叶剑英主持，召开了由第十五兵团、四十三军、四十军及琼崖纵队首长参加的广州会议。会议决定采取“积极偷渡、分批小渡与最后强行登陆相结合”的战役指导方针，即首先以小部队分批偷渡，加强岛上力量，而后以主力在琼崖纵队及先期登陆的部队的策应下强行登陆。

此时正在苏联访问的毛泽东，亦十分关注解放海南岛的作战。当他得知上述指导方针和实施计划后，立即回电：“同意四十三军以一个团先行渡海，其他部队陆续分批寻机渡海。”并说：“此种办法如有效，即可能提早解放海南岛。”

3 月 5 日和 10 日，四十军和四十三军各一个加强营，先后向海南岛发起首批偷渡，并均取得成功，与琼崖纵队胜利会合。

3 月底，四十军一个加强团 2937 名勇士；四十三军一个加强团 3733 名勇士，分别乘坐木帆船偷渡成功。

两军先后渡过的 9 个加强营，再加上琼崖纵队，已有一个师的兵力，使得岛上接应力量已大大加强。据此，兵团决定于 4 月中旬集中两个军主力，举行大规模的渡海登陆作战。

4 月 16 日 19 时 30 分，第四十军六个团在十五兵团副司令员兼四十军军长韩先楚的率领下，第四十三军两个团在副军长龙书金的率领下，分乘 500 多艘木帆船和少量机帆船，从雷州半岛向海南岛驶去。

“遇到敌舰，要横下一条心，打！木船即使被打坏，抱着木头我们也要游到海南岛登陆！”兵团前指司令员邓华向渡海大军下达的这个最后动员令，此刻早已化作了 2 万余名勇士的决心。

就在这天夜晚，薛岳也向部下发出了密电：“今晚北面共军电台活动频繁，各据点务必注意，不可轻心。”

深夜 23 时许，渡海大军船队与敌舰交火。我军除以装有 57 战防炮和山炮的土炮艇与敌舰展开激战外，主力船队则冒着敌人的炮火奋勇前进。我军土炮艇不仅掩护了主力船队横渡海峡，而且击沉敌舰一艘，击伤敌舰两艘。在与敌旗舰“太平号”战斗中，还将敌海军第二舰队司令王恩华当场击毙。

经过彻夜海战和奋进，渡海大军终于在17日凌晨3时至7时，突破敌人所谓的“立体防线”分别在海南岛正面临高角、博铺港、雷公岛、玉抱港、才芳岭一线强行登陆。

强渡大军登陆并与接应部队会师后，开始向海南岛纵深发展。

17日晚，薛岳将战役机动部队共计五个半师，全部调往四十三军两个团的登陆地区，企图乘我军立足未稳、两军登陆部队尚未靠拢之际，一举将该部压缩、围歼于滨海地区。四十三军的将士们在敌我力量极为悬殊的情况下，于黄竹、美亭、风门岭一线，与敌展开了空前惨烈的拼杀。

此时，四十三军部队虽已将敌两个团包围在黄竹、美亭，但敌五个半师的援军也已相继赶来，又对四十三军部队实施了反包围，致使处于两面作战的困难境地。

邓华一面命令四十三军部队克服一切困难，拼死拖住敌人，一面急令四十军登陆部队战胜疲劳，迅速向四十三军作战地域靠拢，合力围歼敌军。四十三军的将士们愈战愈勇，激战至21日17时，已将被围之敌一个团部五个连全歼。据守在风门岭的三八一团第一连，连续击退了敌军五个营轮番发起的13次冲锋，全连到最后只剩下13名伤员，但依然坚守着阵地。

21日17时，韩先楚率领四十军进至美亭东西两则，与四十三军形成对敌合围态势。22日，两军协同，击破敌人一个军和两个师的抵抗，歼其一部，同时全歼美亭突围之敌。

24日1时至4时，四十三军后续的五个团也先后顺利登陆，进一步加强了攻击力量。

20日。当四十三军正处于两面作战，腹背受敌之时，薛岳一心以为占绝对优势的国军必胜无疑。他不仅放出了“共军一二八师师长被击毙,共军指日可歼”的谎言，而且搭好了会台，就准备召开庆功会了。但四十三军美亭决战的大胜，彻底打碎了这位顽固反共分子的如意算盘。薛岳唯恐再遭全军覆没的下场，忙于22日下达了总撤退的命令。

为追歼逃敌，四十三军奉命分两路进行追击。一二八师经文昌、嘉积、万宁、陵水向榆林追击；24 日在荣山厂、花场港登陆的一二九师主力及第一二七师第三八〇团，从澄迈、那大向八所港急进；一二七师主力留置海口市担任警备。此次追击战比之广西战役中的大包抄更为困难和激烈。部队平均每日休息时间不到四小时。一二八师在追击中，于安仁市、树德头各歼敌一部，后又在新村港歼敌主力数千人。29 日，该师以一昼夜作战四次，前进 90 公里的速度进至榆林、三亚地区，在四十一军一部的配合下，歼灭未及登舰逃窜之敌数千人。一二九师主力和一二七师之三八〇团，六昼夜向南猛插 300 余公里，于 5 月 1 日赶到指定地点，并全歼敌第二八六师，俘敌 3500 余人，毙伤、溺敌千余人，缴获敌舰一艘。至此，海南岛全部解放。

海南岛战役共歼敌 3.3 万余人，其余大部从海上逃走。其中四十三军歼敌 1.3 万余人。

海南岛战役，四十三军首创以木帆船横渡海峡，打败了敌方的钢铁军舰及“立体防线”的战争奇迹，再次以辉煌的战绩，证实了自己是一支无坚不摧的钢铁部队。

第四十三军在全国解放战争中，从 1945 年 11 月保卫山海关打响东北解放战争第一枪起，到 1951 年 8 月结束剿匪任务止，从东北松花江转战至海南岛，历经主要战斗百余次，歼敌 18 万余人，其中俘敌近 14 万名，并涌现出“渡海先锋营”、“英雄连”、“钢铁连”等众多英雄单位和以王玉山、刘梅村、鲁湘云、蒲恩绍为代表的一大批英雄模范人物。在近六年的作战中，全军伤亡 3.2 万余人，其中有 7000 余名指战员为中国人民的解放事业献出了宝贵的生命。

人民将永远牢记叶挺独立团的传人们所建立下的丰功伟绩！

1952 年 7 月 6 日，第四十三军与海南军区合并为海南军区兼第四十三军。10 月，第四十四军第一三二师调归第四十三军建制。

第十二章　蛟龙出世便兴风

——东野七纵、八纵、九纵、十纵（第四十四、四十五、四十六、四十七军）

七纵：邓华带出的主力军。八纵：黄永胜辽西三战三捷，深得林彪信任。九纵：詹才芳愈战愈勇，为辽沈战役画句号。十纵：梁兴初黑山恶战“王牌军”。

1947 年春季之后，东北民主联军逐渐转入战略反攻。夏季攻势后，为适应大规模作战的需要，继组建第一、第二、第三、第四、第六纵队之后，东北民主联军于 8 月又组建了第二批野战纵队——第七、第八、第九、第十纵队。这四个纵队，后来依次发展成为中国人民解放军第四十四、第四十五、第四十六、第四十七军。

叶剑英（左三）、邓华（左一）等部队首长在广州入城式检阅台上

七纵（第四十四军）

中国人民解放军第四十四军的前身是东北野战军第七纵队。第七纵组建得较晚，是 1947 年 8 月，由辽吉军区地方部队升编为主力部队的。司令员邓华，政治委员陶铸。

1945 年 10 月下旬，林彪、萧劲光、江华、邓华、李天佑等高级党政领导人，奉中央之命转赴东北。林彪被任命为东北人民自治军司令员，邓华出任辽宁省保安副司令兼沈阳市卫戍司令。12月，邓华、陶铸带辽宁保安司令部部分人员组建辽西军区，邓、陶分任司令员和政委。

然而邓华出关时并未带一兵一卒。于是，中共中央东北局和东北人民自治军指示邓华：以若干老部队为基础，迅速组建保安部队和卫戍部队。

邓华很快就组建起了保安旅第一旅。旅长马仁兴，政治委员邓东哲。下辖四个团，第一、第二团分别由冀热辽军区第十五团和第十六团改编而成；第三、第四团则由晋绥军区直属第三十二团扩编而成。又将由关内几个解放区进入辽宁北部和吉林西部等地区的部分部队，扩编为地方武装团队。这些旅、团在西满军区领导下，开辟辽北、吉西根据地，建立人民政权。邓华深知大战在即，狠抓部队整训，随时准备投入对国民党军的作战。

1946年6月，辽西军区接受吉江军区一部分，改称辽吉军区，邓华任司令员。1947年1月，辽吉军区地方团队又组建成立了保安第二旅。随后，邓华指挥保一旅、保二旅及骑兵支队、沈北支队等部，冒着零下30度的严寒，连续进行了四次较大的攻坚战和阻击战。其中开鲁攻坚战，歼敌一个团；通辽攻坚战，歼敌两个营。三个月总计歼敌4600余人。

1947年4月，辽吉军区保安第一、第二旅和西满军区独立师。依次改称西满军区独立第一、第二、第三师，统归邓华指挥，因此亦称邓华纵队。纵队政治委员由陶铸兼任，副政治委员为吴富善，参谋长为高体乾，政治部主任为袁升平。辽吉纵队虽然仍属辽吉军区建制，但在作战时随时听从东北民主联军总部调遣，因此已经具有野战军的性质。5月中旬至6月初，辽吉纵队三个独立师在东北夏季攻势中，先后攻克玻璃山、双山、榆树台等地，总计歼敌三个营及一个团直属队。

1947年6月中旬，辽吉纵队奉命参加第一次四平攻坚战。而在此之前，辽吉纵队的前身部队已经先后参加过解放四平、四平保卫战，此次已是三战四平了。在这次四平攻坚战中，辽吉纵队与第一纵队的一师、二师从西南实施主要突破，一纵三师从东面作辅助攻击，六纵十七师则作为预备队配置在四平东南。

当时，东总估计四平守敌只有不到1.8万人。邓华虽然只是一支参战部队的指挥员，但他对四平作战的全局作了认真的考虑。他通过抓俘虏、潜入敌区侦察等手段多方获取情报，并对其加以分析、综合和计算后，认为敌守军在3万人以上。为此，他自己单独署名向东野总部提出了加强攻坚兵力确保攻坚作战胜利的建议。

但是东野总部未采纳，直到战斗打成胶着状态时，才将打援的六纵十六师和十八师调来，接替严重减员的一纵第一师和第二师的战线。之后，东总又将辽吉纵队的两个师和六纵十六师南移，以增加打援力量，使得攻城兵力愈显不足。

四平攻坚战打得异常残酷和惨烈。19日，在战斗最激烈时，邓华不顾第一师师长马仁兴和政委邓东哲的劝说，亲临该师战斗前沿气象台阵地指挥战斗。气象台位于市内中央公园以西、中正路以北，不远处就是敌核心守备区——陈明仁第七十一军军部大楼。

由于已经连续五六个通宵未能合眼，邓华此时双眼通红，声音嘶哑，他向马仁兴斩钉截铁地命令道："不惜一切代价，也要拿下军部大楼！"

敌军部大楼虽被拿下，最后陈明仁也被包围在市东北油化厂，并已准备好了手枪随时准备自杀，但可惜到最后，由于我军攻城兵力不足，在国民党军十个正规师的增援下，不得不撤出四平。眼看到手的胜利也被迫放弃了。

这就是著名的第一次四平攻坚战。此役，独立第一师师长马仁兴也不幸牺牲。我军总伤亡至少1.3万余人。四平攻坚失利，是东北解放战争中少有的挫折。但这个挫折并非不可避免的。

20世纪80年代，当时的辽吉纵队参谋长、后任军事科学院副院长的高体乾，曾撰文专论四平攻坚战失利的原因。他指出，一是轻敌；二是未能集中兵力；最后写道："如果当时按照邓华同志的意见办，把第六纵队调来，用三个纵队从南面和西北及东面同时攻击，迅速全面歼灭四平之敌是有把握的。"

1947年8月，辽吉纵队在吉林双辽县奉命改编为东北民主联军第七纵队，正式上升为主力部队。邓华任司令员，陶铸兼任政治委员，贺晋年任副司令员，吴富善任副政治委员，高体乾任参谋长，袁升平任政治部主任。第一、第二、第三三个独立师，依次改称为该纵第十九、第二十、第二十一师。全纵队2.1万余人。

9月27日，东北民主联军总部命令邓华率领七纵，挺进到新民——黑山和巨流河——新立屯一线，担负破坏北宁铁路和阻止国民党新六军北返的任务。任务是明确的，邓华坚决执行，但又不是机械地执行。他在纵队党委会上提出："我们到新民以西去执行破路并截击新六军北返任务，必须越过法库、彰武。如果一旦与敌'五大王牌’之一的新六军打起来，战斗必然是非常激烈的。到时法库、彰武之敌再从背后打过来，我们就将三面受敌。退一步讲，即使这两处敌人不敢出来，对我们的后方补给线也会构成极大的威胁。所以，为了掌握战场主动权，我认为应当考虑首先把法库、彰武拿下来。以彻底解除后顾之忧。”

参谋长高体乾和政治部主任袁升平完全同意邓华的意见。但纵队副司令员贺晋年和副政委吴富善有顾虑：一是担心能否确保拿下法库；二是总部没有下达攻占法库、彰武的任务，若一旦因打此二敌延误了阻击新六军的任务，岂不要犯下拒不执行命令的错误。

邓华却非常自信地解释道：“林总我知道，只要打了胜仗就行了。再执行命令，打不了胜仗也不行。”

统一认识后，邓华决定对法库采取奔袭的办法，以奇制胜。第二十一师在第三军分区独立团的配属下，一昼夜强行军 180 里，于 10 月 1 日拂晓前突然包围了法库。尚未起床的守军猝不及防，战斗不到一个小时便告结束。法库守军第一七七师全部被歼，敌我伤亡比例还不到 11∶1。

果然，林彪不仅没批评，反而当即签发了嘉奖令，表彰七纵机动灵活，迅速夺取法库，全歼守敌的胜利。

打下法库后，邓华发现新六军仍毫无沿北宁线北返迹象，遂又当即决定以第十九、第二十一师进一步扩大战果，同时作好一旦发现新六军北返予以阻击的准备。10 月 7 日，第十九师又攻下彰武，歼灭敌暂编第五十七师第一九六团千余人。紧接着，第二十一师在第十九师一个团的配属下，又采取强行军奔袭手法，于 10 月 10 日再下新立屯，全歼守敌暂编第五十七师师部及两个团，共计 3500 余人，与此同时，执行破路任务的第二十师，也于 10 月 10 日解放了黑山。

自 10 月 1 日至 10 日，七纵在邓华的指挥下，长驱六七百里，横扫大半个辽西，攻占四城，歼敌近 8000 人。而敌我伤亡比例仅为 20∶1。

仗打得主动，也打得漂亮！林彪再次签署嘉奖令，表彰了第七纵队积极求战、主动出击的果敢精神。

此刻，邓华只盼着能够再与号称国民党“王牌军”的新六军交交手，通过硬仗恶仗锻炼部队，打出七纵的威名。但新六军始终没有出动。于是，等得不耐烦的邓华再次挥出了两支利剑，直取著名煤城——阜新市。10 月 17 日，第十九师一举攻克阜新，并歼敌暂编第五十一师 1300 余人；第二十一师则于同日拿下阜新东北的新丘，歼敌暂编第五十一师师部和一个团全部。

17 天连打六仗，而且都是命令以外的“顺手牵羊”，但仗仗皆胜，收复六座城池，歼敌三个暂编师！

邓华的作风，七纵的战斗力，由此可见一斑。

1948 年 1 月，七纵改称为东北人民解放军第七纵队。3 月中旬，解放四平战役打响。七纵再次参战并取得重大胜利，终报前次血战四平、无功而返之仇。当年 12 月至 1949 年 3 月，七纵参加东北冬季攻势。4 月至 8 月，在四平地区开展新式整军运动和军事练兵。

9 月 12 日，震惊全国的辽沈战役打响。

根据中央军委的指示，东野主力云集战略要地锦州地区，其中以五个纵队另一个师攻打锦州，其余部队分别担任阻援任务。

攻打锦州的具体部署是：以第二纵队、第三纵队并配属六纵第十七师、炮纵主力及坦克 15 辆，由城北向南担任主攻；以第七纵队、第九纵队配属炮纵一部，由南向北担任辅助突击，七纵、九纵统由邓华指挥；第八纵队由东向西担任助攻。攻击发起后，五个纵队将如同五把尖刀，同时插进城内，分割围歼敌守军。最终目标是敌核心守备阵地。

七纵的主攻任务将由第二十一师担任。二十一师又把第六十一团放在最前面，担当开路先锋。

10 月 14 日上午 10 时整，攻锦炮兵开始炮火准备。

10 时 25 分，七纵第六十一团突击连的尖兵班，率先登上突破口处的城墙。随着一颗红色信号弹的升起，该团后续部队便朝着锦州城垣上第一面飘扬的红旗，潮水般地向城内涌去。

10 时 35 分，又一颗信号弹高高升起，表明七纵突击团已全部通过突破口，进入城内参战。随后该团即按照预定部署，沿着小凌河街、女儿街，向北猛烈穿插，直指城中范汉杰、卢浚泉的指挥中心——中央银行、邮政局、锦州电影院等核心阵地。

10 时 49 分，七纵二十师之五十九团亦突入城内。

11 时整，七纵十九师进占西关，并从第二十师之突破口进入城区。

与此同时，受邓华指挥的第九纵队，以及北面担任主攻的二纵、三纵，东面辅攻的八纵，也相继突入城内。

作为辅助攻击部队能够率先突破城垣，确实令人高兴。但邓华要的是更大的胜利。他通过向城内不断延伸的电话线，向各师指挥员发出了坚决的命令："不惜一切代价，坚决爆破前进！"

"爆破前进法"是七纵在攻打彰武战斗中总结出来的新经验。即针对固守之敌利用街垒碉堡的交叉火力，予攻击部队以大量杀伤并阻止向前推进的特点，确定：在遇到敌街垒碉堡一时难摧毁时，为了不影响尖刀部队直插敌指挥中心的速度，改为不沿街道前进，而是通过连续爆破街房墙壁，炸出一条新通道。从而保证突击部队能够一往无前的推进、穿插！

这确实是一种行之有效的方法，实际上是将运动战中的迂回战术，巧妙地运用到攻坚作战中的创造。由于攻击部队从正面死冲改为侧翼迂回，不仅使敌预设防御体系失去了应有效力，减少了部队伤亡，而且大大加快了向敌核心阵地推进的速度。

12 时 45 分，七纵二十一师第六十一团，又是第一个打进了敌人核心阵地！

七纵在攻打锦州电影院时，第一次使用 150 公斤炸药，只炸开一个小缺口。指挥员说：炸药有的是，再加它十倍，不信炸不开！

于是，1000 多公斤炸药被装上了板车，突击队的勇士们头顶着几层湿棉被，冒着纷飞的弹雨，将炸药车推了上去。轰然一声巨响，300 多守军全部被炸死、震昏。

敌军算是被共军的"大炮"慑服了。

拿下电影院之后，七纵部队又先后占领了范汉杰的指挥中心——中央银行、陆军医院等核心阵地。下午 2 时 30 分左右，五路攻城大军终于在中央银行、白云公园一带胜利会师。敌酋范汉杰、卢浚泉虽然潜逃出城，但最后还是被城外部队活捉。

在锦州攻坚战中，七纵在邓华的指挥下，总攻开始后不到 15 分钟即首先登上城垣，可谓突破神速！总攻开始后不到两小时，即又首先突入到敌核心阵地，可谓穿插勇猛！

按照原计划，我军的主攻方向在城北，范汉杰的守备重点也在城北。但是担任辅攻的七纵部队，却以其勇猛地作战动作，出敌意料地首先突破，并直捣敌核心地，打烂了敌指挥中心。从而对加速敌军的总崩溃及夺取攻锦作战的最后胜利，起到了重大作用。

在整个攻锦作战中，七纵共歼敌 3 万余人，其中俘敌近 2.7 万人。新八军参谋长李文昭、第一八四师副师长舒秉权、暂编第五十四师副师长云茂奎、东北行政委员会上将副主任张作相等众多国民党高级将领，也都为七纵所俘虏。

攻锦战役结束后，接下来就是围歼廖耀湘兵团的辽西大会战。

东野总部的部署是：担任塔山阻击华北东进兵团的四纵、十一纵及三个独立师，仍担任该方向防御任务，其余九个纵队全力围歼廖耀湘兵团——十纵在黑山一带堵头；五纵、六纵截尾（切断敌逃回沈阳之后路）；一纵、三纵、八纵为第一梯队，二纵、七纵、九纵为第二梯队跟进，对廖兵团发起猛攻。

于是，七纵全体指战员不顾大战后的疲劳，又立即投入到了围歼廖耀湘兵团的辽西大会战之中。只可惜在此次大会战中。七纵未能领受先锋之命。但作为后续的二梯队，七纵还是取得了重大胜利。新六军之主力第二十二师号称“虎师”，曾参加过 1941 年入缅作战（廖耀湘任师长）。而这支“虎师”的大部，却在辽西平原折师在七纵手下。

辽西会战，七纵再歼敌 1 万余人，并生俘第四十九军军长郑庭笈等国民党高级将领多人。

1948 年 11 月，遵照中共中央军事委员会关于统一全军编制及部队番号的命令，第七纵队改称中国人民解放军第四十四军。邓华任军长，吴富善任政治委员，曾克林任副军长，谭甫仁任副政治委员兼政治部主任，高体乾任参谋长。原辖第十九师改称第一三〇师，师长徐绍华，政治委员邓东哲；第二十师改称第一三一师，师长刘永源，政治委员罗友荣；第二十一师改称第一三二师，师长李化民，政治委员朱民亲；东北野战军独立第十二师调归该军建制，改称第一五七师，曾敬烦任师长，邢程任政治委员，全军 4.8 万人，隶属东北野战军。

1948 年 12 月至 1949 年 1 月，七纵参加了天津攻坚战役。

天津攻坚战共投入了五个军，西突击集团由第三十八、第三十九军组成，配属特种兵纵队三分之二的炮兵及坦克 20 辆，由三十八军军长李天佑、政治委员梁必业统一指挥，由西向东实施主要突击；东突击集团由第四十四、第四十五军组成，配属特种兵 1/3 的炮兵和坦克 10 辆，由东向西突击，并统由四十四军军长邓华和政治委员吴富善指挥。两大攻城集团承担以金汤桥（今解放桥）为会合点，拦腰斩断敌城防的任务。此外，并以第九纵队和第十二纵队的一个师，从南向北实施助攻。

显然，由于七纵在四平和锦州攻坚战中的上乘表现，已作为一支善于攻坚的主力部队，引起了东野总部的重视。因此，不仅四十四军参加了攻城作战，而且邓华被任命为东面突击集团的总指挥。天津攻坚战，四十四军再建新功。

1949 年 4 月，四十四军编入第四野战军第十五兵团建制，由天津向华中南进军。6月，该军第一五七师调归江西军区建制。7月，四十四军在九江渡长江参加湘赣战役。10 月至 11 月，参加广东战役，尔后担负广州警备和粤中、粤东地区剿匪任务。

1950 年 6 月至 8 月，四十四军第一三一师在广东军区江防部队和炮兵配合下，解放了万山群岛。9 月，解除广州警备任务，转至广州北郊至阳山、翁源地区剿匪。1952 年 10 月，第四十四军番号撤销，军机关并入中南军区海军机关；第一三〇师和第四十五军合编为第五十四军；第一三一师调归海军青岛基地；第一三二师调归第四十三军建制。

八纵（第四十五军）

中国人民解放军第四十五军的前身是东北野战军第八纵队，该纵队的前身是抗日战争时期冀热辽军区和陕甘宁边区进军东北的部分部队。

1938 年 7 月，中共冀热辽特委和京东特委在八路军第四纵队的配合下，举行 20 万人的抗日武装大起义。此后逐步建立了冀东抗日根据地，成立了冀东军分区。1942 年 2 月，冀东军分区改为第十三军分区。1944 年 9 月 19 日，冀东（第十三）军分区改为冀热辽军区，李运昌任司令员兼政治委员。1945 年 6 月，冀热辽部队向热河中部和辽西地区挺进。

1945 年 10 月至 11 月，遵照中共中央关于向东北发展，并争取控制东北的战略部署，八路军陕甘宁边区留守兵团警备第一旅（欠第三团）、陕甘宁边区教导第三旅第一团、冀中军区第三十一团等，奉命进至辽宁锦州、朝阳等地区扩编，归东北人民自治军领导。1946 年，以上述部队为基础改编为冀热辽军区独立第十三、第

十六、第二十七旅（后改称独立第十八旅）。1947 年 5 月，从冀热辽军区抽调干部组成冀热辽军区前方指挥所。

东北民主联军 1947 年夏季攻势结束后，为适应战略反攻的需要，8 月 1 日，冀热辽军区前方指挥所及独立第十三旅、第十六旅、第十八旅，奉命在赤峰（今属内蒙古自治区）地区，改编为东北民主联军第八纵队，黄永胜任纵队司令员，刘道生任政治委员，邱会作任副政治委员兼政治部主任，黄鹄显任参谋长。独立第十三旅改编为第二十二师，师长吴烈，政治委员陈仁麒；独立第十六旅改编为第二十三师，师长张德发，代政治委员曹德连；独立第十八旅改编为第二十四师，师长丁盛，政治委员韦祖珍。全纵队共 3.5 万余人。

八纵成立后，立即投入了东北秋季攻势。在两个多月的作战中，八纵在兄弟部队的配合下，取得了首战梨树沟门、两战杨杖子、九门台战斗四战四捷的重大胜利，随后又奉命对北宁路、锦承路进行了四次破袭。在整个秋季攻势中，八纵共歼敌 2.8 万余人，其中俘敌二十一师少将师长郭惠苍、暂编第二十二师少将副师长苏景泰以下 1 万余人。

八纵司令员黄永胜骁勇善战，多有战功。早在中央苏区林彪当红一军团长时，黄永胜就在林彪手下任团长了。红一、三军团长征到达陕北后，合编为第一军团，林彪任军团长，黄永胜任四师副师长。但黄永胜打起仗来是员虎将，平时却稀松得很。当时八纵、九纵从冀热辽军区调归东北军区后，统受东北民主联军第二前线指挥所（相当于后来的兵团）指挥。“二指”司令员程子华对黄永胜的作风问题很有意见，曾三次找林彪提出换将，力主启用老成持重、颇有廉颇之风的老将军段苏权，取代黄永胜出任八纵司令员。

但前两次林彪予以回绝：“辽西三战三捷，永胜同志兵不过两万五，半月歼敌一万六，功劳不小。”

程子华听得直皱眉头，说：“他是击鼓冲锋，鸣金玩女人。说到底咱们还是共产党的军队呀，这个样子下去怎么能行？”

林彪倒显得很有耐心，慢声慢气地向程子华大谈起了刘邦御将、韩信御兵之道，最后起身送客：“千军易得，一将难求，就这样吧。”

从那以后，冀热辽来的干部（程子华、李运昌、段苏权等）背地里都开始把林彪叫“韩信”。每当黄永胜丢下部队进城跳舞去时，大家虽有意见，却又无奈，只能私下发发牢骚：“人家可是‘韩信’看中的干部”，“在井冈山他就跟着‘韩信’当团长了……”

1947年11月至1948年3月，八纵参加冬季攻势作战。其间，于1948年1月，改称东北人民解放军第八纵队，属东北野战军领导。此时纵队司令员为段苏权，政治委员刘道生，副司令员张天云，副政治委员兼政治部主任邱会作，参谋长黄鹄显。1948年1月24日，八纵与一纵在前线总指挥程子华的指挥下，向新立屯守敌发起进攻。激战至26日上午，全歼国民党第四十九军第二十六师。在整个冬季攻势中，八纵共歼敌5610人。

深陷重围逃跑无望的长春守敌国民党第六十军，在我军迅速攻克锦州的威慑和政治争取下，于1948年10月17日由军长曾泽生率领宣告起义。图为第一兵团司令肖劲光（中）、政治委员肖华（左）会见曾泽生（右）

1948年9月，辽沈战役开始后，八纵与兄弟部队一起，参加了锦州攻坚战。在围歼廖耀湘兵团的辽西会战中，八纵先是在大虎山南翼阻击国民党“王牌”新六军一部，粉碎了廖耀湘兵团妄图从大虎山南翼迂回逃跑的企图；后纵队主力又奉命插向六间房一带，死死地堵住了廖耀湘兵团主力南撤营口的去路；当廖耀湘兵团转逃沈阳时，又奉命向西北迂回穿插，堵截廖兵团东逃退路。由于八纵截断了廖耀湘兵团南撤营口和东逃沈阳的退路，为辽西会战的全胜创造了条件。在整个辽西会战中，八纵歼蒋介石“五大主力”之一新六军的精锐新二十二师一部，及国民党第一〇五师、第一九五师等部近万人。

辽沈战役是我军战略决战阶段三大战役中的第一个，特别是辽西会战，一举歼灭美械装备的国民党军精锐十万余人，使得第四野战军声威大震。林彪麾下不少战将曾拿辽西会战与历史上的垓下一战相比，说林彪这一仗打得不亚于韩信当年的“十面埋伏”。黄永胜则更是豪气十足地说：“单是我们‘四野’也能跟蒋介石一争天下了！”

1948 年 11 月 13 日，根据中央军委关于统一全军编制及部队番号的命令，东北人民解放军第八纵队在辽宁辽阳、海城等地区，改称中国人民解放军第四十五军。黄永胜任军长，邱会作任政治委员，张天云任副军长，黄鹄显任参谋长，段德彰任政治部主任。第二十二师改称第一三三师，吴烈任师长，谢明任政治委员；第二十三师改称第一三四师，钟明彪任师长，谢家祥任政治委员；第二十四师改称第一三五师，丁盛任师长，韦祖珍任政治委员；由新调入的冀热辽独立第四师改称第一五八师，李道之任师长，王晓生任政治委员。全军共 5.6 万余人。

在整个东北解放战争期间，八纵（第四十五军）共歼灭国民党军 5.8 万余人，牺牲团以下指战员 5000 余人。

1948 年 12 月至 1949 年 1 月，四十五军入关后参加了平津战役。在天津攻坚战中，四十五军与四十四军共同担负由天津东侧民权门向西突击任务。其中四十五军第一三五师表现尤其突出，攻击发起后迅速突破国民党军防御工事，攻占金汤桥（今解放桥）。为此，该师受到了东野总部首长的通令嘉奖：

通令表扬三分钟突破民权门

一月十九日

敌人在天津民权门所修筑的工事、碉堡及附防御，不仅多，而且坚固，同时还布满了地雷，纵深配备达四百米左右。因此敌匪夸耀为“天津之标准工事”。我一三五师是个较年轻的部队，过去攻坚战经验不多。这次担任民权门的突破战，在作风上表现了动作迅速，作战顽强。发起冲锋后三分钟内即登城，突入后，在狭窄的地区内遇到敌人猛烈火力的反击，及二十多次的反冲锋，但均被他们顽强击退。特别是四〇三团虽伤亡过半，但并不叫苦，还坚决完成攻击任务，四〇四团及四〇五团进入纵深后发展甚快，迅速攻占了金汤桥。现特予该师以通令表扬。

此　令

林、罗、刘、谭、陶

1949年3月，第四十五军编入第四野战军第十二兵团建制。4月，由天津向华中、华南进军。7月，进入江西省参加围歼赣西的国民党军。

在9月至10月的衡宝战役中，四十五军担负中路军正面进攻任务。第一三五师楔入衡宝公路以南白崇禧集团防御纵深，顽强阻击国民党军南逃，为整个战役胜利创造了有利条件。第一三四师在这次战役中行动积极，追击战中以同等兵力，自10月7日至11日，连续五昼夜攻击作战，歼敌第一七五师，生俘敌少将师长李祖霖、少将副师长刘克威以下4354人。为此，两个师得到了四野总部首长的特电表扬。

为彻底消灭蒋介石、白崇禧残余势力，加快祖国西南地区的解放，第四野战军命令包括四十五军在内的5个军，于1949年11月至12月，发起了广西战役。此间，四十五军主要领导人为：军长陈伯钧（兼），政治委员邱会作，副军长张天云，政治部代主任李改。为迅速投入广西战役，四十五军部队20天长驱近2000里，追歼国民党军1.6万人，俘虏国民党第三兵团中将副司令官兼桂中军区司令王景宋、湘桂黔护路军中将司令莫德洪等将级军官15名，并缴获大量作战物资。12月下旬，该军进至桂西南十万大山、桂南六万大山和大容山等地区剿匪。

1950年2月，四十五军第一三四师在平而关地区，全歼逃出国境后回窜于中越边境的国民党第十七兵团部、第一〇〇军军部，第十九、第一九七师，共计6700余人，俘兵团中将司令官刘嘉树等将级军官9名。

1950年4月，第一五八师调归广州市公安司令部建制。至1951年2月，四十五军基本上肃清了桂西南、桂东南的匪患。3月，四十五军移驻广东，担负守卫珠江口和机动作战任务。7月，该军第一三四师调至湛江、海康等地区，执行保卫海防任务。1952年8月，奉中南军区命令，第一三三师调归第四十六军建制。10月第四十五军军部及第一三四师（欠一个团）、第一三五师，与第四十四军第一三〇师另一个团，合编为中国人民解放军第五十四军，归中南军区领导。

解放战争时期，第四十五军转战东北、华北、华中、华南战场，涌现出李庆春、刘瑞林、宋生、陈焕柱、李广正等一批英模人物和“猛虎扑羊团”“勇猛顽强营”等许多英模单位。

九纵（第四十六军）

中国人民解放军第四十六军的前身是东北野战军的第九纵队。该纵队是在全国抗日战争初期，以中国共产党领导的在冀东暴动中保留下来的部分武装力量为基础组建的。

1938 年 7 月，中国共产党冀热边特委在八路军第四纵队的配合下，发动和领导了冀东 20 万工农抗日武装暴动，建立了抗日武装。之后，中国共产党又陆续派遣许多红军干部到这支抗日武装力量中担任各级领导。10 月，主力撤到平西抗日根据地整训，冀东只留下三支游击队坚持斗争并得到迅速发展，1940 年 7 月，这支武装力量编为晋察冀军区第十三军分区，李运昌任司令员，李楚离任政治委员，辖第十二、第十三团，曾配合主力部队参加百团大战。1942 年 11 月，第十三军分区抽调部分部队在长城内外日军制造的“无人区”，坚持艰苦的抗日游击战争，并在斗争中逐步发展壮大。1945 年 1 月，奉晋察冀军区的命令，第十三军分区改为冀热辽军区，辖第十四至第十八军分区，隶属晋察冀军区。冀热辽军区组成后，立即投入抗日战争的攻势作战和战略反攻，北出长城，进军热（河）南、辽（宁）西。

1945 年战略反攻后，冀热辽军区主力部队编为冀东纵队（又称詹才芳纵队）和热辽纵队（又称黄永胜纵队）。同年 10 月，冀热辽军区划归东北，11 月又调回晋察冀军区。同时，根据晋察冀军区统一整编部队的命令，冀热辽军区改编为冀东军区，并将其所辖的部分部队改编为四个野战旅：第十一旅（旅长曾雍雅）、第十二旅（旅长刘永源，政治委员林茂源）、第十三旅（旅长萧全夫，政治委员李振声，副政治委员向仲华）、第十四旅（旅长何能彬，政治委员徐光华，副旅长兼参谋长袁渊，副政治委员兼政治部主任黄志勇）。

野战旅的编成，标志着冀东武装已走上了一个新的阶段。其中第十二旅、第十三旅部队，后来分别发展成为第四十六军之一三六师和一三七师。

自卫战争开始后，这支部队在冀东军区司令员詹才芳的率领下，立即投入了粉碎国民党军队进犯解放区的斗争，接连进行了承德保卫战、香河保卫战、打退美军直接进犯的安平作战等战斗战役，保卫了冀东解放区。通过上述作战，使得这支新成立的野战部队在战术思想、战斗组织和作战指挥方面，均取得明显进步，并培养起部队连续作战、吃苦耐劳的战斗作风和近战夜战的能力。

1946 年 6 月至 8 月，冀东军区野战部队进行整编，先被编为第十一、第十二、第十三旅，不久又合编为独立第十、第十一旅。1947 年 5 月，冀东军区改归东北民主联军建制。7 月，又以各军分区警备团为主组成冀东军区独立第九旅。

1947 年 8 月，上述第九、第十、第十一旅，在河北遵化地区编成东北民主联军第九纵队，司令员詹才芳，政治委员兼政治部主任李中权，参谋长袁渊，政治部副主任徐光华。第十旅改称第二十五师，师长曾雍雅，政治委员艾平；第十一旅改称第二十六师，师长萧全夫（曾用名萧全福），政治委员李振声；第九旅改称第二十七师，师长任昌辉，政治委员王文。全纵队 2.3 万余人。不久，部队先后进入东北地区，参加了秋季攻势和冬季攻势作战。

九纵出关后的第一仗，就是在秋季攻势中配合八纵，在杨家仗子围歼国民党第四十九军。此时，第二十七师尚留在关内进行整顿。第二十六师进至五岭山，担任阻援任务；第二十五师则进占郭家屯一线，准备截歼溃逃之敌。第二十六师在五岭山顽强坚守两天一夜，挡住了敌人七个团的进攻，胜利地完成了阻击任务，为围歼第四十九军争取了时间，并歼敌 1000 余人。而当敌第四十九军在八纵的勇猛攻击下向南溃逃时，又突遭早已守候多时的第二十五师的截击。该师部队英勇作战，连炊事员、司号员都抄起扁担投入战斗。最后，除敌军长王铁汉等百余人逃脱外，4000 余名逃窜之敌全部被歼。

九纵出关作战，第一仗就取得歼敌 5000 余人的大胜，不仅鼓舞了部队的斗志，锻炼了纵队大兵团作战能力，而且用缴获敌人的武器改善了自己的装备。为此与八纵一起受到东总的嘉奖。

随后，九纵又进行了朝阳攻坚战、义西围歼国民党第九十二军等战役。在整个秋季攻势作战中，九纵在历时 50 多天的连续作战中，五战五捷，战斗类型既有山地防御战、山地进攻战，又有城市攻坚战、夜袭破袭战，总计歼敌 1.1 万余。在之后的冬季攻势中，九纵千里转战，先后进行了四次较大的战斗和战役，共歼敌1900余人。

1948年1月，东北民主联军改称东北人民解放军。3月，又改称东北野战军，第九纵队番号不变。

辽沈战役开始后，为保证三纵攻打义县，九纵在司令员詹才芳的率领下，发扬“虎口拔牙”的大无畏精神，以突然的奔袭动作，直插锦州、义县之间敌纵深阵地，连续五昼夜抗击了敌人的疯狂进攻，彻底切断了敌锦州、义县之间的联系。这便是四十六军军史上著名的锦北渗透战。

最激烈的战斗，发生在位于锦州北部两条公路交叉点上的白老虎屯。

9月24日夜，九纵二十五师七十三团一连穿过敌30多公里防御纵深，神不知，鬼不觉地插到这里。当清晨敌人吹响起床号时，一连官兵已构筑完工事。

范汉杰发现位于纵深的白老虎屯居然被共军占领,恼羞成怒。于25日的一天里，在六架野马飞机、六辆坦克的掩护下，敌人向一连阵地发起了15次猛攻。几十门大炮的炮弹一排排倾泻到这块弹丸之地；冲击兵力也由一个连到一个营，最后是一个团。潮水般一波又一波，冲上去又被打下来。

打到天黑，敌人一个团伤亡近半，一连也只剩下37人。但敌到底没能拔掉只有两门60炮的一连这颗钉子。

在锦北渗透战中，九纵二十五师表现尤为突出，一个师就歼敌近3000人，缴获各种火炮450门。战后,第七十四团的一连、二连,分别被授予“白老虎连”和“守如泰山连”的光荣称号。其中一连连长陈学良、指导员田广文各荣记大功三次，并被授予毛泽东奖章一枚。

随后九纵乘胜扩大战果，清扫锦州外围之敌，一举攻占了锦州外围制高点帽儿山，并用炮火直接封锁了锦州飞机场，为攻克锦州创造了有利的条件。

在锦州攻坚战中，九纵又与七纵并肩担任城南突破任务。总攻发起后，第二十五、二十六师迅速打开突破口，随即向纵深发展。九纵与二纵、三纵、七纵、八纵一起,仅用31小时即全歼了号称“机械化兵团”的10万守敌。其中九纵计歼敌1.5万余人，并活捉东北“剿总”上将副司令范汉杰、兵团中将司令卢浚泉。为此受到了东野总部首长的表扬，得到“全纵队奋发努力，进步甚快”的评价。

攻锦战役结束后，九纵又迅速赶往大虎山地区，投入了围歼廖耀湘兵团的辽西大会战。当廖耀湘兵团发觉将被九纵包围后，企图撤向营口从海路退逃。10月26日，东北野战军总部命令九纵从大虎山地区南下，经台安于海青湾东渡辽河，切断敌南逃之路，并抓住逃向营口的第五十二军，待七纵、八纵赶到后再行围歼。

这时，九纵已经连续急行军六昼夜，部队体力消耗严重。但为了抓住廖耀湘兵团，夺取辽西会战的全胜，全纵队指战员不顾饥饿和疲劳，又急行军五天，最后一昼夜一气追击230里，终于在10月31日赶到营口附近，抓住了正企图由海路逃跑的国民党第五十二军。

詹才芳当即命令部队不顾疲劳投入战斗，对营口之敌实施弧形包围，并以一个营掩护重炮团，进至营口以北，以火力封锁出海口。

11月2日晨，詹才芳发现敌有登船逃跑迹象后，遂决定不待七纵、八纵赶到，九纵即单独向营口之敌发起进攻。二十七师七十九团以果断的行动，攻占了营口以西的西海口小高地，控制了西海口炮台工事。师主力于五台子突破防线，击溃守敌一个营。二十五师在邵家屯突破敌人防线突入市区，第七十五团一营经激战后占领海关码头，七十四团攻占营口车站。

突入市内的两个师很快将敌拦腰斩为数段，敌五十二军第二师、第二十五师已呈现混乱状态。九纵部队大胆穿插，分块围歼。经数小时战斗，守敌大部被歼。登船逃跑的敌人，也遭到我炮兵射击，一艘运兵船和22只帆船被炸起火，3000余敌人全部被烧死、淹死。

由于九纵不畏疲劳的勇猛追击和当机立断的进攻，不仅解放了营口，而且阻绝廖耀湘兵团从海上逃跑之路，迫使廖兵团又改逃沈阳，并最终被东北野战军主力全歼于辽西平原，东北最大的城市沈阳也随之解放。

营口战斗，九纵共计歼敌1.4万余人。营口的解放，标志着辽沈战役的胜利结束。九纵为历时52天的辽沈战役，画上了句号。

九纵在出关后的一年零两个月作战中，共计歼敌4.4万，缴获飞机4架，坦克4辆，各种火炮477门，各种枪1.6万余支。

1948年11月，根据中共中央军事委员会关于统一全军编制及部队番号的命令，第九纵队改编为中国人民解放军第四十六军，仍归东北野战军建制。詹才芳任军长，李中权任政治委员，杨梅生任副军长，段德彰任副政治委员兼政治部主任，袁渊任参谋长。第二十五师改称第一三六师，曾雍雅任师长，徐光华任政治委员；第二十六师改称第一三七师，萧全夫任师长，李振声任政治委员；第二十七师改称第一三八师，任昌辉任师长，王文任政治委员；冀热辽军区独立第七师调归该军建制，改称第一五九师，陈宗坤任师长，曾凡有任副政治委员。改编后，全军共4.7万余人。

1948年11月22日，东北人民解放军分三路，以排山倒海之势浩浩荡荡向华北开进。九纵为左路兵团的先头部队，经16天连续行军，行程1400余里，12月7日进入冀东。后为执行毛主席关于“取捷径以最快速度行进，突然包围唐山、塘沽、天津三处敌人，不使敌逃跑”和“唯一的或主要的是怕敌人从海上逃跑”的指示，九纵又奉命分两路昼夜不停，轻装疾进，于12月18日插入天津军粮城，切断了天津之敌向塘沽从海上逃跑退路，随后又同兄弟部队一起，完成对天津国民党军的战役合围。

天津守敌共有13万余人，并且拥有自1947年秋即开始修建的坚固工事，即敌所谓的“大天津堡垒化”，自诩坚守一个月不成问题。

东北野战军参谋长刘亚楼被任命为天津前线指挥部司令员。攻城具体部署为：以第三十八、第三十九军组成西突击集团，以第四十四军、四十五军组成东突击集团，两大集团东西对进。第四十六军并指挥四十九军第一四五师，则由天津城南向北实施辅助突击。

1949年1月14日上午10时天津总攻开始。四十六军在突破阶段受阻，伤亡相当大。但当天深夜师指挥员进到突破口后，及时调整部署，利用夜晚向敌纵深发展进攻，并取得迅速进展。15日11时即突进到跃华中学，与三十八军会师。四十六军共计歼敌2.6万余，活捉伪北宁路护路军司令兼天津市市长、蒋介石侍从室高级参谋、国民政府中将参谋杜建时，缴获各种炮314门，轻重机枪709挺，长短枪1.2万余支。

战后，刘亚楼对四十六军的辅攻十分满意。他说：“原来我们的意图是你们只要能在南面顶住，不让敌人溜掉，就算完成了任务，没料到你们突破了南边这样坚固的工事，也参加了纵深战斗，这就太好了。”

天津战役结束后，四十六军第一三八师、第一五九师又配合四十九军解放了塘沽。而后转进河北霸县一带休整。

1月31日，北平和平解放。傅作义部队接受和平改编。平津前线司令部确定由四十六军改编傅部第一二一师和二七三师。

在接受改编的傅作义部队中，有许多特务分子与敌政工人员已化装为文书、司务长、上士等潜伏下来。这些家伙受军统之命大肆进行秘密的特务活动，制造谣言，欺骗士兵，煽动其部属阻挠改编工作的进行。但傅部师团级军官已认清大势。而且军官们对部队直接负责，怕出大乱子，担不起这个责任。

于是，军部决定利用敌人内部这一矛盾，让军官发号施令，维护秩序，遏制叛乱。同时，派去的干部则深入基层，接近士兵进行工作，并逐渐将其尉以上军官，按先顽固后一般，先政工后其他人员的办法，分批调出部队，上送四野杨村教导团处理。后又经过诉苦教育培养积极分子，并通过他们的揭发，彻底地肃清了潜伏的特务分子。在一系列的教育后，绝大多数士兵提高了阶级觉悟，并自愿参加人民解放军。四十六军将其中3666人编入本军各部队，将3656人调拨给第一野战军。

1949年4月初，四十六军编入第四野战军第十二兵团建制，向华中、华南进军。7月上旬，渡过长江，直逼长沙城下，促进了长沙的和平解放。该军第一五九师调归湖南军区建制；第一三八师担任长沙警备任务；第一三六、第一三七师参加衡（阳）宝（庆）战役。之后，四十六军部队又先后完成了湖南、湘西剿匪任务。

1950年12月初，詹才芳调中南军区工作，杨梅生任军长，萧全夫任第一副军长兼参谋长，曾雍雅任第二副军长兼第一三六师师长。

1951年1月，第四十六军奉命进驻粤东，执行保卫粤东海防的任务。

1952年9月17日，四十六军参加中国人民志愿军赴朝作战，接替第四十二军西海岸防御任务。此时军长萧全夫，政治委员吴保山。在此之前，第一三三师调入，原辖之第一三八师调出。在朝鲜战场，第四十六军先后参加三次攻打马踏里战斗，以后又担任西海岸守备任务和“三八”线临津江北岸的防御任务。

1955年10月，从朝鲜回国。

四十六军在三年半的抗美援朝作战中，战绩辉煌。仅在后半年的防御作战中，就歼敌1.4万（其中美陆一师6639名，英联一师2720名，土耳其旅893名），击落敌机193架，击伤敌机155架，击毁敌坦克51辆。

中国人民解放军第四十六军，在长期革命战争中和保卫社会主义祖国的光荣岗位上，经受了各种锻炼和考验，出色地完成了各项战斗任务。涌现出全国著名战斗英雄田广文、纪士信等11人；涌现出“白老虎连”等一些著名英雄连队；涌现出二级战斗英雄马玉臣、粟学福等英模人物近万人。

十纵（第四十七军）

中国人民解放军第四十七军的前身是东北野战军第十纵队。第四十七军所属各师，在编入该军建制之前，各有不同的战斗经历。

该军第一三九师的前身，是1930年在湘赣边根据地成立的红军独立第一师。1932年10月，该师编入红八军并改称第二十二师。1933年6月，该师编入红六军团，改称第十七师，师长由红六军团长萧克兼任，蔡会文任政治委员。十七师先后参加了保卫湘赣苏区、红军突围西征、回师东进、转战湘黔以及二万五千里长征。抗日战争时期，该师改编为八路军一二〇师三五九旅。1937年9月，随第一二〇师开赴抗日前线（第七一八团和师直留守陕甘宁边区），先后参加了收复晋西北七城战役，灵丘、广灵阻击战、邵家庄伏击战和上、下腰涧等战役战斗；配合一二〇师主力粉碎了日军多路围攻。1939年9月，奉命返回陕西绥德地区，担负保卫陕甘宁边区的任务。1940年底，为打破国民党军对陕甘宁边区的经济封锁，进至南泥湾开展举世闻名的大生产运动。1944年11月，第三五九旅先后分两批组成南下支队，向华南敌后挺进。1945年8月，南下第二支队（刘转连任司令员，晏福生任政治委员）奉命北上河南孟县地区。10月，进至辽宁辽阳地区，扩编后恢复第三五九旅番号，直属东北民主联军总部。解放战争时期，参加了抚顺及北满剿匪、三下江南、夏季攻势等战役战斗。1947年1月改编为东北民主联军独立第一师。1947年9月10日，编入东北民主联军第十纵队建制，改称第二十八师（师长贺庆积，政治委员晏福生）。

该军第一四〇师的前身，是1945年8月以曹里怀等率领的冀鲁豫军区、第三五九旅先遣队和太行区的部分干部为骨干扩编成立的长春公安总队，曹里怀任总队司令员，刘居英任政治委员。总队成立后，主要战斗在长春、吉林附近地区。曾先后参加了北满和西满剿匪及解放长春、三下江南、夏季攻势等战役战斗，共歼敌近万人。1947 年 9 月 10 日，编入东北民主联军第十纵队建制，改称第二十九师（师长刘转连，政治委员卓雄）。

该军第一四一师的前身，是 1947 年 2 月 1 日在吉林省桦甸县桦树林子组建的东北民主联军东满独立第一师，赖传珠任师长，唐天际任政治委员。该师成立后，归东满军区指挥，主要活动于东满地区。曾先后参加了吉林以东地区多次战斗、东北夏季攻势和吉林、长春以南地区等战役战斗。1947 年 9 月 10 日，编入东北民主联军第十纵队建制，改称第三十师（师长方强，政治委员孔石泉）。

1947 年 9 月 10 日，东北民主联军第十纵队（梁兴初任司令员，周赤萍任政治委员）成立后，立即参加了东北民主联军向国民党军发动的秋季攻势。参加大小战斗 19 次，攻克了北吉林、德惠、中固等敌据点。1947 年底至 1948 年初，第十纵队参加了冬季攻势，攻克了开原等城镇。

1948 年 9 月，东北野战军发动辽沈战役，第一刀就插向了敌人的致命处——东北的门户锦州。蒋介石急令华北侯镜如兵团东进，沈阳廖耀湘兵团西进，企图东西对进以解锦州之围。能否拿下锦州，关闭东北大门，关键在于能否阻住这两路援军了。在塔山一带阻击华北东进兵团的任务，由四纵、十一纵等部队承担，而阻击廖耀湘西进兵团的重任就落到了十纵的肩上。

在东野主力攻锦前后，十纵奉命从开原昌图地区出发，并指挥一纵第三师、辽南独立第二师和蒙古骑兵师，进至新立屯以南地区，组织运动防御。总部命令十纵不惜一切代价，务必截击住廖耀湘西进兵团。

10 月 12 日，廖耀湘兵团进至彰武、新立屯一线，十纵在兄弟部队的配合下，顽强地与敌扭打纠缠，成功地迟滞了该兵团的西进；有效地保障了攻锦部队的侧后安全。

10 月 15 日东北野战军攻克锦州后，蒋介石再次强令廖耀湘兵团全力西进，与侯镜如兵团东西夹击，重新夺取锦州，以将东北兵力回撤关内战场。而东野总部的目光也盯上了廖耀湘兵团，决心发起规模空前的辽西会战，将这股东北国民党军的精锐，聚歼于辽西平原。

黑山、大虎山乃辽西走廊之咽喉，是沈阳通往锦州的唯一通道。切断廖耀湘兵团逃路的任务，再一次落到了十纵的肩上。

然而十纵所要对付的，是包括国民党军“五大王牌”新一军、新六军在内的 10

余万强敌（共计 6 个军 11 个师另 3 个骑兵旅）。虽然有兄弟部队三个师配合作战，但敌我兵力仍有 5 倍之差，更不要说该敌为东北国民党军之精锐，武器精良，火力强于我 10 倍了。此外，黑山、大虎山均为小丘陵地形，大虎山最高，也不过 180 公尺。在这种情况下进行防御作战，战斗之激烈和残酷程度可想而知。

但是铁匠出身的梁兴初，偏偏不信这个邪。他曾先后在东野主力一纵任过师长、副司令员，坚信千锤百炼才能煅出好钢，部队的战斗作风也是靠硬仗恶仗打出来的，决心率领十纵这支年轻的队伍，在这次阻击战中打出军威。10 月 23 日，廖耀湘兵团以 12 个师的兵力，在地面炮火和飞机的掩护下，向大虎山、黑山阵地发起了猛烈的进攻。十纵将士依靠简陋的工事，与敌展开了顽强的激战，经过反复地争夺，粉碎了敌人多次冲击。敌军在阵地前弃尸遍野，黄昏时被迫后撤。

当夜，东总给十纵发来一道命令："……务使敌在我阵地前尸横遍野而不得前进。只要你们坚守三天，西逃之敌必遭全歼。"

东总的命令立刻传达到各个阵地。十纵全体指战员深感责任重大：如果因为防御失利放跑了敌人，我们将犯下历史性的错误。

一日纵敌，数载为患；千秋功罪，在此一战！

十纵全军上下的共同口号是：死守！死守！人在阵地在，誓与阵地共存亡！

24 日 9 时许，敌人又在五个炮兵团的火力和十余架飞机轮番轰炸下，投入了四个师的兵力，再次向十纵据守的阵地发起了疯狂地进攻。敌机反复飞掠大虎山上空，炸弹成串地在我军阵地上爆炸，敌重炮群也以密集的炮火向阵地猛轰，接下来便是成群结队的集团冲锋。十纵指战员们从被炸塌的工事里爬出来，不顾烟熏火燎，重伤员不叫苦，轻伤员稍加包扎便立即投入了战斗，以密集的火力射向敌群。24 日这一天，十纵前线部队共击退敌军连续六次进攻。

25 日早晨，敌人又投入了更多的兵力，出动五个师、十余架飞机、百余门大炮，向十纵全线阵地发起了更加疯狂的进攻。战斗打得异常激烈。坚守 92 高地与 90 高地的第八十二团五连，与敌展开了激烈的反复争夺战。敌先后投入了四个营的兵力，在炮火掩护下以密集队形连续冲击。该连在连续打退敌四次冲锋后，仅剩十余人了。战到中午，敌两个营又冲上来，五连官兵与敌展开白刃格斗，最后全部壮烈牺牲。

随后敌又将"王牌"新六军投入战斗，将主攻方向直指 101 高地。其第一六九师先后两次以两个营向我阵地进行轮番冲击，均被击退。后又以“金圆券”收买300多人组成敢死队发起冲锋，但也被击退。下午，该师又以国民党徒、尉级军官组成“效忠党国先锋队”，再次向101高地猛冲，并同时以两个营的兵力从三面包围了高地。守备部队终因弹尽人亡，16时，阵地失守。敌军直指高家屯一线。

101高地失守后，纵队急令第八十九团二营由大边壕向高家屯增援；同时组织第八十二团全部及第八十四团一部，死守高家屯。敌所谓的“王牌”新六军的第一六九师及二〇七师第三旅，在高家屯弃尸遍野，却再也未能越过十纵防线一步。

26日凌晨3时，十纵接到东野总部电令：“东进我主力已到达指定位置，敌已向东溃退。望即协同主力行动，从黑山、大虎山正面投入追击”。

二十八师师长贺庆积回忆说：“这封电报对于我们来说，真是一字千钧啊！它的全部分量就在于宣布我们已经完成了艰苦的阻击任务。师领导传阅着这份急电，一个个如释重负，掩饰不住内心的激动。”

梁兴初当即命令三个师从左、中、右三路，同时向正面之敌发起攻击，配合东野主力截歼南逃之敌。

廖耀湘兵团在我军强大压力下，很快陷入混乱，开始全线溃退。刚刚经历了残酷的阵地防御作战的十纵指战员们，不顾寒冷、疲劳、伤痛和饥饿，趁敌混乱之际，迅即转入追击作战。各师团对逃敌果敢实施穿插、分割和围歼，辽西平原上呈现出一派波澜壮阔的战斗场面，到处都是冲锋号声和喊杀声。

十万余敌军在我强大兵团的围歼下，溃不成军。我军指战员也果断地转入主动求战，哪里有枪声就冲向哪里，哪里有敌人就在哪里战斗。经过36小时激烈紧张的战斗，终于将廖耀湘兵团的六个军全部歼灭。十纵在辽西会战中共计歼敌1.4万余人，其中俘虏了敌新六军军长李涛、第七十一军军长向凤武以下万余人，并缴获了大量武器装备。

十纵先后在阻击作战和追击作战中重创敌新一军、新六军、第七十一军等部，圆满完成上级交给的作战任务，为辽沈战役的胜利和东北全境的解放作出了贡献。为此，四野在东北三年解放作战总结中，给予了高度评价：

> 我第十纵队（军）奉命以黑山、大虎山构筑阵地坚守，阻拦了敌人的先头。

他们在修了两天的阵地上孤军奋战，抗击了五倍于我的敌军精锐部队，使敌人三天的进攻未获寸进，争取了时间，打乱了东北敌“剿总”总司令卫立煌的作战计划，迫使敌人不得不放弃其“西进企图”，为我军造成了辽沈平原上集中主力聚歼敌人的先决条件。

11月4日，十纵的部分指战员再次登上101高地，东总电影团为他们拍摄了黑山阻击战的影片。

1948年11月，根据中央军委关于统一全军编制及部队番号的命令，第十纵队改称中国人民解放军第四十七军。梁兴初任军长，周赤萍任政治委员，方强任副军长，刘西元任副政治委员，黄炜华任参谋长，孔石泉任政治部主任。第二十八师改称第一四〇师，刘转连任师长，陈发洪任政治委员；第三十师改称第一四一师，叶建民任代师长，张百春任政治委员；东北军区独立第八师调归该军建制，改称步兵第一六〇师，王明贵任师长，邹衍任政治委员。全军共5.6万余人。

1948年11月，四十七军奉命入关，参加平津战役。北平和平解放后，四十七军担任改编傅作义部第二六二、第二六七师的任务。第一六〇师调归平津卫戍司令部，改称第二〇七师；东北军区直属整训第一师改称第一六〇师，调归第四十七军建制。

1949年4月，四十七军编入第四野战军第十三兵团建制，向江南进军。7月，参加宜沙战役。9月，为配合第四野战军主力进军两广，在湘西大庸歼敌第一二二军一部，生俘敌军长张绍勋以下5000余人。8月，第一六〇师调归第十二兵团（湖南军区）建制。10月底，四十七军军部和第一三九、第一四一师奉命配合第二野战军第三兵团参加向川黔进军作战。和兄弟部队一道解放重庆、涪陵、广安、邻水等地，俘川湘鄂绥靖公署副主任兼第十四兵团中将司令官钟彬和江阳舰队中将司令官叶裕如等；第一四〇师留湘西执行剿匪与维护交通线任务。1950年1月，第四十七军奉命返回湘西，执行剿匪建政任务。经连续作战一年多，消除了湘西匪患。

1951年2月，四十七军参加中国人民志愿军入朝作战。军长曹里怀，政治委员李人林，副军长刘贤权。6月17日，该军奉命率第一四〇、第一四一师进至临津江东，接替志愿军第六十五军防务。第一三九师进至开城，担负保卫开城谈判任务。12月，四十七军奉命将临津江东岸防务移交第三十九军，撤至龙化、成川地区整训。在整训期间，涌现出舍身救儿童的国际主义战士罗盛教。

1952 年 11 月，四十七军奉命第二次开赴临津江东西两岸，接替志愿军第三十九军防务。涌现出郝志新、阎成恩、马一钧、李太林、陈启瑶等许多战斗英雄和英雄集体。1953 年 4 月，四十七军奉命将临津江防务移交志愿军第一军后，撤至谷山、松田洞地区担任机动作战任务。6 月，奉命进至安州、肃川、汉川地区，接替志愿军第三十八军西海岸防务。

1954 年 9 月 16 日，四十七军离朝回国。

第十三章　后来者的上乘表现

——东野五纵、十一纵、十二纵（第四十二、第四十八、第四十九军）和解放军第五十至五十五军

抗美援朝，在黄草岭独当一面，四十二军大器晚成。

血战塔山，四十八军一仗扬名。虎将钟伟，为四十九军磨牙利爪。

曾泽生、张轸、陈明仁部起义官兵，改编造就成第五十、五十一、五十二、五十三军。第五十四、五十五军：四野组建的最后两个军。

经过 1947 年夏季、秋季、冬季三次大规模攻势作战，东北敌我力量对比已经从根本上发生了改变。为适应最后战略大决战的需要，东北野战军又于 1948 年 3 月，组建了第三批野战纵队——第五纵队、第十一纵队、第十二纵队。这三个纵队以后依次发展成为中国人民解放军第四十二军、第四十八军、第四十九军。

五纵（第四十二军）

中国人民解放军第四十二军的前身是东北野战军第五纵队。

在东北 12 个野战军中，第五纵队是成立最晚的之一。1946 年 5 月至 1946 年 10 月，东北民主联军为适应野战需要，首先组建了第一、第二、第三、第四和第六纵队，唯独空缺着第五纵队；1948 年 8 月，东北民主联军为适应大兵团作战之需，又组建了第七、第八、第九纵队，仍未使用第五纵队的番号。个中原因，就在于当时“第五纵队”已成为了一个专有所指的名称，且臭名昭著。

“第五纵队”作为特有名词，起源于西班牙内战时期。1936 年 10 月，当西班牙叛军和德、意法西斯军队向西班牙共和国首都马德里，准备发起联合进攻时，叛军将领摩拉在广播讲话中扬言，他的四个纵队正在进攻马德里，而第五纵队（指正在共和国后方活动着的地下军）已在首都等待着进行内应。于是从那以后，“第五纵队”便成为了帝国主义在其他国家中收买的叛徒和派入间谍的通称。

正因为怕犯了政治忌讳，故而各战略区在成立野战军时，都避免使用“第五纵队”这一番号。随着时间的推移，“第五纵队”的恶名已渐被淡化。1948 年 3 月，当东总着手组建第三批野战军时，鉴于东北野战纵队的数目日益增多，且编制序列上长期空缺着也不合适，这样五大野战军中唯一的一个第五纵队，虽说难产，但总算诞生。但是西北、华北、中原、华东野战军直至最后，也未使用过“第五纵队”这一番号。

第四野战军辖12个军，司令员林彪，第一政治委员罗荣桓，第二政治委员邓子恢。图为司令员林彪（右一）、第一政治委员罗荣桓（右三）和四野其他首长在平津前线合影

第五纵队是以抗战胜利后，从关内几个解放区进军东北的部分部队为骨干发展起来的。1945年9月至10月，陕甘宁边区、晋察冀、华中和山东等解放区抽调部分部队和干部进至东北辽东地区。这些部队在辽东军区领导下，经过创建与保卫辽东革命根据地的斗争，配合主力部队参加“四保临江”战役和东北夏季、秋季攻势作战，不断得到发展壮大，有些已经发展成为各地警卫团、保安团等部队。

在此基础上，1946年5月，以辽南军区警卫营、庄河保安团、安东军区保安一团、辽宁军分区警卫一团和从延安炮校调进的一部分干部，合编组建成辽东军区独立第一师；8月，以通化支队、靖宇支队、山东和华中挺进东北部队一部，合编组建成独立第二师；1947年11月，又以安东保安司令部、辽宁军分区第三分区基干一团、第四分区独立第一团、安东保安第三团，合编组建成独立三师。三个独立师成立后，先后参加了东北冬季攻势作战，破袭国民党交通运输线，并配合主力部队攻克辽阳、鞍山等城市，独立第一师还攻克重要海港营口。

1948年3月31日，上述三个独立师奉命在辽阳地区，合编组建成东北人民解放军第五纵队，万毅任司令员，刘兴元任政治委员，吴瑞林任副司令员，唐凯任副政治委员。独立第一、第二、第三师，依次改称为纵队下辖之第十三、第十四、第十五师。全纵队 3.6 万余人。九十月间，第五纵队参加辽沈战役，先在彰武东南及西南阻击国民党廖耀湘兵团西援锦州，而后协同兄弟部队围歼廖耀湘兵团于黑山以东地区，歼灭国民党军 1.7 万余，俘虏新编第一军军长文小山。

1948 年 11 月，根据中共中央军事委员会关于统一全军编制及部队番号的命令，第五纵队改称中国人民解放军第四十二军，万毅任军长，刘兴元任政治委员，吴瑞林任副军长，唐凯任副政治委员，参谋长缺（后廖仲符），郭成柱任政治部主任。所辖第十三师改称一二四师，徐国夫任代师长，李辉任政治委员；第十四师改称第一二五师，彭龙飞任师长，丁国钰任政治委员；第十五师改称第一二六师，王振祥任师长，何善远任政治委员；东北军区独立第九师调归该军建制，改称第一五五师，廖仲符任师长，钟民任政治委员。全军 4.7 万余人。

1948 年 11 月至 1949 年 1 月，四十二军参加平津战役，首先攻克昌平、沙河，切断了国民党军西逃要道，继而又在兄弟部队配合下，攻占国民党军供应基地丰台，同兄弟部队一道完成对北平（今北京）的包围。

1949 年 4 月，四十二军编入第四野战军第十四兵团建制。4、5 两月，在第十三兵团指挥下参加安新战役，全歼国民党军安阳守军。6 月，军部及第一二五、第一二六、第一五五师进到豫西和豫东南地区剿匪；第一二四师在洛阳整训。1949 年 8 月至 1950 年 1 月，军部及第一二五、第一二六师继续在原地区剿匪；第一二四师、第一五五师奉命参加鄂西战役，而后在第二野战军指挥下进入川东作战，先后解放了奉节、万县、大竹、开江、达县、宣汉、平昌各县。完成任务后，第一二四师归建，第一五五师拨归中南军区运输司令部建制。1950 年初，第四十二军奉命调驻黑龙江省执行生产建设任务，隶属东北军区。

1950 年 6 月 25 日，朝鲜内战爆发。7 月，第四十二军与刚从中南军区调来的第十三兵团部队（第三十八、第三十九、第四十军），编为东北边防军，准备应付朝鲜战局的突变。四十二军立即将遍布于北大荒执行生产任务的部队，迅速集中，转入战前整训。10 月，第四十二军作为首批出国部队赴朝参战。

四十二军是一支新部队，东北军区司令部的评价是：“四十二军编成后，于 1948

年 10 月参加辽西战役。该部队为东北新编成之野战军，有朝气，由于参加战斗不多，部队的战斗作风尚未培养与发挥起来。”但四十二军不甘落后，决心在抗美援朝作战中锻炼部队，打出军威。

当志愿军四个军过江后，敌第一线兵力四个军共 11 个师 13 万余人在侵占平壤后，正分东西两路迅速向北推进，妄图在鸭绿江边对后撤中的朝鲜人民军完成钳形合围，一举结束朝鲜战争。

志愿军司令员彭德怀当机立断，决定集中五个军全部和第四十二军之第一二五师于西线，运动歼敌，迅速稳定住朝鲜战局。在东线则只放第四十二军一二四、一二六两个师的兵力，利用黄草岭、赴战岭有利地形，阻住东线美军第十军（辖陆战一师、第七师）和南朝鲜第一军团（辖首都师、第三师）的北进，以保证西线战场作战的胜利。

东海岸唯一的一条公路从元山向北经咸兴，在五老里分岔，分别经黄草岭、赴战岭，直达朝中边境的江界和朝苏边界。由于当时朝鲜中央机关正在江界当，因此敌人东线的主攻方向是黄草岭。志愿军司令部下达给四十二军的命令是：坚决死守黄草岭、赴战岭，保障西线作战，不准敌人合拢钳口。

此时，伪首都师之先头部队已抢占了黄草岭南仅一河之隔的摩峰山，能否先敌占领黄草岭，将成为能否完成阻住东路之敌的关键。一二四师第三七〇团、一二六师第三七六团的先遣分队，以每天夜行军 180 里的强行军迅速前进，终于在 10 月 24 日后半夜进至黄草岭以南前沿阵地烟台峰。27 日，一二四师主力到达黄草岭，一二六师主力到达赴战岭，分别接替了朝鲜人民军防御阵地。

军长吴瑞林为抗击住数倍于己敌人的进攻，将兵力梯次配备，部署为一个前轻后重的锥形，越往纵深兵力越大。决心重重阻击，决不让敌人越过四十二军的防线。军政治委员周彪则代表军党委，向全军指战员下达了死命令：“据险坚守，与敌决一死战，把黄草岭、赴战岭变成鬼门关，除了敌人游魂和俘虏外，一个敌人也不准越过。”

10 月 27 日，向北推进的伪第三师、首都师，分别在黄草岭、赴战岭与一二四师和一二六师先头部队交战，其中黄草岭为敌人进攻的重点。黄草岭防御战的序幕就此拉开。

第一天战斗就打得异常激烈。原以为不会受到任何抵抗的伪三师，遭到一二四师前沿部队的迎头痛击后，立即动用强大炮兵并出动十架飞机，向我军前沿阵地狂轰滥炸。顷刻间遍山大火，硝烟弥漫。随后，敌人出动了一个团的兵力，向该师三七〇团二营四连、三七一团一营二连阵地，展开了集团冲锋。尤其是四连防守的796.5高地，曾连续四次被敌人突破，但均被四连指战员打退。从当日上午10时激战至下午4时，三七〇团四连和三七一团二连终于坚守住了自己的阵地。四连杀伤敌人200余人，但自己也伤亡过半。当夜，二营向四连阵地增派了1个排之后，四连又坚守阵地数日，成功地阻止了美伪军的进攻，并且大量地杀伤了敌军。为表彰三七〇团四连在黄草岭防御作战中所表现出的顽强战斗作风，战后，军部命名四连为“黄草岭英雄连”。

美军第十军军长爱德华·阿尔蒙特少将，见伪三师久攻不下黄草岭，遂命令火力强大的美军陆战第一师部队也投入战斗。一二四师为保存实力，又采取了收缩前沿阵地，诱敌深入，进而聚歼的运动防御战术，予敌以大量杀伤。随后，又乘势发起反击，不仅夺回了放弃的阵地，而且向前扩展到上通里以北阵地。

10月30日至11月1日，伪第三师以其全部兵力向一二四师据守的烟台峰、松茸洞阵地再次发动猛烈进攻。一二四师防守部队在粮弹不足、饮水极度缺乏的情况下，凭险据守，英勇奋战。重点防守的阵地曾两次失而复得，但最终打退了伪三师的进攻，该师还趁夜派出小分队深入敌后，成功地捣毁了敌炮兵阵地。

就在一二四师捣毁敌炮群的当夜，担负赴战岭一带防御的一二六师部队，也乘势发起反击，歼灭美陆战第一师一部，并且夺回了失去的阵地。

英勇的四十二军部队在黄草岭、赴战岭，连续激战13昼夜，以坚决的阻击和六次反击制止了敌人的疯狂进攻，并歼敌3600余人。粉碎了东线敌军迂回江界的企图，胜利地完成了志愿军总部交给的任务。

志愿军司令部在通报中，对于四十二军在东线的英勇作战，给予了高度评价和通令嘉奖：

11月1日晚，我三十八军以迅猛之势歼灭球场之敌，从敌右翼沿清川江左岸向院里、军隅里、新安州方向实施战略迂回，切断了清川江南北敌之联系，并歼灭美二师北援兵力一部。我四十二军一二五师协同三十八军向德川方向突击，歼敌一部控制德川，沿大同江北岸连续击败伪八师十六联队、二十一联队的进攻，有力地保障了三十八军作战。……四十二军一二四师、一二六师与朝鲜人民军一部，在黄草岭、赴战岭以南地区极艰苦的情况下，与敌激战8昼夜，堵住了敌人三个多师的连续进攻，有力地保障了主力于西线歼敌，再次受到通令嘉奖。

在抗美援朝第一次战役中，四十二军以两个师的兵力独当一面，成功地抗击住了一个美军师和两个伪军师的疯狂进攻。从而为四十二军的军史，写下了光辉的一页。

第一次战役结束后，四十二军又先后参加了第二、第三、第四次战役和历时一年半的阵地防御作战。在整个抗美援朝作战中，四十二军共歼敌2.8万余，除“黄草岭英雄连”之外，还涌现出了“三八线尖刀英雄连”“石城岘英雄连”和关崇贵、安炳勋、员宝山等一批英雄单位和个人。

1952年11月，第四十二军回国。

十一纵（第四十八军）

中国人民解放军第四十八军的前身是东北野战军第十一纵队。该纵队是由冀察热辽军区部分地方武装发展起来的。

1945年11月，中国共产党领导的在冀北地区的地方部队合编为晋察冀军区第九旅。1946年7月，晋察冀军区第九旅改称晋察冀军区独立第五旅。9月，在冀东、辽西地区的部分地方部队合编为冀察热辽军区第十七旅。这两个旅分别在热辽和冀察（今河北省西北部）地区冀察热辽军区领导下，发动群众，保卫和开辟根据地，先后进行了宁城、赵川等战斗。

1947年4月，冀察热辽军区划归东北民主联军建制。5月，为配合东北夏季攻势，第五、第十七旅参加热河（旧省名，辖今河北省东北部及辽宁省西部）夏季作战。7月至10月中旬，第十七、第五旅分别改称冀察热辽军区独立第一、第二师；同时以热东、辽西地区部分地方部队合编成冀察热辽军区独立第三师。10月下旬至1948年2月，为配合东北秋季、冬季攻势，三个独立师先后参加了热河秋季作战，并向华北部分铁路线出击。

1948 年 3 月，冀察热辽独立第一、第二、第三师在辽宁朝阳，整编组建为东北人民解放军第十一纵队，贺晋年任司令员，陈仁麒任政治委员，周仁杰任副司令员，杨春圃任政治部主任。三个独立师依次改称为第三十一师（师长欧致富，政治委员谢镗忠）、第三十二师（师长詹大南，政治委员李光辉）、第三十三师（师长由周仁杰兼，政治委员陈文彪）。全纵队 3.1 万余人。

纵队编成后，开展了新式整军运动和军事练兵。5 月至 6 月，第十一纵队参加了华北军区发起的冀热察战役，先后进行象鼻子山、隆化、昌黎等攻坚作战，配合华北野战军钳制国民党军对东北的增援。第三十一师副师长李荣顺在隆化攻坚战中牺牲。共产党员董存瑞手托炸药舍身炸掉桥头堡，为部队扫除前进障碍，被追认为战斗英雄、模范共产党员。

1948 年 9 月 12 日，辽沈战役打响。第十一纵队在热河骑兵师的配合下，奔袭北宁路昌黎至滦县段，翻毁滦县至古冶铁路，并攻占昌黎及其以西地区。随后又于 30 日，奉命从昌黎出发，昼夜兼程赶往锦州地区参战。全纵队指战员听说将有大仗打，一个个高兴得不得了。他们一路上所向披靡，沿途又顺手牵羊地拔除了山海关、石门寨、上庄坨、前卫等敌人据点。而后经绥中，过兴城，于 10 月 5 日到达锦西地区。

就在十一纵从昌黎出发的当天，蒋介石飞往北平亲自指挥东北作战。他命令华北第十七兵团司令官侯镜如，指挥由 11 个师组成的“东进兵团”火速驰援锦州，企图与沈阳西出的廖耀湘“西进兵团”东西对进，以解锦州之围，并相机在辽西与东野主力决战。

拿下了锦州，就等于关闭了东北大门。数十万东北敌军便成了瓮中之鳖。而能否攻克锦州，关键在于能否阻住华北、沈阳两支援军。阻击华北“东进兵团”的任务，就落到了四纵、十一纵和热河两个独立师的肩上。

由于“东进兵团”的出发地锦西距锦州只有 30 公里，因而根本没条件进行运动防御，只能依托塔山一带的低矮丘陵阵地阻敌。十一纵的指战员抱定了与阵地共存亡的决心，寸土必争，坚决死守，不让敌人越过阵地一步，以确保锦州攻坚战的胜利。

10 月 6 日，十一纵第三十一师赶到塔山时，先期到达的四纵已同“东进兵团”激战数日了。该师第九十二团不顾长途跋涉的极度疲劳，立即投入战斗，配合四纵在葫芦岛与锦西之间的茨儿山、齐家屯、月亮山，歼敌暂六十七师一部，并从四纵十一师手中接过了月亮山至茨儿山一线的防御任务。

华北敌军在督战队的枪口下，潮水般地向我阵地发起了一次次集团冲锋，战斗打得异常激烈。特别是九十二团八连坚守的月亮山阵地，更是险象环生。但该连却坚守阵地数日，未退一步。战后，受到上级通令嘉奖，被授予“月亮山上的钉子”锦旗一面。

11 日下午，十一纵第三十一师又奉命将月亮山、茨儿山等阵地移交给独立第六师，前往塔山、白塔山一线接替四纵的阻击阵地。四纵部队在撤离前把工事整修一新。第三十二团团长激动地说：“这里的阵地一寸也没有丢，现在全交给你老大哥部队了。”

接防的九十二团王团长也握着对方的手，郑重地表示：“向劳苦功高的老大哥部队学习。你们用鲜血和生命保住的阵地，敌人休想从我们手中夺走。请老大哥放心吧！”

十一纵指战员说到做到，顶住了十倍于己敌军的冲击，未使阵地丢失一寸。

10 月 15 日攻克锦州后，参加攻锦的东野主力开始转向辽西，准备围歼廖耀湘兵团。但蒋介石仍不死心，严令两兵团企图东西对进，重新夺取锦州。因此，华北“东进兵团”的攻击丝毫没有放松。

26 日，东野第二兵团司令员程子华分析判断，敌“东进兵团”在前一阶段进攻四纵阵地受挫后，其主要突击方向可能改向十一纵阵地。于是兵团确定各纵队阵地不变，并令炮兵旅野榴炮团随时配合十一纵作战。

果然敌人频繁调动兵力，将其四个师调到了十一纵第三十三师防御方向。纵队副司令员兼第三十三师师长周仁杰，针对该师在兵力不足的情况下执行宽大正面防御，要求各团务必坚守要点，独立作战，不依靠援助，坚决打退进攻之敌。并说：“从我这个师长做起，不完成阻击任务，没有命令谁也不准后退一步。”

26 日凌晨，东野主力在辽西战场以 10 个纵队全线出击，已将廖耀湘兵团分割、包围。为解救廖兵团，杜聿明亲自指挥锦西之敌向十一纵阵地发起拼死突击。阵地失而复得，得而复失，多次易手。但各部队及时投入二线兵力，使敌人迂回四纵侧后的企图始终未能得逞。

27 日上午 8 时许，敌人发动了更为猛烈的进攻。这是十一纵防御战中最为激烈、最为残酷的一天，也是防御阵地遭到破坏最严重、人员伤亡最大的一天。敌军十来个炮兵群向我军阵地倾泻了上万发炮弹，轰击三十三师各团第一、第二线阵地达两个小时之久。特别是九十七团阵地已变为一片火海，炮弹的呼啸声，爆炸声连续不断，不少战士被整个埋在了沙土里。我一线阵地多次被敌军突破，但是三十三师各部队在周仁杰师长的指挥下，与敌人展开了激烈的争夺。

在战斗最激烈的时刻，三十三师指挥所上空已全部被烟尘所笼罩。纵队司令员贺晋年打电话给周仁杰，征询他的意见："要不要把指挥所的位置向后转移一下？"

周仁杰考虑，在这样激战的紧要关头，指挥员是决不能后撤一步的。他向贺晋年表达了全师各级指挥员的决心："我们一定要坚守指挥岗位，有进无退。请纵队首长放心！"

东野总部前指也非常关心三十三师的防御作战情况，罗荣桓政委亲自打电话询问战况，要求三十三师坚决顶住敌人的进攻，以保证辽西会战的胜利。十一纵指战员凭借着高昂的士气和钢铁一般的意志，终于将敌人这一天的疯狂进攻击退。

28 日清晨 5 时，辽西战场全歼了廖耀湘兵团后，使得敌"东进兵团"陷入孤军作战的窘境。虽然杜聿明为了应付蒋介石重占锦州的命令，于 9 时许发起了最后一次进攻。但敌人进攻锐气较前两天已大大减弱。黄昏后，锦西战场的枪炮声逐渐沉寂下来。

十一纵在锦西战场完成了 21 天的坚守防御作战任务，最后三天中又抗击住敌人四个加强步兵师的猛烈进攻，坚守住纵深阵地，歼敌 2 万余人，自己也为辽沈战役付出了近 2 万余人的高昂代价。

经过塔山阻击战血与火的洗礼，十一纵这支年轻的部队终于锻炼成钢！

1948 年 11 月 1 日，根据中央军委关于统一全军编制和部队番号的命令，第十一纵队改称中国人民解放军第四十八军，贺晋年任军长，陈仁麒任政治委员，周仁杰任副军长，杨春圃任副政治委员兼政治部主任，何廷一任参谋长。第三十一师改称第一四二师，欧致富任师长，谢镗忠任政治委员；第三十二师改称第一四三师，李光辉任师长，刘禄长任政治委员；第三十三师改称第一四四师，周仁杰兼任师长，钟文法任政治委员，同时冀察热辽独立第八师番号撤销，部队编入第一四四师；冀察热辽军区独立第六师调归该军建制，改称第一六一师，韩梅村任师长，钟辉任政治委员。全军 5.5 万余人。

1948 年 12 月，十一纵入关参加平津战役，先后攻克密云、石景山发电厂，门头沟煤矿区，扫清北平（今北京）西郊国民党据点，会同兄弟部队完成对北平的包围。

1949 年 4 月，四十八军编入第四野战军第十五兵团建制南下作战。6 月，该军第一六一师调归江西军区建制。7 月上、中旬，参加湘赣战役。7 月下旬至 8 月，该军单独进行赣南战役，以 200 余人的代价，歼灭国民党军 1.7 万人，解放县城 22 座，为野战军主力进军广东创造了有利条件。9 月 9 日，四十八军军部兼赣西南军区。其间，军主力在赣西南，一部入粤北剿匪。

1950 年 12 月，四十八军第一四三师改为炮兵，另将原第三十八军第一五一师改为第一四三师，调归四十八军建制。1952 年 3 月，第一四二师改编为公安第十一师，第一四三师调归中南军区荆江分洪工程部队司令部，第一四四师调归第二十一兵团。3 月 15 日，第四十八军军部改为第二十一兵团部，该军番号撤销。

十二纵（第四十九军）

中国人民解放军第四十九军的前身是东北人民解放军第十二纵队。该纵队的前身，是抗战胜利后进入东北的新四军第二、第三师和山东军区部分部队。

1945 年 9 月至 12 月，新四军第二、第三师和山东军区调往东北的一部分部队，分别进至哈尔滨以东、以南和肇东、肇州、肇源地区，与当地抗日联军、县大队合编成武装团队，分别在北满和西满军区领导下，参加当年冬至 1946 年 10 月的剿匪作战，建设根据地，并得到发展壮大。11 月，以这些部队为基础组建东北民主联军独立第二师，1947 年 4 月组建独立第四师，5 月组建独立第五师。独立第二、第四师组建后，参加东北夏季攻势和磐石乌拉街等战斗。当年 9 月至 1948 年 3 月，三个独立师在东北秋季、冬季攻势中，先后参加陶家屯、新立屯、四平和法库等战斗。

1948 年 3 月，上述三个独立师奉命合编成东北人民解放军第十二纵队，司令员钟伟，政治委员袁升平，副司令员熊伯涛，政治部主任陈志芳。原独立第二、第四、第五师依次改称为第三十四师（师长温玉成，政治委员谭友林，副师长兼参谋长王亢）、第三十五师（师长王奎先，政治委员栗在山，参谋长姚克）、第三十六师（师长沈启贤，政治委员王建中，副师长郑贵卿）。组建后的第十二纵队，开展了新式整军运动和军事练兵。

钟伟是由二纵五师师长调升十二纵司令员的。由师长直接提为纵队司令员，钟伟是全东野中唯一的一个。据说在此之前，“东总”曾想调钟伟到某纵队当副司令员，遭到拒绝。他说：要是看得起我，就让我当司令员。我是宁当鸡头，不做牛尾。钟伟要的是实权，不是虚名。没有实权，怎么有机会带出一支部队？！

1948年6月7日，中央军委同意东野总部关于对长春实行长期围困的作战方案后，原准备攻打长春的第一、第六纵队后撤整训，围城指挥所司令员萧劲光、政委萧华指挥第十二纵队和六个独立师执行围城任务。从6月25日开始，东野对长春正式实行围困，在长春城外方圆50里的地面上，形成一个封锁区。10万大军在长春外围筑起一道坚不可摧的“城外之城”，使得城中的10万余国民党军成为了“瓮中之鳖”。

在锦州之战最紧张的阶段，第十二纵队曾奉东野总部命令，三次撤离长春南下，回旋于铁岭、公主岭之间。十二纵虽然是一支刚刚成立不久的新部队，但在虎将钟伟的带领和训练下，又经过四个多月围困长春作战的锻炼，纵队战斗力已有了大提高，士气极为旺盛，已成为一支能攻能守的部队。

10月19日，长春宣告和平解放。在此前后，正值东野九个主力纵队发起辽西会战之际。中央军委和毛主席估计廖耀湘兵团和沈阳之敌，很可能会走营口由海路逃跑。为此，于10月18日、19日、20日先后三次急电东野总部，令其立即调遣足够兵力，阻止敌人南逃，并迅速控制营口。20日4时，军委再次急电东野：“建议十二纵及三个独立师由钟伟指挥，由四平以北上车，赶于24日以前全部运抵清原，以急行军开至鞍山、海城，堵塞敌向营口退路。此计划甚为必要，请即电高伍，照此速办，愈快愈好。”

当钟伟接到军委命令时，十二纵正位于公主岭。但当时四平至清原的铁路已完全被我军破坏，无法通车。钟伟只得率领部队开动两条腿，昼夜兼程奔往海城。经三天三夜和一个上午，行程650里，于29日下午两点抵达开原。正准备经沈阳以东直插海城时，突然又接到野司电令：“十二纵队以一个师围歼铁岭之敌，主力即向巨流河前进，坚决堵截廖兵团回沈阳的退路。”

于是，钟伟留下第三十六师围攻铁岭，纵司率第三十四、第三十五两个师及王振祥独立师，分两路向巨流河奔进。

此时，铁岭守敌一一六师已是惊弓之鸟，一发现我军兵临城下，立刻弃城而逃。三十六师则紧追不舍。是夜，天黑得伸手不见五指。敌人溃不成军，只顾夺路而逃，没想到竟窜至行进中的十二纵队的两路队伍之间。钟伟历来善于捕捉战机，打主动仗，这块送到嘴边的肥肉更不会放过。于是两路纵队与三十六师前后夹击，四面堵截。三下五除二，将敌第一一六师全歼，俘敌 7000 余人。

抵达巨流河后，钟伟又从捕获的沈阳逃敌口中得知，沈阳守敌虽然还未大规模外逃，但已处于极度恐慌之中，随时有逃往营口的可能。因此他的部队不仅要堵截廖兵团逃往沈阳，而且还必须作好堵截沈阳之敌逃向营口的准备。可手头兵力有限，任务相当艰巨。

执行军委指示和东总命令刻不容缓，但以四个师的兵力，要想抵挡住这两支各 10 万余人的逃敌大军，又谈何容易！

30 日清晨，钟伟来到了巨流河东的辽河勘察地形。他发现辽河宽达百余米，水深二三米，敌人根本无法徒涉，只可能从一条铁路桥过河。于是当机立断，决定留下独立师据守辽河，必要时可将桥炸掉，以堵住廖兵团退回沈阳。自己则亲自率领十二纵踏冰徒涉浑河，直插沈阳以南的苏家屯。

当日下午 4 时，十二纵队以迅雷不及掩耳之势攻占了苏家屯，全歼守敌一个加强团和一个地方保安师，共歼敌 5000 余人。

这时钟伟得到报告，几个独立师已分别逼近了营口和占领了鞍山、海城，这样就解除了十二纵的后顾之忧。同时，他根据综合各方面的情况，感到在蒋介石的督促下，沈阳之敌突围的可能性更大了。在此分秒必争的紧要关头，不能坐等上级的指示，而必须当机立断，主动出击。他决定在沈阳之敌还未采取突围行动之前，就主动向沈阳之敌发起进攻。尽管靠一个纵队不可能攻下沈阳，但可以抓住、拖住敌人，争取时间，以待东野主力部队赶到。

车站随后，钟伟一方面将自己的行动计划向野司报告，一面率十二纵由南向北对沈阳发起猛攻。激战至 11 月 1 日凌晨 5 时，十二纵第三十五师拿下敌前沿阵地小郭庄；第三十六师扫除浑河铁桥北端全部守敌据点，乘胜冲过大桥直逼沈阳敌军防御中心——铁西区。

铁西区是沈阳的重工业区、高楼林立，街垒重重，并由其最精锐的完全美械装备的第二〇七师据守。但十二纵指战员发扬“有敌无我，有我无敌”的战斗精神，逐屋逐街地与敌展开激烈地争夺。从11月1日上午9时战至下午4时，经过七个小时的浴血奋战，十二纵部队终于占领了整个铁西区，全歼二〇七师（欠装甲团）。共计俘敌师长以下官兵1.3万余人。

十二纵占领铁西区后，一面用炮火猛轰敌东北“剿总”司令部，一面向敌发出最后通牒，令其无条件投降。此时，敌“剿总”总司令卫立煌早已于10月29日乘飞机逃离沈阳。留守的“剿总”副总司令周福成，却还想讨价还价，要求将其行动视作起义，而不算投降。东野代表当即驳回，命令他们立刻无条件投降。

周福成凭借着一个装甲团把守其司令部，妄图苟延残喘。但当天夜晚，刚刚围歼完廖耀湘兵团的一纵、二纵部队也已赶来，并且从沈阳西北角突破城垣。留在城中的敌军早已无斗志，巴不得早点投降。周福成见大势已去，只好接受我军的要求。顿时，沈阳全城纷纷竖起白旗，敌人一个个放下武器，举手投降。

沈阳的解放标志着东北全境的解放。钟伟的当机立断，终于使新组建的第十二纵队在黑土地上的最后一仗上，作出了上乘的表现。

1948年11月1日，根据中央军委关于统一全军编制及部队番号的命令，第十二纵队改称中国人民解放军第四十九军，钟伟任军长，袁升平任政治委员，熊伯涛任副军长，陈志芳任政治部主任。第三十四师改称第一四五师，温玉成任师长，谭友林任政治委员；第三十五师改称为第一四六师，王奎先任师长，栗在山任政治委员；第三十六师改称第一四七师，沈启贤任师长，王建中任政治委员。东北野战军独立第十三师调归该军建制，改称第一六二师，王兆相任师长，陈德任政治委员。全军5万余人。

1948年12月，第四十九军入关参加平津战役。第一四五师配属兄弟部队攻克天津，军主力解放塘沽，而后第一四五师、第一四六师担负天津守备任务。

1949年3月，四十九军编入第四野战军第十三兵团建制。4月，向华中、华南进军。7月，在宜沙战役中攻克沙市和江陵，并乘胜渡过长江追击国民党军。8月，第一六二师调归湖南军区建制。9月至10月参加衡宝战役。11月由湖南邵阳地区进军广西，担负接收城市和维护交通安全任务。

1950年1月，四十九军所属的三个师归广西军区领导，第四十九军番号撤销。1951年7月15日，以第一五四师师直为基础又扩建为第四十九军军部，原辖之三个师归建，归广西军区领导。

1952年1月8日，第四十九军番号又撤销，军部改编为空军第三军军部，该军第一四五师编入第二十一兵团，第一四六师调归广西军区，第一四七师改编为公安第十二师。

第五十军

中国人民解放军陆军第五十军是由原国民党第六十军起义后改编的。

1948年秋，在东北的国民党军被人民解放军分割在长春、沈阳、锦州三个互不相连的地区内。人民解放军东北野战军第一兵团奉命从5月开始，对长春守军东北“剿总”第一兵团（指挥新七军、第六十军等部）共约10万人，采取“军事围困、经济封锁、政治瓦解”的方针，进行长困久围。国民党军第六十军军长曾泽生将军面对强大军事压力和政治攻势，又经过人民解放军的争取，毅然率部三个师于1948年10月17日宣布起义，这一果断行动，为长春和平解放及辽沈战役的胜利作出了重要贡献。

第六十军起义后，立即开赴吉林省九台县及其附近。1949年1月2日，中共中央军委授予这支部队以中国人民解放军第五十军番号，并任命了领导人。军长曾泽生、政治委员徐文烈、副军长叶长庚、参谋长舒行、政治部主任王振乾。其所属原第一八二师编为第一四八师，师长白肇学，政治委员陈一震；原暂编第二十一师编为一四九师，师长龙耀，政治委员李桂林；原暂编第五十二师编为第一五〇师，师长李佐，政治委员李冠元。全军2.3万余人，隶属东北军区。3月，遵照中央军委命令，东北军区将第一六七师（由1948年2月25日在营口起义的原国民党军东北保安暂编第五十八师改编而成），编入第五十军建制，师长王家善、政治委员张梓桢。全军共辖4个步兵师，1个直属炮兵团。

第五十军成立后，按照人民解放军的建军原则，进行政治整训，建立各种制度，特别是政治委员制度和政治工作制度，建立和健全共产党的各级组织，实行党对部队的绝对领导；建立革命的官兵关系，培植革命军队的优良传统作风。同时，从东北军区所属机关，部队陆续抽调各级各类干部466名，从辽北学院，长春青年干校等单位招收青年知识分子600多名，从牡丹江教导团调来460多名改造较好的云南籍解放军官到该军任职；又从东北翻身农民中补入5400多人，使部队政治素质有了很大改善。该军也抽调2490名班以上人员和军官到东北军政大学和牡丹江教导团学习，调341名军官到教导队学习。通过整训，这支部队得到了“脱胎换骨”的改造，很快成为忠诚为人民服务、为中国革命彻底胜利而战斗的一支新型人民军队。

1949年6月14日，第五十军奉命入山海关南下，归第四野战军建制。9月，到达湖北当阳地区，遵照中央军委和第四野战军决定，第一五〇师所属部队按营、连建制，分别划入第一四八师和第一四九师；第一六七师改称第一五〇师，师长王家善、政治委员李冠元。9月中旬，中南军区抽调部分干部到第五十军工作，送往东北军政大学学习的干部500余人也分配回军。10月，参加鄂西战役，俘国民党军第七十九军代军长萧炳寅，副军长李维龙以下官兵7000余人。11月下旬，奉命配属第二野战军进军四川。12月，参加成都战役，俘国民党军8100人，迫降1.77万人，缴获大批武器弹药。

1950年2月，奉命归属第四野战军建制，回湖北沙市、钟祥一带参加农业生产和修筑汉江大堤工程。中南军区将补训第十五团、第十五医院调归第五十军建制。此时，加上在鄂西战役和成都战役中解放、收编的国民党官兵2.7万余人，以及在四川招收的青年知识分子1600余人，全军官兵5.8万余人。5月，遵照中南军区的指示，将收编的国民党军第二十兵团三个军的残部缩编为中国人民解放军第一六七师，师长方暾，政治委员秦振，归第五十军建制，并在天门地区进行整训。

1950年9月下旬，第五十军奉命由湖北开赴东北，归东北军区指挥，在吉林西丰、辽原、磐石、海龙一带集结待命。在此期间，奉命撤销了第一六七师和军炮兵团，组建了三个师属炮兵营。

10月25日，第五十军加入中国人民志愿军序列开赴朝鲜，参加了抗美援朝战争第一、第二、第三、第四次战役。在第三次战役中，全歼英军皇家重型坦克营，解放汉城。在第四次战役中，在汉江两岸顽强抗敌50昼夜，沉重打击和消耗了敌有生力量，保证了志愿军主力的休整、集结和粮食补充，为准备实施战役反击争取了时间。1951年3月15日回国整补。同年7月，第二次开赴朝鲜，担负西海岸防御以及抢修机场等任务。10 月至 11 月，奉命执行渡海攻岛任务，在空军和炮兵支援下，先后攻占南朝鲜军盘踞的椴、炭岛、大和岛、小和岛、和艾岛。1955 年 4 月，第五十军从朝鲜撤军回国。

第五十军在入朝作战的期间，广大指战员发扬爱国主义、国际主义和革命英雄主义精神，胜利地完成了上级赋予的各项任务。涌现出二级战斗英雄、特等功臣鲍清芳，国际主义战士、二级模范王永维等功臣、模范 1.4 万人，有一个团、六个连、十一个班、七个组获荣誉称号，有 7000 余人获朝鲜政府授予的勋章或奖章。

第五十一军

中国人民解放军第五十一军是由解放战争时期，在武汉以南贺胜桥、金口起义的国民党军第十九兵团改编而来的。

1949 年初，中共中央为了彻底推翻国民党的反动统治，于 2 月 11 日决定由刘伯承、陈毅、粟裕、谭震林组成总前委，指挥所属部队 120 万人，在汉口至江阴间实施渡江作战。4 月 20 日，渡江战役打响，第二、第三野战军首先在华东地区强渡长江，一举解放南京。5 月 12 日至 6 月 2 日，人民解放军先后攻占上海、南昌、武汉等地。国民党白崇禧集团南撤。和中国共产党早有联系的国民党华中军政副长官、河南省政府主席兼国民党军第十九兵团司令官张轸，乘机率所属第一二八军军部及第三一二、第三一三、第三一四、第三〇九师共 2 万余人，在湖北武昌以南贺胜桥、金口一带起义。6 月，起义部队移驻湖北省汉川县。7 月，中共中央军委发布命令，将起义部队改编为中国人民解放军第五十一军，张轸任军长，杨春圃任政治委员，李人林任副军长，杨焕民任政治委员，王亢任参谋长，罗通任政治部主任。以起义的第三〇九、第三一二师合编为第二一一师，余景堂任师长，冷裕光任政治委员；第三一三、第三一四师合编为第二一二师，鲍汝沣任师长，杨劲任政治委员。全军共 8100 余人，隶属第四野战军工兵司令部建制。1950 年 9 月 24 日，第五十一军军部改编为中南军区空军领导机关，所属部队与湖北军区合并，第二一一师与黄冈军分区合编为黄冈军分区兼第二一一师；第二一二师与大冶军分区合编为大冶军分区兼第二一二师，第五十一军番号撤销。

第五十二军

中国人民解放军第五十二军是由解放战争时期，在长沙起义的国民党军第一兵团一部改编而成的。

1949年8月初，国民党长沙绥靖公署主任兼湖南省政府主席程潜和华中军政副长官兼第一兵团司令陈明仁，接受《国内和平协定》，于8月4日率领绥署司令部、兵团部和三个军共7万人宣布起义。长沙宣告和平解放。中国人民解放军第四野战军和起义部队达成协议并经中共中央批准，起义部队在湖南省济阳县改编为中国国民党人民解放军第一兵团。国民党军第一九七、第二三二、第三〇七师依次改编为第一、第二、第三师，并组成第一兵团下辖的第一军。11月，根据中国人民革命军事委员会10月2日命令及第四野战军10月20日命令，中国国民党人民解放军第一兵团第一军改编为第二十一兵团下辖的第五十二军。第二十一兵团副司令员王劲修兼任军长，杨树根任政治委员，吴林焕、张诚文任副军长，周志飞任参谋长，钟明彪任政治部主任。第一师改编为第二一四师，曾京任师长，蓝庭辉任政治委员；第二师改编为第二一五师，张景白任师长，江腾蛟任政治委员；第三师改编为第二一六师，余九成任师长，曹波升任政治委员。全军共1.5万人。1950年10月，第二一六师撤销，其人员补入第二一四、第二一五师。1951年9月2日，第五十二军军部撤销，所属第二一四、第二一五师归第二十一兵团直辖。

第五十三军

中国人民解放军第五十三军是以解放战争时期在长沙起义的国民党军保安部队为基础改编而成的。

1949年8月初，国民党长沙绥靖公署主任兼湖南省政府主席程潜和华中军政副长官兼第一兵团司令陈明仁率部起义后，在湖南省济阳县改编为中国国民党人民解放军第一兵团。国民党军第六十三师、湘东纵队、长沙绥靖公署警备大队等部改编为第二军，湖南省保安第一、第二、第三师改编为第三军。11月，中国国民党人民解放军第一兵团奉命正式改编为第二十一兵团，以第三军为主，将第二、第三军合并，改编为第二十一兵团下辖的第五十三军。军长彭杰如，政治委员王振乾，副军长王振祥，参谋长杨文模，政治部主任张太生。辖第二一七师，师长姜和瀛，政治委员段良辉；第二一八师，师长何元恺，政治委员萧德明；第二一九师，师长周笃恭，政治委员王根。第五十三军组建后，隶属第四野战军第二十一兵团建制。1950 年 10 月整编，第二一八师撤销。1951 年 9 月，第五十三军军部撤销，所辖第二一七、第二一八师改归第二十一兵团直辖。

第五十四军

中国人民解放军陆军第五十四军，是 1952 年 10 月在广东惠阳地区，由原第四十五军军部、直属队、第一三四师（欠四〇〇团）、第一三五师和原第四十四军第一三〇师、第一三一师第三九一团等部，合编组建而成。

1952 年 10 月，第四野战军奉命整编，将上述部队合编组成为第五十四军。丁盛任军长，谢明任政治委员，吴瑞山任副军长。原第四十四军第一三〇师改编为第五十四军第一三〇师，蒋润观任师长，姚国民任政治委员；原第四十五军第一三四师改编为第五十四军第一三四师，张晓冰任师长，蓝文兆任政治委员；原第一三五师改编为第五十四军第一三五师，任思忠任师长，韦统泰任副师长。

该军组成后，即奉中央军委命令，准备入朝作战。经过两个月的抗美援朝动员教育和出征准备，于 1953 年 1 月 21 日，由广东惠阳北上，2 月上旬，第一三〇师进防朝鲜铁山半岛，担负抗敌登陆作战任务；军部和第一三四、第一三五师进防辽东半岛，担负守卫海防和作战训练任务。5 月 2 日，军部率第一三四、第一三五师入朝，5 月中旬各部先后进至平壤附近地区，接替第三十九军防务，担负西海岸抗敌登陆及平壤地区反空降作战任务。6 月下旬，奉命由西海岸开赴金城前线，配属第二十兵团参加夏季反击战役。7 月 13 日，战役开始，除第一三四师集结于洗浦里，为兵团预备队外，第一三〇师配属第六十八军向梨实洞、北亭岭之敌发起攻击，第一三五师配属第六十七军由庆坡山向梨船洞、金城川之敌发起攻击。当日第一三〇师即攻占 424 高地及 866 阵地；第一三五师攻占了梨船洞、芦洞里等地。而后，各部队即转入防御作战。在阵地防御作战中，第四〇四团第一营第三连二排长麻俊坤在自己三次负伤、双腿被打断的情况下，仍忍着剧痛趴在阵地上指挥，连续打退敌十余次进攻，直至献出宝贵的生命。战后，被志愿军总部授予“二级战斗英雄”称号。第三营第七连打退敌40余次攻击，出色地完成了坚守阵地、阻击敌人的任务，战后被授予“二级战斗英雄连”称号。

在抗美援朝战争中，全军涌现出“国际一等功臣连”等先进集体和许多麻俊坤这样的英雄人物。

朝鲜停战以后，该军即在西起桥田里，东至北汉江地段担负三八线前哨阵地的守卫任务。为防止美军和李承晚伪军撕毁停战协定重新挑起战争，部队投入了紧张的战备施工。1953年11月，第五十四军进行了一次大规模整编改装，增加九个营，部队在经较大扩充后，战斗力得到了大大加强。整编后，仍由丁盛任军长，谢明任政治委员，吴瑞山任副军长。第一三〇师，蒋润观任师长，姚国民任政治委员；第一三四师，蓝文兆代师长兼政治委员。

1954年4月中旬，奉志愿军总部命令，第五十四军将金城池地区防务移交朝鲜人民军，部队移防至元山北玉坪、文川、龙潭里、高原、永兴地区，担负守卫东海岸的任务。1955年3月，五十四军又将东海岸防务移交朝鲜人民军，调防守备西海岸。

1958年5月和7月，第五十四军奉命分批回国。

第五十五军

中国人民解放军第五十五军的前身，是第四十八军军部及第一四四师和第四十九军第一四五师、第二十一兵团第二一五、第二一九师等部。

第一四四师的前身系1947年10月由冀察热辽军区乌丹分区直属部队和热辽军区独立第三师。1948年3月，东北人民解放军第十一纵队成立时，独立第三师改编为第三十三师，归第十一纵队建制，纵队司令员周仁杰兼任师长，陈文彪任政治委员。该师组成后，先后参加了隆化、平泉、昌黎、北戴河、绥中、锦西等战斗。1948年10月，参加冀东及北宁线作战。同年11月，改编为中国人民解放军第四十八军第一四四师，副军长周仁杰兼任师长，钟文法任政治委员。1949年4月，随军南下，参加渡江、赣南追击等战役，配合兄弟部队解放了湖北及赣西南广大地区。9月，该师兼宁都军分区，张书祥兼任司令员，李庭序、钟文法分别兼任第一、第二政治委员。担任宁都、雩都、兴国、石城、广昌、寻邬、瑞金等地的剿匪任务。

第一四五师的前身系抗战胜利后，在阿城成立的哈东保安司令部，何延川任司令员，下辖三个大队。1945年11月，温玉成率新四军200余名军政干部到达哈东后，以哈东保安司令部为基础组成哈东军分区，温玉成任司令员，董浩然任政治委员，并将原辖之三个大队改编为第一、第二、第三团。担任哈东地区的警戒和松花江地区的剿匪任务。1946年11月，为适应形势的需要，奉东北民主联军总部命令，以哈东军分区机关一部及第一、三团与哈北军分区之第四团合编为东北民主联军独立第二师，温玉成任师长，张池明任政治委员。该师组成后，先后参加了三下江南和东北夏、秋、冬三季攻势。1948年2月，东北人民解放军第十二纵队成立时，独立第二师改编为第三十四师，归第十二纵队建制。10月，参加东北最后一战。11月28日，第十二纵队改编为中国人民解放军第四十九军，第三十四师改编为第一四五师，温玉成任师长，谭友林任政治委员。同年12月，参加了天津战役。1949年4月，随军南下，先后参加了渡江、衡宝、广西等战役。1950年1月，兼管平乐军分区，执行剿匪任务。

第二十一兵团第二一五、第二一九师，前身系1949年长沙起义之国民党军。11月28日，将起义中一部改编为中国人民解放军第五十二军第二一五师，张景白任师长，江腾蛟任政治委员，一部改编为中国人民解放军第五十三军第二一九师，周笃恭任师长，王根任政治委员。改编后，经过一段的教育和整训，使部队得到了脱胎换骨的改造。1951年1月，进入广西，参加桂林、柳州、南宁地区的剿匪作战。

1952年3月15日，中南军区奉中央军委命令，将第二十一兵团部改组为中国人民解放军中南军区荆江分洪工程司令部，并将原辖之第二一四、第二一七师改为荆江分洪工程部队。另以第四十军军部及所属第一四四师，第四十九军所辖第一四五师和第二十一兵团第二一五、第二一九师组成新的第二十一兵团。第四十八军军部改组为第二十一兵团兵团部，第四十八军番号撤销。陈明仁任司令员，王振乾任政治委员，欧致富任第一副司令员，钟文法任第二副司令员，高起任参谋长。原第四十八军第一四四师仍为第一四四师；原第二十一兵团第二一五师仍为第二一五师；原第四十九军第一四五师与第二一九师合编为第二一九师，第一四五师番号撤销。

5月初，遵照中南军区的指示，在全军普遍开展了文化教育，该兵团和各师均组织了专门的文化速成学校，调集大批干部离职学习。同时，在各级机关中成立了文化补习学校，用以提高在职干部的文化水平，部队以营为单位，按照战士的文化程度编成若干级的教学班进行学习，经半年多的文化教育，全兵团基本上消灭了文盲，提高了部队的文化素质。

10月8日，根据中央军委命令，第二十一兵团改编为中国人民解放军第五十五军，陈明仁任军长，王振乾任政治委员，仍辖第一四四、第二一五、第二一九师。

1953年2月，第五十五军奉中南军区命令，由广西桂林地区移防广东湛江地区，担任守卫雷州半岛的任务。

第十四章　金戈铁马壮军威

——东野特种兵纵队和铁道纵队

从无到有、“捡洋落”起家的特种兵纵队。炮弹打到自己阵地上，纵队首长大叫“炮兵有特务”。炮队入关，老百姓目瞪口呆：这是出关的“土八路”回来了吗？铁道纵队：五大野战军中独此一家。

特种兵纵队

1948 年 12 月，当东野百万大军挥师入关之际，一支支金戈铁马的雄壮炮队，穿插行进在百万大军之中。华北沿途的老百姓从未见过这么神气的解放军队伍。那些用美国十轮大卡车拖着的美式 150 重型榴弹炮，炮筒子竟比路旁的电线杆子还粗，直看得他们目瞪口呆：

“咱们这儿的解放军队伍，咋就没见到过这么粗，这么多的大炮？”

沿途群众自然还清晰地记得：三年前，这些“土八路”也是由这条道出的关。不过那会儿，他们除了步机枪之外，最多还有几门扛在肩上的小迫击炮。与之形成鲜明对比的是紧随其后出关的“国军”，飞机、大炮、坦克装备齐全，又是何等的气派！当时东北的老百姓，即使是同情共产党的，也不敢相信：就凭他们这点儿队伍，能打过国民党？

但共产党就是神了！几乎是赤手空拳出关的炮兵干部们，入关时带回的则是一支五大野战军中最强大的特种兵纵队。

东北野战军的炮兵部队建设，走过了一条艰难的道路。这里面凝聚着以朱瑞为首的炮兵创始人的不少心血。

自 1945 年 8 月起，我军开始陆续进入东北。当年 10 月，东总用第一批到手的日军火炮，成立了一个炮兵旅。该旅下辖两个团，一团为山炮团，共 5 个连，15 门山炮；二团为野炮团，共 3 个连，17 门野炮。虽然号称 1 个旅，全部家当却只有 32 门小炮。

除此之外，就是进入东北的各部队所携带的少量迫击炮了。虽然东野总部也曾要求下面部队努力收集火炮，但各部队对于所收集到的火炮，既无暇修理整顿，也因炮兵专业干部及兵源极度缺乏，而无力组建自己的炮兵部队。当时也有个别部队为了剿匪作战的需要，利用俘虏的伪满官兵成立过两三个炮兵连。但剿匪任务完成后，嫌火炮拖带不便，也就又放到了一边。所以在那个时期，各部队的炮兵始终未能有多大发展。

东北炮兵部队走上正轨并得到迅速的发展，起于朱瑞来到东北之后。

1945 年 9 月 25 日，为落实党中央创建东北大后方的战略意图，延安炮校的大部分人员在朱瑞校长的率领下，挺进东北。党中央又从各解放区抽调了大批干部，同时前往东北。于是朱瑞就一路走，一路会合，到达东北时已有千余人了。

朱瑞算得上是老炮兵了。1925 年，刚满 20 岁的朱瑞被党送到苏联学习，先后毕业于莫斯科中山大学和克拉辛炮兵学校。1930 年回国后，一直从事军事工作。1945 年夏，从延安中央党校学习结束后，朱瑞又被任命为延安炮兵学校代校长。

朱瑞是爽快人，干起工作来大刀阔斧，说干就干。一到东北，他就把带来的炮兵专业干部一分为二：少部留炮校工作，培养新学员；大量的则被分派到各军区和各部队，协助下面建立炮兵部队。

朱瑞将毛泽东“从战争中学习战争”的教育思想具体化，创造性地提出了“炮校拥兵二千五——变学校为部队，部队训练新兵——拿部队当学校”的口号。到 1946 年 7 月，炮校完成了扩兵任务，并在原有的炮兵旅的基础上，充实了炮二团及战车大队，新组建了炮兵第三团。

为了解决火炮不足的问题，他一面要求下到部队的炮校干部们，广泛收集日伪军遗弃的火炮，一面亲自带领炮校人员漫山遍野地“捡洋落”。日军丢弃的各种火炮大都残缺不全，就几门凑成一门炮。截止到 1946 年 6 月，全东北收集到的各种火炮就已达 700 余门。除炮校拥有的两个炮团及一个战车团外，加上各军区的炮团，总数已达 6 个乙种炮团、4 个丙种团、6 个炮兵营另 20 个炮兵连，总计 80 个炮兵连。

仅仅半年时间，东野的炮兵连增长了 10 倍！火炮增长了 20 倍！

四平撤退，炮校也随之搬迁。朱瑞把手中这些五花八门的火炮视作命根子。爬犁拖，大车拉，好歹把他的这些家当全部从通化搬到了牡丹江。

三下江南战役之前和之后，只要作战任务不紧张，炮校的主要任务还是收集军火。1947 年 5 月初，老百姓来报告，日本关东军在投降前夕，曾把不少重武器就近深埋在镜泊湖、穆棱、孙吴、黑河等地，还说“20 年后再回来”。朱瑞听后大喜，决定趁当时作战空闲之际，掀起一个搜集武器运动。

炮三、炮四团全部及炮一、炮二团各一个营，被派往当年日军防线的各深山荒野中去寻访挖“宝”,并大有收获。炮校警卫连副连长周天才一人就搜集到20多门炮，被命名为“搜炮英雄”。就这样，朱瑞带领部队大“捡洋落”大发“洋财”，迅速地壮大了东野炮兵部队。

在朱瑞的极力筹划下，东野为解决下面部队存在的炮兵编制各异、指挥极不统一的问题，四平保卫战后期（1946年6月），决定设立炮兵处，专司调整之责。但由于战事紧张，接着便是四平保卫战失利后主力部队的大踏步后撤，这一决定暂被搁置下来。直到7月，东北局及东总转移到哈尔滨后，才下发了“炮字第一号命令”。该命令在充分肯定了炮兵在战争中重要性的基础上，提出：在部队建设上，应使炮兵成为我军的一个兵种；在具体作法上，炮兵应以“广泛普遍的发展与适当的集中整编使用”为方针。在这一正确方针的指导下，11月，5个基干炮兵团大体装备就绪，其中一部并于11月初参加了作战。

1946年11月中旬，东总以炮兵调整处与炮兵学校一部，组建成立了炮兵司令部，统一东北全军炮兵的指挥及装备、训练事宜。朱瑞任司令员，邱创成任政治委员，匡裕民（兼参谋长）、贾陶任副司令员，刘登瀛任政治部主任。炮司下辖炮兵学校，校长、政委、副校长均由朱瑞、邱创成、贾陶兼任。

炮司下辖炮一、炮二、炮三、炮四团，战车大队，高射炮大队，迫击炮教导大队，炮兵学校及后勤等单位。第四野战军特种兵纵队，便是由炮司所辖的这些部队发展而来的。

炮兵司令部的成立，标志着东北炮兵部队已经开始形成独立的兵种。由于分散的炮兵部队得到了炮司统一的行政管理和教育，因而不论是野司直属的基干炮团还是各师、旅、纵队的炮兵部队，在短期内都得到了迅速的发展。截止到1947年3月，南满炮兵部队已拥有27个山炮连，北满部队则更为可观，山炮连已达73个（其中包括3个战车连及2个高炮连），再加上南满、北满部队的60个步迫炮连和步迫炮混合连，总计达160个炮兵连。

北满炮兵部队于1946年11月初开始参加战斗。炮兵的参战程度不同地改变了单靠人送炸药爆破的原始作战方法。由于炮兵部队尚处于初创阶段，因此难度较大的间接射击技术还不能熟练掌握。三下江南作战时，一些部队的炮兵实施远距离间接射击，炮弹落到自己阵地上的事时有发生，有的纵队司令员直气得破口大骂：“不打敌人打老子，炮兵有特务！”

除此之外，在炮兵使用战术上，各部队也有个逐渐摸索的过程。1947 年 1 月，在一下江南的德惠攻坚战中，北满部队投入了四个炮兵团（30 个炮连）参战。这是东北野战军炮兵在黑土地上的第一次大亮相！步兵弟兄们为庞大的炮兵部队的参战而欢呼雀跃，炮兵部队也自豪地认为——光用大炮轰也把德惠城轰平了。

然而实战中，在兵力部署上却出现了平均使用兵力的问题。参战的四个步兵师东西南北各一个，四个炮兵团也不偏不倚每师分一个，各师再把分到手的炮连分到各团、各营，甚至分到尖刀连。结果打起来后，炮兵部队各自为战，乱打一气。等到发起总攻时，炮弹已经打光了。为此，战后受到了东野参谋长刘亚楼的严厉批评：“你们以为这是发衣服，一人一件呀？就是发衣服也不能乱穿一气呀！”

“三下江南”和“四保临江”作战结束后，东北野战军由战略防御开始转入战略反攻，东野炮兵建设也步入了第二阶段。

1947 年 3 月，炮兵司令部为总结一年来炮兵建军与作战，在双城召开了第一次炮兵会议。会议提出：炮兵部队的作战，应以直接射击及近战为主，以“快”“准”“猛”为准则；炮兵部队的整训，军事上以提高技术为主，政治教育以整顿纪律为主。

东北野战军的夏季攻势开始后，5 月 22 日，朱瑞亲率东野炮兵主力南下，配合六纵发起的拉（法）吉（林）战役。先是在老爷岭山下歼灭了国民党第三十八师第一一三团，随后又渡过松花江，攻取华甸。

6 月中、下旬，炮司部队又参加了第一次四平攻坚战，共计集中使用了 47 门野榴炮。这是东野直属炮兵部队，继德惠攻坚后的又一次大规模城垣突破作战。正是通过这次作战，东野炮兵部队初步掌握了步炮协同战术。

1947 年夏季攻势后，东野炮兵基本走上了正轨。冬季攻势开始后，步兵部队一改过去“炮兵帮倒忙”的看法，见到自己的炮队开过来，远远地就欢呼起来。行军中遇到交通堵塞，无论自己的任务多急，也都赶紧给炮兵让路。历来靠血肉之躯冒死爆破的我军步兵，恐怕是世界上对炮兵重要性体会最深的部队了。

朱瑞非常重视实战经验的总结，每仗之后都要组织部队展开“战评”及“想办法”运动，从而使得炮兵部队的技术、战术水平，仗仗都有提高。继参加彰武、新立屯等一系列作战后，直属炮兵部队又先后通过参加公主屯、辽阳、鞍山、四平等战役，对于攻坚作战已有了一套行之有效的办法，并初步掌握了“快”“准”“猛”的要诀。由于炮兵在上述攻坚作战中的突出表现，博得了步兵的赞扬并受到了东总的嘉奖。

1948年4月，炮兵司令部又在哈尔滨召开了第二次炮兵会议。会议主要总结了一年来的作战，研究了步炮协同与炮兵使用等问题。据这次会议上的详细统计，整个东北野战军共拥有143个重型山炮连，12个步炮连，7个战防炮连，43个混合炮连，70个迫击炮连，总计275个连。全军山、野、重炮572门（其中包括100毫米以上的榴弹炮和加农炮79门），步、迫、战防炮863门，小炮掷弹筒3083门，总计4518门。炮司炮工处亦通过艰苦创业，白手起家建起了三个炮械修理厂，工人已达近千人，先后装修火炮600余门，生产炮弹10万余发。

1948年8月15日，东北人民解放军炮兵纵队成立，隶属炮兵司令部。苏静兼任司令员，邱创成兼任政委，匡裕民兼任副司令员及参谋长，刘登瀛任副政委兼政治部主任。下辖三个骡马化野榴炮团、两个摩托化重炮团、两个摩托化高射炮团、一个重迫击炮团、一个战车团、一个工兵营。除此之外，东野的12个野战军中，军有炮团，师有炮营。

1948年9月，东北战略大决战——辽沈战役的序幕拉开了。正当炮兵部队满怀豪情地投入大决战之时，第四野战军炮兵部队的创始人朱瑞司令员，却不幸于1948年10月5日，牺牲在义县城垣下。

1948年10月1日，为先扫清锦州外围，发起了义县攻坚战。作为炮兵司令员的朱瑞，对这次攻坚作战极为重视，并且亲临前线指挥。

当时，炮纵为更好地配合步兵部队攻坚作战，采用了一种新战术——抵近射击。即把大炮抵进到尽可能靠近城墙和敌工事的前方，直接平射，轰击敌目标。实践证明，这个“大炮上刺刀”的办法，对于从敌人坚固防线上迅速、准确地打开缺口效果颇佳。朱瑞及时总结了来自下层的经验，并在攻打义县的战斗中，指挥炮兵部队第一次比较集中地采用了这种战术。

朱瑞是把义县攻城作战看做是锦州攻坚战的预演。义县城垣刚刚突破，纵深战斗还在进行，他便冒着残敌稀落的枪炮射击，亲自赶到突破口去观察“抵近射击”的效果，以便为攻锦作战收集更精确的射击参数。但他却不幸踏上残留的地雷，壮烈牺牲。

攻打义县只是攻克锦州的外围作战，东北野战军在大战之初便折了一员大将。朱瑞是整个解放战争期间，第四野战军牺牲的唯一高级将领。10月3日，中央军委决定将东野炮兵学校命名为“朱瑞炮校”（即今沈阳炮兵学院前身），以纪念这位对人民解放军炮兵建设作出了杰出贡献的将领。

朱瑞虽然牺牲了，炮兵之魂却永存。1948年10月中旬，东野炮纵几乎全部投入了锦州攻坚作战。14日上午10时10分总攻打响，数百门大炮齐声怒吼，呼啸的炮弹如同雨点般砸向锦州城垣，射向敌守备要点。在炮纵的有力支援下，攻锦部队仅用了32个小时，就将敌军号称“固若金汤”的锦州城全部解放。

1948年11月2日，辽沈战役结束，东北全境解放。通过锦州、辽西大捷和长春、沈阳的解放，国民党军东北精锐遭到全歼（其中包括全部美械装备的“五大王牌”中的新一军、新六军），第四野战军共缴获各种火炮171门，其中包括150毫米重榴炮36门，100毫米重榴炮34门，各种高射炮69门，坦克47辆，装甲车131辆。第四野战军的特种兵部队从此得到了空前的壮大。

炮兵司令部利用缴获的装备和解放战士迅速扩充部队，人员在短短的一个多月中扩大了一倍多，机械化部队亦大大增多。出于作战指挥的需要，特司曾设立了三个临时指挥所：由热河炮兵旅部改编为第一指挥所，指挥三个骡马炮兵团；以辽北军区司政后大部人员成立第二指挥所，指挥三个摩托化炮团；以松江前线机关一部成立战车指挥所，指挥坦克、装甲车部队。

11月29日，根据中央军委关于野战军可编特种兵纵队，统率全军的炮兵、坦克兵、工兵等部队的命令，东北野战炮兵司令部改为特种兵司令部，萧华任司令员（不久由万毅继任），钟赤兵任政治委员，苏静、贾陶、匡裕民（兼参谋长）任副司令员，邱创成任副政治委员，唐凯任政治部主任。下辖由临时指挥所及其所辖部队组编的三个炮兵师和一个骑兵师：炮一师（骡马师）师长彭景文，政治委员刘登瀛，炮二师（重炮师）师长沙克，政治委员王凤梧，炮三师（战车师）师长曾克林，政治委员杨永松，骑兵师师长何能彬，政治委员林茂源。

1948年12月，特种兵纵队特司除少数留沈外，大部随四野主力入关参加平津战役。天津攻坚战特种兵纵队再显神威。主攻部队在特纵炮火和坦克的掩护下，只用了 29 小时，便将敌自称坚守一个月不成问题的天津城全部拿下，从而极大地震撼了傅作义，提前实现了北平的和平解放。

平津战役结束后，特纵又接收了傅作义第九十四军军部、战车第三团、空军高炮第三团、工兵第二十团。其余装备及人员则补入各野战军。补充后的四野特种兵纵队编制为：二个炮兵师（共七个重炮团），一个战车师（辖一个战车团、一个装甲车团、一个战车教导团），一个高射炮指挥所（辖三个高炮团），一个工兵指挥所（辖二个工兵团），成为了五大野战军中最为强大的特种兵纵队。

三大战役结束后，特种兵纵队一部随四野向湖南、湖北、江西三省进军，一部留驻华北。1949 年 4 月 18 日，四野的两个炮兵师，按照中央军委颁布的《全军特种兵部队番号的规定》，改称中国人民解放军炮兵第一师、第二师；七个炮兵团改称中国人民解放军炮兵第二十五团至第三十一团；三个高炮团改称中国人民解放军高射炮团第一团、第二团、第三团；三个战车团改称中国人民解放军战车第四团、第五团、第六团。

铁道纵队

解放战争期间，中国人民解放军虽有五大野战军，但是唯独东北野战军拥有一个铁道纵队。原因就在于东野占有了“地利”之先。

旧中国的铁路建设事业普遍落后。但重工业最为发达的东北地区，其铁路运输网相对而言也就成了最为发达地区。解放战争期间，东北敌我双方出于军事运输及作战考虑，对于铁路线的控制都极为重视。

自 1945 年 8 月我军陆续进入东北后，就非常重视东北铁路事业的恢复与发展，并迅速派出人员接收日伪铁路管理机构。当时除加强铁路系统的领导外，东北各军区还为确保铁路交通的安全，相继成立了护路部队。

到 1946 年初，东北护路部队已发展到 3400 余人。东满各线有何德全领导的护路大队 1400 余人；西满各线有郭维城领导的护路大队 800 余人，彭敏、阎九祥在绥佳、绥滨、中长等铁路线上的护路部队也相继成立。

1946 年 6 月，为加强对各军区护路军的总体领导，东北民主联军组建了统一的领导机构——铁道司令部。总部设在哈尔滨。苏进任司令员，王光文任副司令员，张进任参谋长（兼军法处长），郭延林任政治部副主任，郑思索任供给部长。

12月，铁道司令部又改称东北民主联军护路军。下辖东满护路军（司令员何德全，副司令员吉合，参谋长师军）、西满护路军（司令员郭维城，参谋长彭传清）、南满护路军（代司令员阎九祥，副政治委员郭延林）、中部护路军（司令员张鹤鸣，政治委员刘居英，副司令员曹志学，参谋长徐斌）。

在护路军司令部的统一领导下，铁道护路部队迅速发展，截止到1947年秋，东野护路军已有8000余人，并被编成七个步兵团，第一、第二、第三团由护路军总部直接指挥，第四、第五、第六、第七团则分别隶属各军区领导。护路军配合后方剿匪与前方作战，担负着北满解放区的5000多公里铁路线的护路任务。

自1947年5月中旬开始，东北民主联军连续发动夏季、秋季、冬季三次强大攻势，并取得巨大胜利后，控制的铁路线也大大增加。但新获铁路沿线桥梁线路多遭破坏，前沿铁路运输不通。

为加快抢修使之迅速投入作战运输，1948年2月，护路军司令部将所辖的第六、第七步兵团合并组成为铁道第一团；将第四、第五步兵团合并组成铁道第二团。每团下设三个大队：第一大队担负线路、桥梁和通信设施的抢修；第二大队担负机务、检车、给水、站务等运输任务；第三大队则担负铁路沿线和抢修现场武装防护。从此，护路军的性质也就由原来单纯的护路作战，开始向一支崭新的铁道技术部队的转变。

铁道团组成后，根据各铁路线的破坏情况和东北人民解放军总部的作战意图，配合铁路职工立即投入了吉长、哈长和大郑线的紧张抢修。

铁一团配合齐齐哈尔铁路管理局第一工程处，从3月上旬开始，先后抢修了通辽至彰武、彰武至新立屯、新立屯至阜新间的铁路线，并于8月中旬，恢复了郑家屯至阜新间的铁路运输。

铁二团从4月20日开始，投入吉长线的抢修工程，先是完成了孤甸子至兴隆山间线路修复和通信架设工程，后又在吉林铁路办事处的协同下，修复了饮马河大桥，使铁路从吉林一直延伸到国民党军北满大本营——长春。

步兵第一、第二团也各抽出一个连，组成两个临时抢修大队，配合哈尔滨铁道管理局职工，参加哈长线双城至陶赖昭间的铁路抢修工程，并于6月3日竣工。

上述各线的通车，不仅沟通了新老解放区的经济联系，而且为加强秋季攻势的战备工作，支援我军解放锦州和围攻长春的作战，都提供了强有力的保证。

1948 年秋，东北人民解放军进入战略大反攻的前夜，为适应大兵团作战需要，经东北局决定和中央军委批准，7 月，以护路军属部队为基础，吸收铁路员工和技术骨干 1200 名，另补入二线兵团 8500 人，整编成东北野战军铁道纵队。整编工作自 7 月下旬开始，至 8 月下旬基本结束，全纵队共计 1.7 万余人。

铁道纵队领导机关，由护路军领导机关与牡丹江军区领导机关一部合并组成，隶属铁路修复局直接指挥。纵队司令员由铁路修复局局长黄逸峰兼任，纵队副司令员兼参谋长苏进（后由铁路修复局第一副局长李寿轩兼参谋长），副政治委员由何伟兼任，供给部长郑思索。纵队下辖四个支队：

第一支队由铁一团、嫩江军区独立第三团及补入随军的铁路员工 226 人组成，共计 4309 人。支队长于磊，政治委员杜国平，副支队长钱潜，参谋长张进，政治部主任杨培君。

第二支队以铁二团、吉林军区独立第六团及补入随军的铁路员工 221 人组成，共计 3407 人。支队长刘震寰，副支队长萧春光，参谋长张峰铭，政治部主任李子华。

第三支队以护路军步兵第三团五个连、辽吉独立第三团两个营、牡丹江军区一个营及补入随军的铁路员工 241 人组成，共计 3611 人。支队长彭敏，政治委员徐斌，副支队长汪祖美、张云山，参谋长何海如。

第四支队以护路军步兵第一团三个连、辽吉独立第三团一个营、吉林独立第六团五个连、护路军梅河口两个大队及补入随军的铁路员工 145 人组成，共计 3996 人。支队长郭延林，副支队长王景利，政治部主任刘益。

铁道纵队自成立之日起，便担负着直接为前方作战服务和与各地铁道员工密切配合，恢复新中国铁路事业的双重任务。东野总部对铁道纵队极为重视，罗荣桓政委曾亲临铁纵机关讲话，以多罗宁将军为首的苏联专家也具体参与了铁道纵队的整编工作。

当时东野正酝酿着辽沈战役，并将首战目标指向了东北敌军的主要补给地与战略要地锦州。在这样空前规模的战略大决战中，部队的调动、粮食弹药的供应，尤其是特种兵部队的运送，必须主要依靠铁路交通来完成。但当时靠近敌占区的铁路，出于当时的战略目的多数已被我军破坏。于是铁道纵队成立后，立即投入了通往锦州、长春、沈阳铁路的抢修工程。

纵队命令第一支队继续完成原属铁一团的任务，沿新义线向义县抢修，以支援锦州作战；第二支队继原属铁二团的任务沿长吉线向长春抢修，以支援我军围歼长春之守敌；第四支队则待命于梅河口一带，暂时协助路局补修铁路；各支队也准备根据战役的发展继续前进抢修，以保证辽沈战役结束后，迅速沟通东北各主要铁路干线的运输联系。

各支队接到命令后，立即以高昂的斗志投入到抢修工程中去。由于铁道纵队全体指战员们的共同努力，东北铁路主要干线得以迅速通车。这不仅直接援助了辽沈战役和围歼长春守敌的作战，而且对恢复和发展东北生产，以及保证东野部队顺利入关参战，都起到了重要作用。

1948 年 11 月初，辽沈战役结束后，为保障东北野战军即将向关内的进军，铁路亟待南伸。第一支队遂于 11 月 20 日，沿北宁线继续向山海关挺进。当时为阻止华北侯镜如兵团援锦，此段铁路为东野破坏较严重。许多地段的钢轨翻倒在路基下面，枕木也不知去向。但好在桥梁破坏甚微，而且是复线，于是第一支队得以就地取材，拆一条补齐另一条。

一支队为加快进度，黑夜派人前出调查，白天跟进抢修。当时东野入关先遣部队尚未出发，山海关仍被残敌盘踞着。当支队前抵山海关时，不得不派出两个连前往万家屯监视敌人。但没想到山海关之敌将他们当成了我入关部队的尖兵，竟闻风弃城而逃。

在铁道纵队的日夜奋战下，至 12 月初，沈阳、锦州、长春、吉林、哈尔滨等东北主要大城市铁路均已连成一片，并可通向关内。从而为 11 月底至 12 月初入关的东北百万大军和军用物资的运输，铺平了一条大道。

12 月上旬，铁道纵队司令部在秦皇岛召开会议，明确了东野铁道纵队今后的任务，就是修复全国的铁路。会议还提出了响亮的口号："野战军打到哪里，铁路就修到哪里！"从此，东野铁道纵队的战斗空间，便由一个东北战略区扩大到全国范围。

淮海、平津战役结束后，铁道纵队又投入了修复津浦铁路和平汉铁路的新任务，并于 7 月，将这两条南北大动脉修通至长江北岸。从而为各路大军的胜利渡江以及进军江南的作战，提供了强有力的运输保证。

1949 年 4 月，中央军委决定，第四野战军铁道纵队改归军委铁道部领导，并撤销纵队领导机关，各支队均由铁道部直接指挥。5 月，中央军委又采纳苏联顾问的建议,铁道纵队改称铁道兵团,恢复兵团机关。军委铁道部部长滕代远任兵团司令员，副部长吕正操任兵团副司令员，原铁纵参谋长李寿轩任兵团参谋长。

第四野战军的铁道纵队，不仅为东北乃至全国的解放战争作出了自己巨大的贡献，而且正是在这支队伍的基础上，诞生了中国人民解放军的铁道兵这一崭新的兵种。

附录：

第四野战军序列

1949年3月11日，东北野战军正式改称中国人民解放军第四野战军；5月22日，野战军指挥机关兼华中军区指挥机关。

中共第四野战军前委

书记　林彪

副书记　罗荣桓

委员　谭政　萧克　陶铸

萧劲光　程子华　刘亚楼

第四野战军机关

司令员　林彪

第一政治委员　罗荣桓

第二政治委员　邓子恢

副政治委员　谭政

第一参谋长　萧克

第二参谋长　赵尔陆

政治部主任　谭政

副参谋长　聂鹤亭　陈光

政治部副主任　陶铸

司令部

第一（作战）处

处长　苏静

第二（侦察）局

局长　彭富九

政治委员　钱江

第三（通信）处

处长　张瑞

政治委员　朱虚之

第四（行政）处

处长　何敬之

第二处长　周业成

队列处

处长　苏静（兼）

机要处

处长　莫春和

第二处长　黄兴正

政治部

秘书处秘书长　王阑西

处长　刘汉

组织部部长　杜平

宣传部部长　萧向荣　陶铸（后，兼）

保卫部部长　钱益民

联络部部长　钱益民（兼）

民运部部长　何伟

总务处处长　杨学礼

后勤部

部长　周纯全
第二部长　李聚奎
政治委员　陈沂
副部长　何敬之
参谋长　罗文
政治部主任　潘振武
军需部部长　杨至成
副部长　魏庭槐
供给部部长　苏焕清
政治委员　伍辉文
卫生部部长　孙仪之　齐仲桓（后）
政治委员　胡登高
军械部部长　张明远
政治委员　郑强　陈文彪（后）
运输部部长　谷广善　何敬之（后，兼）
政治委员　曹广化（兼）

第十二兵团

（1948 年 12 月由第一兵团改称）

司令员　萧劲光

政治委员　萧劲光（兼）
第一副司令员　陈伯钧
第二副司令员　韩先楚
副政治委员　唐天际　刘道生（后）
参谋长　解方（解沛然）
政治部主任　唐天际（兼）
副参谋长　潘朔端
政治部副主任　卓雄　袁升平
后勤部部长　黄曹龙

第四十军（1948 年 11 月由第三纵队改称）

军长　韩先楚　罗舜初（后）
政治委员　罗舜初　卓雄（后）　袁升平
副军长　蔡正国
副政治委员　刘西元
参谋长　何振亚
政治部主任　卓雄（兼）　李伯秋（后）
后勤部部长　周辉

第一一八师（由原第七师改称）

师长　邓岳
政治委员　李伯秋　蔡炳臣（后）

第一一九师（由原第八师改称）

师长　宁贤文

政治委员　刘光涛

第一二〇师（由原第九师改称）

师长　郑大林

政治委员　李改　张海棠（后）

第一三五师

师长　管松涛　杨树元（后）

政治委员　蔡炳臣　马毅之（后）

第四十五军（1948 年 11 月由原第八纵队改称）

军长　黄永胜　陈伯钧（后，兼）

政治委员　邱会作

副军长　张天云

副政治委员　王逸群（后）

参谋长　黄鹄显　雷震（后）

政治部主任　段德彰　王逸群（后，兼）

后勤部部长　刘锡山　孔瑞云（后）

第一三三师（由第二十二师改称）

师长　张万春

政治委员　谢明

第一三四师（由原第二十三师改称）

师长　钟明彪　黄鹄显（后）
政治委员　谢家祥

第一三五师（由原第二十四师改称）

师长　丁盛
政治委员　韦祖珍（壮族）

第一五八师（由冀察热辽军区独立第四师改称）

师长　李道之
政治委员　王晓生

第四十六军（1948 年 11 月由第九纵队改称）

军长　詹才芳
政治委员　李中权
副军长　杨梅生
副政治委员　段德彰（后）
参谋长　彭寿生
政治部主任　王逸群　段德彰（后，兼）
后勤部部长　樊学文

第一三六师（由第二十五师改称）

师长　曾雍雅

政治委员　徐光华

第一三七师（由第二十六师改称）

师长　萧全夫

政治委员　李振声

第一三八师（由第二十七师改称）

师长　任昌辉

政治委员　王文

第一五九师（由原冀察热辽军区独立第七师改称）

师长　陈宗坤

副政治委员　曾凡有

第十三兵团

（1948年12月由第二兵团改称）

司令员　程子华

政治委员　萧华（未到职）　莫文骅（后，1949 年 9 月）
第一副司令员　李天佑
第二副司令员　彭明治
副司令员　李士林（未到职）　黄永胜（后）
副政治委员　吴法宪
参谋长　彭明治（兼）　黄志勇（后）　曾国华（1949 年 9 月）
政治部主任　刘道生
副主任　卓雄
后勤部部长　邱国光

第三十八军（1948 年 11 月由第一纵队改称）

军长　李天佑　梁兴初（后）
政治委员　梁必业
副军长　贺东生　邓世通　曹里怀
参谋长　曹里怀（兼）　江拥辉（后）
政治部主任　吴岱
副主任　王树君
后勤部部长　李升平

第一一二师（由第一师改称）

师长　江拥辉　杨大易（后）
政治委员　黄玉昆

第一一三师（由第二师改称）

师长　唐青山

政治委员　李欣

第一一四师（由第三师改称）

师长　刘贤权

政治委员　方国南

第一五一师（由独立第十师改称）

师长　赵东寰　曹灿章（后）

政治委员　蔡明

第四十七军（1948 年 11 月由第十纵队改称）

军长　梁兴初　曹里怀（后）

政治委员　周赤萍

副军长　方强　晏福生

副政治委员　刘西元

参谋长　黄炜华

政治部主任　孔石泉　刘西元（后，兼）

后勤部部长　李基

第一三九师（由第二十八师改称）

师长　贺庆积

政治委员　晏福生（兼）

第一四〇师（由第二十九师改称）

师长　刘转连　刘子云（后）

政治委员　陈发洪

第一四一师（由第三十师改称）

代理师长　叶健民

政治委员　张百春

第一六〇师（1949 年 3 月由东北军区整训第一师改编）

师长　朱子修

政治委员　李信　彭清云（后）

第四十九军（1948 年 11 月由第十二纵队改称）

军长　钟伟

政治委员　袁升平　徐斌洲（后）

副军长　熊伯涛　朱大纯

副政治委员　刘随春

政治部主任　陈志芳　刘随春（后，兼）

副参谋长　王亢

政治部副主任　周彬

后勤部部长　毛普安

第一四五师（由第三十四师改称）

师长　温玉成　沈启贤（后）
政治委员　谭友林　陈德（后）

第一四六师（由第三十五师改称）

师长　王奎先
政治委员　栗在山

第一四七师（由第三十六师改称）

师长　沈启贤　郑贵卿（后）
政治委员　王建中

第一六二师（由东北军区独立第十三师改称）

师长　张万春　王兆相（后）
政治委员　陈德　徐明（后）

第十四兵团

（1949年4月由东北军区整训司令部组建。8月中央军委决定将兵团机关改为军委空军机关）

司令员　刘亚楼

政治委员　莫文骅
第一副司令员　黄永胜
第二副司令员　刘震
副政治委员　吴法宪
参谋长　黄永胜（兼）
政治部主任　吴法宪（兼）
后勤部部长　杨尚儒

第三十九军（1948 年 11 月由第二纵队改称，1949 年 8 月改归第十三兵团建制）

军长　刘震（兼）
政治委员　吴法宪　吴信泉（后）
副军长　吴信泉　孙子仁　朱大纯　谭友林
副政治委员　李雪三
参谋长　王良太
政治部主任　李雪三
副主任　贺大增
后勤部部长　伍瑞卿

第一一五师（由第四师改称）

师长　王良太
政治委员　李世安

第一一六师（由第五师改称）

师长　吴国璋
政治委员　石瑛

第一一七师（由第六师改称）

师长　张竭诚
政治委员　李少元

第一五二师（由东北军区独立第七师改称）

师长　罗华生
政治委员　邱子明

第四十一军（1948年11月由第四纵队改称，1949年8月改归第十二兵团建制）

军长　吴克华
政治委员　莫文骅　欧阳文（后）
副军长　温玉成　胡奇才　蔡正国
副政治委员　欧阳文　孔石泉
参谋长　李福泽
政治部主任　孔石泉（兼）
副主任　潘寿才
后勤部部长　赵仲山

第一二一师（由第十师改称）

师长　蔡正国　左叶（后）
政治委员　李丙令

第一二二师（由第十一师改称）

师长　田维扬

政治委员　吴保山

第一二三师（由第十二师改称）

师长　江燮元

政治委员　张秀川

第一五四师（由东北军区独立第二师改称）

师长　左叶　卢燕秋（后）

政治委员　曹传赞

第四十二军（1948 年 11 月由第五纵队改称，1949 年 8 月改归野战军直辖）

军长　万毅（满族）　吴瑞林（后）

政治委员　刘兴元

副军长　吴瑞林　赵东寰　张辑戎

政治部主任　郭成柱

后勤部部长　陈挽澜

第一二四师（由第十三师改称）

师长　徐国夫

代理师长　翟毅东（后）

政治委员　丁国钰

第一二五师（由第十四师改称）

师长　彭龙飞
政治委员　谭文邦

第一二六师（由第十五师改称）

师长　王振祥　胡继成（后）
政治委员　何善远

第一五五师（由东北军区独立第九师改称）

师长　廖仲符
政治委员　钟民

第十五兵团

（1949年4月由东北军区整训第三师师部组建兵团机关）

司令员　邓华
政治委员　赖传珠
第一副司令员　洪学智
第二副司令员　贺晋年
参谋长　洪学智（兼）　曾国华（后）
政治部主任　萧向荣

后勤部部长　萧志贤

政治委员　宋健华

第四十三军（1948 年 11 月由第六纵队改称）

军长　洪学智（兼）　李作鹏（后）

政治委员　赖传珠（兼）　张池明（后）

副军长　杨国夫　李作鹏　龙书金

副政治委员　袁克服

参谋长　黄一平

政治部主任　袁克服（兼）

副参谋长　陈乙斋

政治部副主任　谢扶民（壮族）

后勤部部长　单志辉

第一二七师（由第十六师改称）

师长　李作鹏（兼）　王东保（后）

政治委员　刘锦平

第一二八师（由第十七师改称）

师长　黄荣海

政治委员　宋维栻

第一二九师（由第十八师改称）

师长　阎捷三

政治委员　孙正

第一五六师（1949 年夏调归江西军区）

师长　邓克明

政治委员　钟人仿　祝世凤（后）

第四十四军（1948 年 11 月由第七纵队改称）

军长　邓华　方强（后）

政治委员　吴富善

副军长　李化民　隋邦捷

副政治委员　谭甫仁

参谋长　高体乾　黄忠诚（后）

政治部主任　谭甫仁（兼）

后勤部部长　龙开富

第一三〇师（由第十九师改称）

师长　徐绍华　邓东哲（后）

政治委员　邓东哲　姚国民（后）

第一三一师（由第二十师改称）

师长　刘述刚　刘永源（后）

政治委员　刘永源　罗友荣（后）

第一三二师（由第二十一师改称）

师长　李化民　徐绍华（后）
政治委员　朱民亲

第一五七师（1949 年 6 月调归江西军区）

师长　曾敬烦
代政治委员　于英川

第四十八军（1948 年 11 月由第十一纵队改称）

军长　贺晋年（兼）
政治委员　陈仁麒
第一副军长　周仁杰
第二副军长　刘转连
副军长　郑邦捷
副政治委员　杨春圃
参谋长　何廷一　高体乾（后）
政治部主任　杨春圃（兼）　李信（后）
副主任　李勃
后勤部部长　严旭

第一四二师（由第三十一师改称）

师长　欧致富（壮族）

政治委员　谢镗忠

第一四三师（由第三十二师改称）

师长　李光辉　张兴发（后）

政治委员　刘禄长

第一四四师（由第三十三师改称）

师长　周仁杰（兼）　张书祥（后）

政治委员　钟文法

第一六一师（1949 年 6 月调归江西军区）

师长　韩梅村

政治委员　钟辉

特种兵司令部

（1948 年 12 月 30 日由炮兵司令部改称，兼炮兵司令部）

司令员　萧华　万毅（后，满族）

政治委员　钟赤兵

副司令员　苏进（满族）　贾陶匡　裕民

副政治委员　邱创成

参谋长　苏进（兼）　张志毅（后）

政治部主任　唐凯

副主任　刘登瀛　吴涛（蒙古族）　谢唯俊

后勤部部长　常树人

政治委员　邱铁雄

炮兵第一师（1949 年 2 月由炮兵第一指挥所改编成立）

师长　彭景文

炮兵第二师（1949 年 2 月由炮兵第二指挥所改编成立）

师长　沙克

政治委员　王凤梧

炮兵第五师

师长　张志毅

政治委员　李俭珠

战车师（1949 年 2 月由装甲兵指挥所改编成立，8 月改编为装甲兵学校）

师长　曾克林

政治委员　杨永松

工兵指挥所（1948年12月组建）

主任　唐哲明

副主任　陈正峰

高射炮指挥所（1948年12月组建）

主任　江洪

副主任　刘奠西

铁道运输司令部

司令员　郭维城（满族）

第一副司令员　吴林焕

第二副司令员　萧远久

副司令员　杨子华

参谋长　萧远久（兼）

政治部副主任　沈寰

野战军直属纵队与军和师

两广纵队（1949 年 3 月由华东军区拨归第四野战军直属）

司令员　曾生
政治委员　雷经天
副司令员　王作尧
参谋长　姜茂生
政治部主任　杨康华
副主任　刘田夫
后勤部部长　郑小康
政治委员　关山
第一师师长　曾生（兼）
政治委员　罗范群
第二师师长　何宝松
政治委员　王作尧（兼）

第一六五师（1949 年 3 月由东北军区整训第二师改编成立，归野战军直属）

师长　刘子奇

骑兵第五师（1949 年 4 月由原冀察热辽军区骑兵师改编，归野战军直属）

师长　何能彬

政治委员　林茂源

整训第五师（1949 年初调归野战军直属，6 月底组建为江西军区机关）

师长　叶声

政治委员　杨春

第五十军（1949 年夏，由东北军区拨归野战军）

第五十一军（1949 年 5 月由原国民党军张轸部起义部队于 7 月改编成立，归野战军直属）

军长　张轸

政治委员　杨春圃

副军长　李人林　杨焕民　辛少亭

副政治委员　罗通

参谋长　王亢

政治部主任　罗通（兼）

第二一一师

师长　涂建堂
政治委员　冷裕光

第二一二师

师长　鲍汝沣
政治委员　杨劲

东北军事政治大学

（1949 年 7 月学校主体迁至武汉市，改称中南军事政治大学，仍隶属第四野战军）

校长　林彪（兼）
政治委员　林彪（兼）
副校长　倪志亮（主持工作）
副政治委员　吴溉之（主持工作）
教育长　曾国华
政治部主任　刘其人